本书是国家社科基金冷门"绝学"和国别史等研究专项"中国与巴西关系史研究"(项目编号:2018VJX096)、重庆市战略研究院"金砖机制下巴西民间社会组织的角色定位与发展现状"课题(项目编号:CIISFTGB2013)的阶段性研究成果,亦是四川外国语大学2023年大学生创新创业训练项目"地方志视角下的巴西圣保罗州研究"(项目编号:202310650033)的最终成果体现。

国别知识工程丛书

巴西
圣保罗州志

刘梦茹　谌华侨　主编

CRÔNICA de
SÃO PAULO
BRASIL

上海远东出版社

图书在版编目（CIP）数据

巴西圣保罗州志 / 刘梦茹，谌华侨主编 . -- 上海 ：
上海远东出版社，2024． -- ISBN 978-7-5476-2035-9

Ⅰ. K777.9

中国国家版本馆 CIP 数据核字第 2024SJ6909 号

责任编辑 李　敏
封面设计 徐羽心

国别知识工程丛书
巴西圣保罗州志

刘梦茹　谌华侨　主编

出　　版	**上海远东出版社**
	（201101　上海市闵行区号景路 159 弄 C 座）
发　　行	上海人民出版社发行中心
印　　刷	上海信老印刷厂
开　　本	710×1000　　1/16
印　　张	24
插　　页	1
字　　数	357,000
版　　次	2025 年 2 月第 1 版
印　　次	2025 年 2 月第 1 次印刷
ISBN	978-7-5476-2035-9/K · 205
定　　价	98.00 元

序　言

　　当今时代，面对国家对外语人才日益多元化的紧迫需求，小语种学习者正面临着前所未有的挑战。这也意味着，语言学习不再仅仅是学习书本知识或语言知识，而更应是一段不断追求与深入探索自我价值的旅程。随着全球化进程不断加快，小语种学习成为提升个体、社会乃至国家竞争力，推动国际合作、服务"大国外交"战略的必要手段，其重要性越发突显。

　　这一挑战背后，蕴含着对个体认知的全方位考验。在语言学习过程中，学习者需要超越传统语言学习局限于语法规则、单词背诵、口语表达的表面层次，深入理解语言对象国背后的文化、历史、政治、地理、社会等多个维度。这不仅是为了满足多元化人才的发展需求，更是为了可持续助推小语种人才服务于国家大势。

　　以上所述，正是本书编写之缘起，是有效实现"二元四维"理念的重要体现，即推动以教师、学生为"两个主体"，始终围绕教学、科研、比赛与学习"四个维度"，实现"二元互动、四维同构"。在百年未有之大变局的时代背景下，推动高等教育改革，推动外语人才培养模式改革，以促进成果产出为核心，实现应用型复合外语人才的培养目标。

　　本书选取巴西圣保罗州作为研究对象最为根本的原因是中国与巴西建交以来持续发展的双边关系，进一步深入了解巴西各领域全方位的资源与信息，能够加大中巴经贸合作的深度，拓宽中巴在其他领域合作的广度。选取圣保罗州的原因还在于，该州是巴西的商业和金融中心，经济发展活跃，发挥着国家经济引擎的重要作用，同时还拥有涵盖汽车、航空、电子等多个领域的工业基地。不仅如此，该州还具有显著的文化影响力与教育研究资源,在巴西社会各方面发展中均扮演着重要角色。

本书的编写过程由基础信息检索搜集、知识图谱整合、地方志汇编三个阶段构成,这实质上也是"大学生创新创业训练计划培育项目"的指导过程。在这一过程中,语言能力是保障研究顺利进行的前提条件。巴西以葡萄牙语作为官方语言,关乎历史、地理、社会、人文等多方面信息均以葡萄牙语呈现。本书的编写者具备抓取一手资料、阅读官方文件等文献资料的语言能力,客观上确保了前期基础信息检索搜集及整合工作的可行性。

地方志本质上是地域性资料文献的集成,是多学科交叉融合的体现,更是一张"文字地图",为区域国别研究提供了全新的研究视角。本书形成了历史、地理、文化、社会、民族、家族、宗教、媒体、政治与经济维度的系统资料汇编,期待为相关领域的研究人员和从业人员提供关于圣保罗州的信息资源。

总体来说,本书具有较强的实用性。无论你是国际关系领域、经济领域还是人文交流领域的研究学者,又或只是巴西圣保罗州文化元素(体育运动、服装穿着、特色节日)的爱好者,都能在这本书中定位到你所需的信息资源。

本书是四川外国语大学西方语言文化学院正在进行的国家知识工程的一部分。该项目旨在发挥学院西班牙语、意大利语、葡萄牙语、匈牙利语、波兰语、捷克语、罗马尼亚语、乌克兰语、塞尔维亚语的多语种优势,借鉴古典文献学的思路和方法,吸纳数据库建设的有益举措,全面梳理相关对象国和重点地区的资料,形成知识图谱、地方志等集成信息,进而建构起对象国知识工程,为深入开展区域国别研究和相关实务工作提供坚实的资料支撑。

编　者

2025 年 1 月

目 录

第一章

圣保罗州历史概述

一、沿革建置

作为葡萄牙殖民者 1532 年在巴西建立的首个殖民地,圣保罗州(Estado de São Paulo)经历了长期的历史发展,享有丰富的历史文化资源。本板块将重点阐述自殖民时期以来圣保罗州的发展历史。

(一)历史沿革

1. 殖民地时期(Período Colonial)

圣保罗州的殖民化进程始于 1532 年,该年,殖民者们在今巴西境内建立了第一个殖民地村庄——圣维森特(São Vicente)。几年后,葡萄牙殖民者深入巴西高原(Planalto Brasileiro)又建立了新的村庄,早期的圣保罗州就如此诞生了。

(1)都督辖区(Capitania)

"都督辖区"也被称为"世袭都督辖区"(Capitanias Hereditárias),是葡萄牙对葡属美洲的一种管理形式,其运作模式是葡萄牙王室将美洲的殖民任务委托给私人探险家进行,本质是西欧中世纪封建制度的一种延伸。

都督辖区制度由来已久,自 15 世纪地理大发现以来,葡萄牙王国就在马德拉岛(Madeira)和佛得角(Cabo Verde)采用了该制度。葡萄牙王国在圣保罗州采用该制度的原因如下:①促进葡萄牙王国对巴西的殖民进程,借由私人管理殖民地,将昂贵的殖民开支从王室转移给私人;②促进基督教在美洲的传播,通过私人领主对土著居民进行传教;③满足葡萄牙王室对功勋卓著者的奖赏需求。

圣维森特都督辖区（Capitania de São Vicente）建于 1534 年，它既是全巴西最早的世袭都督辖区，又是如今圣保罗州内最早的殖民地村庄，因发展繁荣而成为该州的经济中心。该都督辖区名称来源于 1532 年建成的殖民地村庄"圣维森特"。

圣维森特都督辖区逐渐扩大有两方面原因。一方面，巴西为了保住殖民地，需要增加人口以增强殖民地的防御力量，且由于与南部的西班牙殖民地（今阿根廷）和当时被法国占领的里约热内卢区域接壤，圣维森特的领土安全遭到了巨大的威胁。另一方面，当时殖民者们对黄金的渴望已然达到了狂热的地步，许多殖民者相信可以视巴西沿海地区为据点，进一步探索巴西内陆以获取更多的财富。

后续，在圣维森特都督辖区内，陆续建立起了其他殖民地村庄，其中包括桑托斯（Santos）、圣保罗（São Paulo）等。

1759 年，在葡萄牙王国的蓬巴尔侯爵改革（Reforma do Marquês de Pombal）①期间，都督辖区制度中的世袭成分被废除，改为派遣总督进行统治，但"都督辖区"这一名称被沿用了下去。

（2）耶稣会（Campanhia de Jesus）

耶稣会（拉丁语：Societas Jesu，S. J.，葡萄牙语：Campanhia de Jesus）是巴黎大学的学生于 1534 年创立的一个宗教团体，其成员被称为耶稣会士。葡萄牙人西芒·罗德里格斯·德·阿泽维多（Simão Rodrigues de Azevedo）是耶稣会的创立者和核心成员之一，他于 1540 年返回葡萄牙，并留在葡萄牙开展宗教活动。

耶稣会在葡萄牙国内地位显赫，最早是在葡萄牙国王若昂三世（João III de Portugal）统治时期（1521—1557）受到重视，耶稣会在宗教改革（Reformatio）运动②的大背景下传入葡萄牙，成为葡萄牙政府手中反宗教改

---

① 葡萄牙首相蓬巴尔侯爵于 1750—1777 年期间在葡萄牙和当时的葡属巴西殖民地所推行的改革。

② 宗教改革：基督教在 16 世纪至 17 世纪进行的一次改革，是一场资产阶级性质的改革，改革代表人物有马丁路德、加尔文等人。在运动中诞生了基督教的新教教派，并动摇了天主教会的神权统治。

革的有力武器。

耶稣会在圣保罗州的早期殖民化进程中具有重要作用。耶稣会士于1549年登陆巴西,1554年1月25日在圣维森特都督辖区的范围内建立了圣保罗杜斯坎波斯德皮拉蒂宁加(São Paulo dos Campos de Piratininga)村庄。该村庄的建立者西班牙神父何塞·德·安切塔(José de Anchieta)与葡萄牙神父曼努埃尔·达·诺布雷(Manuel da Nóbrega)是耶稣会派往美洲大陆开展传教活动的第一批传教士代表。

(3) 内陆主义(Sertanismo)

内陆主义活动是一种殖民主义活动,始于巴西的殖民时期,主要表现为殖民队进入巴西内陆地区(Sertão)①绑架土著居民、寻找贵金属、考察地理环境和动植物物种。现称当时从事内陆主义活动的人为远征探险家(Sertanista)。从客观上看,内陆主义活动对巴西内陆地区的殖民化做出了巨大贡献。在巴西殖民时期,这些深入内陆的殖民者被称为"旗队"(Bandeirantes),他们是扩展巴西边界的主要贡献者。旗队入侵巴西内陆地区并掠夺一切有价值的东西,他们常常绑架印第安城镇和村庄的居民,特别是妇女和儿童,其目的是利用这些印第安人作为劳动力以从事农业生产。

通过这种方式,探险家们渗透到葡属美洲领土的内部,占领了今天的巴拉那州(Paraná)、戈亚斯州(Goiás)、马托格罗索州(Mato Grosso)、南马托格罗索州(Mato Grosso do Sul)、圣卡塔琳娜州(Santa Catarina)和圣保罗州。当时,根据《托德西利亚斯条约》(Tratado de Tordesilhas,1494)规定的"教皇子午线(Papal Meridian)",这些地区属于西班牙帝国。直到18世纪,这些地区的法理主权才通过《马德里条约》(1750)转让给葡萄牙。合同制是17世纪特别流行的一种内陆主义活动形式,它包括雇用探险家来镇压抵抗殖民统治和逃脱奴役的土著部落,而这种暴力行径被天主教教义合法化。

---

① 内陆地区(Sertania 或 Sertão)指的是远离城市中心或海岸的地区,缺乏资源。从严格意义上讲,通常指的是巴西东北部地区的半干旱地区。

2. 王国时期(Período do Reino)

1803 年,拿破仑战争爆发。1808 年,拿破仑军队开进伊比利亚半岛。为了躲避拿破仑的军队,葡萄牙王室于 1807 年 11 月 29 日离开葡萄牙本土,在英国舰队的护送下逃亡至巴西,并于 1808 年 1 月 24 日到达巴伊亚(Bahia)。同年 3 月 8 日,葡萄牙王室抵达里约热内卢(Rio de Janeiro),并暂以里约作为葡萄牙王国的首都。

(1)葡萄牙·巴西·阿尔加维联合王国(Estabeleção do Reino Unido de Portugal, Brasil e Algarves)成立

1815 年,葡萄牙·巴西·阿尔加维联合王国成立。由于葡萄牙政府西迁巴西,巴西殖民地被升格为一个王国,与葡萄牙王国和阿尔加维联合建立联合王国。

葡萄牙·巴西·阿尔加维联合王国时期有两位国王,分别为玛丽亚一世(Maria I de Portugal)和若昂六世(João VI de Portugal)。王国的第一个首都是里约热内卢,后迁都里斯本(Lisboa)。

1822 年,国王若昂六世的儿子佩德罗四世(后为巴西皇帝佩德罗一世,Pedro I do Brasil)继承巴西法权,建立巴西帝国。

(2)巴西王国(Reino do Brasil)建成

巴西王国虽被称为"王国",但仍是葡萄牙海外殖民地的一部分,隶属于葡萄牙·巴西·阿尔加维联合王国,是 1815 年由巴西国(Estado de Brasil,或称"巴西州")升格而成。

1808 年起,随着葡萄牙王室转移至巴西,其首都亦迁至巴西国首府里约热内卢,这是首次欧洲国家将首都设在殖民地城市中。巴西历史学家称其为"母城倒置"(Inversão Metropolitana)[1],即葡萄牙人的国家机器[2]开始在巴西运作,使得巴西不再是"殖民地",而是作为"母城"(Metrópole)[3]统治

---

[1] https://br.midbrainart.com/historia/res-1509220.html,查询日期:2024 年 2 月 2 日。

[2] 国家机器(state apparatus)是一个政治术语,指一套能够行使公共权力的制度与组织,包括行政部门、立法机构、警察、军队、司法系统和各类法定机构等。此处即指葡萄牙王国的政府。

[3] 母城:源于古希腊语,意为"殖民地的宗主国、母城"(来源于牛津英语词典,原词条为:"Metropole: The parent state or mother city of a colony")。随着 20 世纪各殖民地国家独立运动的发展,该词汇逐渐弱化了"殖民地母城"的意义,而转指"都市""城市"。

各殖民地。

巴西王国的建立在名义上取消了巴西的殖民地身份（Colônia）。巴西王国的存在时间很短，只有两位国王——玛丽亚一世和若昂六世，其法理主权后续由巴西帝国（Império do Brasil）继承。

（3）圣保罗省（Província de São Paulo）建立

葡萄牙王室迁至巴西后，带来一系列革新，其中最为重要的改革就是将都督辖区改为了省，此举加强了巴西国内的中央集权。随后，在 1821 年，圣保罗都督辖区解散，圣保罗地区建立省制（Sistema de Província）。

3. 帝国时期（Período Imperial）

1822 年，巴西皇帝佩德罗一世宣布巴西独立，自此联合王国解散。巴西赢得独立战争（Guerra da Independência）后，葡方在 1825 年的《里约热内卢条约》（*Tratado do Rio de Janeiro*）中承认巴西独立。

（1）皇城（Imperial Cidade 或 Cidade Imperial）

"皇城"是巴西帝国时期，巴西皇帝通过宪章或法令授予的城市头衔。授予这种荣誉是为了表彰这些城市对国家或皇帝所做的贡献。官方文件中规定，享有这一称号的城市可以永久享受这样的荣誉。1823 年，为了表彰圣保罗市对独立战争的坚定支持，官方授予该市"皇城"的称号。

（2）咖啡周期（Ciclo do Café）

咖啡周期是巴西的一个经济周期，大概从 19 世纪中叶开始，至 20 世纪中叶结束。这一时期，由于米纳斯吉拉斯（Minas Gerais）等地的矿业逐渐枯竭，农业经济再一次抬头，从而占据了巴西经济的主导地位，因此这一时期也被称为农业复兴时期（Renascimento agrícola）。

此前，巴西的经济中心位于北方的甘蔗产区，如伯南布哥（Pernambuco）和巴伊亚（Bahia）等。而后由于咖啡种植的繁荣，经济重心便南移至咖啡种植大省，如里约热内卢和圣保罗等。

咖啡经济的崛起对圣保罗省的影响是巨大的，特别是推动了该省的经济发展，从咖啡出口中获得的资金积累也是推动巴西工业化进程的重要因素之一。

圣保罗省的著名咖啡产地是位于帕拉伊巴谷地（Vale do Paraíba）的咖啡农场。该地的咖啡产业带动了地方经济增长，导致地方势力壮大。

咖啡种植对圣保罗省的影响不仅表现在经济领域，在社会及政治领域也影响颇深。由于帕拉伊巴山谷的咖啡种植业存在着使用奴隶等不利于农业长久发展的情况，加之土壤肥力下降等问题，该地区咖啡生产逐渐走向衰败。随后，圣保罗省的咖啡种植重心逐渐向其他地区迁移，进入坎皮纳斯（Campinas）和伊图（Itu）地区。咖啡种植取代甘蔗种植，成为了这些地区最重要的农业产业。

1850 年，由于圣保罗省禁止奴隶贸易，因此需要为咖啡种植寻找新的劳动力，种植园主们的目光不由转向数量越来越多的外国移民。外国移民在这一时期受到帝国政府和省政府的鼓励，"1883 至 1889 年间，大约有 30 万从外国移来的农业工人（其中主要是意大利人）"①。当时，移民主要经由桑托斯港（Porto de Santos）流入圣保罗省。

咖啡种植带来的丰厚利润和大量的工作机会吸引了来自意大利、葡萄牙、西班牙、日本和阿拉伯等国的移民不断流入，随之而来的是逐渐发展起来的大型铁路网络，这些变化也为圣保罗省带来了更好的发展机遇。

4. 旧共和国时期（República Velha）

在巴西的共和主义运动中，圣保罗省扮演了重要的角色。当时的巴西帝国制定了一系列废奴主义政策，最终于 1888 年颁布《黄金法》（Lei Áurea），彻底废除奴隶制。巴西帝国的废奴政策严重损害了种植农场主们的利益，出于这一原因，圣保罗省的咖啡大亨们不可避免地转向共和主义来反对皇帝的统治。

（1）共和政变（Golpe Republicano）

共和政变又称"巴西共和国宣言"（Proclamação da República Brasileira）或"1889 年政变"（Golpe de 1889）。1889 年，在当时巴西帝国的首都里约热内卢，共和主义者们推翻了帝国政府，流放了皇帝佩德罗二世（Pedro II

---

① ［巴西］若泽·马里亚·贝洛：《巴西近代史（1889—1964）》，辽宁大学外语系译，辽宁人民出版社，1975 年。

do Brasil）。巴西共和国诞生后，国家权力首先被军方占有。1889 年至 1894 年间，巴西共和国是一个军事独裁的政权。军事独裁结束后，巴西共和国步入了著名的繁荣时期——咖啡加牛奶时期（Café com Leite，1889—1930）。

（2）咖啡加牛奶政策（Política do Café com Leite）

咖啡加牛奶政策来源于"州长政策"（Política dos Governadores；又称"州政策"，Política dos Estados）。

州长政策的实行源于巴西第一共和国（Primeira República do Brasil，1889—1930）的联邦制改革，其将帝国时期的地方最大行政单位由"省"改革为"州"。

随后，1891 年巴西宪法（Constituição Brasileira de 1891）的颁布给予了巴西各州极大的自治权。"政府提出的宪法草案是依照美国的宪法制定的。它也受到阿根廷宪法的强大的影响和瑞士联邦宪法的些许影响。北美的政治家取代了从前英法政治家所占有的位置"，"从极端的中央集权制到最广泛的联邦制——这就是巴西行将发生的飞跃"。[1] 在这样的政治体制下，产生了巴西独特的寡头政治，在其他拉美国家，这种现象一般被称为"考迪罗主义"（Caudillo）[2]。这一时期的巴西政坛，甚至没有诞生全国性的政党。

后来，州长政策逐渐发展为咖啡加牛奶政策，具体表现为当时巴西农业经济中最突出的两个州即圣保罗州（咖啡生产大州）和米纳斯吉拉斯州（牛奶生产大州）的政治家们占据着巴西联邦政府的重要职位。咖啡加牛奶政策一直延续到 1930 年革命后，第一共和国垮台。在这一政策的持续期间，米纳斯吉拉斯州选举出了 5 位共和国总统，分别是阿方索·佩纳（Afonso Pena）、文塞斯劳·布拉斯（Venceslau Brás）、德尔菲姆·莫雷拉（Delfim

---

① 《巴西近代史（1889—1964）》。

② 考迪罗，原意是首领、头领。考迪罗制是拉丁美洲特有的军阀、大地主和教会三位一体的本土化独裁制度。拉美地区的大多数国家在 19 世纪 20 年代独立后至 20 世纪前盛行考迪罗主义。考迪罗主义在经济上依靠大地产大庄园主，在政治上依靠军人专政来维其统治，对外投靠外国势力，对内残酷镇压人民反抗。

Moreira)、埃皮塔西奥·佩索阿（Epitácio Pessoa）、阿图尔·伯纳德斯（Artur Bernardes）；圣保罗州则选举出了 4 位共和国总统，分别是坎波斯·塞勒斯（Campos Sales）、罗德里格斯·阿尔维斯（Rodrigues Alves）、华盛顿·路易斯（Washington Luís）、朱利奥·普雷斯特斯（Júlio Prestes）。

　　米纳斯吉拉斯州和圣保罗州精英把控政局的时期，对圣保罗州的影响是巨大的。圣保罗州不断培养出各个领域的精英，这些在巴西政局中举足轻重的精英们亦反哺圣保罗州的发展。同时，在各项政策的扶持下，圣保罗州本就发达的咖啡出口业也得到了进一步的加强。"同殖民地时代和帝制时代一样，在 20 世纪初，热带农产品的出口仍是巴西收入的主要来源。而其中咖啡的输出，多年来一直占主要地位，它在 20 世纪最初的几十年中间平均占巴西每年出口总值的 50％以上。"①圣保罗州通过出口而获得的财富比米纳斯吉拉斯州还要多，圣保罗州将出口所得的财富大量投入基础设施建设等领域，使得该州得到了良好的发展。不过，其他州的经济发展并不乐观。由于缺乏对 20 世纪资本主义制度的适应，且鉴于联邦政府对资源的分配不均，这些州的经济困难日益加剧。也正是因为地区间的经济不平衡，圣保罗州和米纳斯吉拉斯州吸引了大量来自其他州（尤其是东北部的贫困州）的人口流入。

　　上述内容解释了为何圣保罗州如今仍在巴西经济与政治领域占有重要地位。

　　（3）圣保罗咖啡危机（Crise Cafeeira Paulista）

　　1929 年，发生于美国的经济大萧条（Grande Depressão）极大地影响了巴西的经济。由于农产品出口经济在巴西经济中占据重要地位，巴西经济极易受到世界市场相关行情（需求和价格）的影响。具体而言，当世界市场的行情变差时，巴西的咖啡就无法成功出口，也就不会获得相应的经济收入。

　　随着经济危机的爆发，美国作为巴西咖啡的最大买家，其咖啡进口量大幅下降，出现供过于求的市场局面，导致巴西咖啡的市场价格下跌。为避免

---

① 苏联科学院历史研究所编：《巴西史纲》，辽宁人民出版社，1975 年。

咖啡过度贬值,巴西政府统购并烧毁了成吨的咖啡。不过,咖啡种植园主仍拒绝减少咖啡种植规模,导致市场出现了严重的生产过剩。由于圣保罗州在联邦政府中占有重要地位,联邦政府不得不继续维持统购政策,购买圣保罗州种植园主们过剩的咖啡,直到最后负债累累,进而导致巴西第一共和国的垮台。

5. 20世纪(Século Vigésimo)

1930年,旧共和国垮台后,圣保罗州在政治上不再享有"咖啡加牛奶"的优势地位。不过,整个20世纪是圣保罗州经济快速发展和转型的时代,正是这一时期造就了圣保罗州作为巴西经济中心的重要地位。

（1）圣保罗战争(Guerra Paulista)

圣保罗战争又称"1932年立宪革命"(Revolução Constitucionalista de 1932)。1930年,由于"咖啡加牛奶"的政治惯例被打破,代表圣保罗州的现任总统并未推举米纳斯吉拉斯州的总统候选人,而是选择了同样是来自圣保罗州的政治家朱利奥·普雷斯特斯作为总统候选人,最终引发了1930年的革命。这场革命是由米纳斯吉拉斯州、帕拉伊巴州和南里奥格兰德州领导的武装运动,亦称之为"1930年政变"(Golpe de 1930)。武装集团废黜了共和国总统华盛顿·路易斯,阻止了朱利奥·普雷斯特斯当选总统的就职典礼。热图里奥·瓦加斯(Getúlio Vargas)于同年组建"临时政府"并担任政府首脑,就此推翻旧共和国。

以米纳斯吉拉斯州为核心的武装集团的胜利,标志着圣保罗州精英集团的相对失势,而临时政府所采取的倒行逆施的独裁统治,又触怒了巴西众多的共和主义者。于是,1932年,以圣保罗州为核心爆发了圣保罗战争,这场战争带有浓重的内战色彩,有相当一部分圣保罗州的政治家们主张圣保罗州脱离巴西,成立一个独立的国家。最终,临时政府在战争中取胜。

（2）工业化(Industrialização)和城市化(Metropolização)

20世纪,圣保罗州经历了波澜壮阔的工业化进程,伴随着工业化的进行和外来移民的涌入,圣保罗城市的规模也不断扩大,最终形成了圣保罗大都会区（Região Metropolitana de São Paulo）。

圣保罗在 20 世纪步入工业化的原因有很多。比如，1929 年的经济大萧条使得圣保罗州的农村地区咖啡生产受到影响，农业工人大量涌进城市寻找新的收入来源。又如，第二次世界大战期间，圣保罗州的工业产品进口受到影响，本地工业借此机会抬头。

20 世纪，圣保罗州涌现出一大批庞大的工商业集团。其中，以总部位于圣保罗州首府圣保罗市的马塔拉佐联合工业集团（Indústrias Reunidas Fábricas Matarazzo）最为出名，其鼎盛时期总收入在巴西排名第四，在全国各地共拥有超过三万名员工。它的创始人是意大利移民弗朗切斯科·马塔拉佐（Francesco Matarazzo），也即随后的巴西首富。

工业化进程中，圣保罗市形成了所谓大 ABC 地区的大型工业区（Região do Grande ABC）。该区是传统意义上的圣保罗市工业区，首字母缩略词来自最初形成该地区的三个城市，分别是圣安德烈（Santo André，A）、圣贝埃尔纳多多坎波（São Bernardo do Campo，B）和南圣埃塔诺（São Caetano do Sul，C）。该地区也被称为 ABCD，即加上了迪雅德玛（Diadema，D）。大 ABC 地区从 20 世纪 50 年代开始就已经成为圣保罗市最大的工业区，在全国范围内享有盛誉。在巴西工业快速扩张的时期，该地区出现了巴西首家汽车厂。

大 ABC 地区是巴西知名的汽车工业中心。该地区是奔驰、福特、大众和通用汽车等多家汽车制造商的所在地。同时，这种规模的大工业推动该地区成为巴西工会运动的摇篮。该地区频繁发生工会罢工事件，甚至连巴西总统卢拉·达席尔瓦（Lula da Silva）本人在他的工会生涯中就亲自组织了大 ABC 地区的一些罢工活动。

圣保罗州的快速工业化所引发的城市化推动形成了圣保罗大都市区，也称为大圣保罗（Grande São Paulo）。该都市区是巴西最大的大都市区，拥有超千万人口（1 140 万人）[1]，是世界上人口最多的都市区之一。

---

① 巴西国家地理与统计研究局（Instituto Brasileiro de Geografia e Estatística，IBGE），https://www.ibge.gov.br/cidades-e-estados/sp/sao-paulo.html，查询日期：2023 年 12 月 9 日。

正是在 20 世纪的工业化中,圣保罗市超越了里约热内卢,成为巴西的经济中心。

(二)当前建置

1. 圣保罗州行政规划

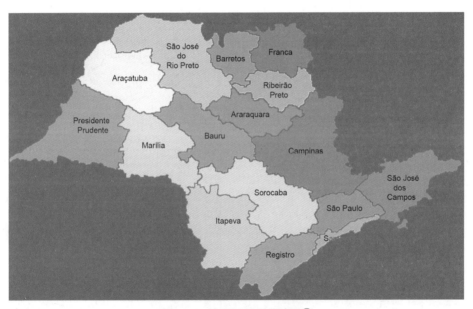

图 1-1　圣保罗州行政地图①

---

① 圣保罗州地理和制图研究所(Instituto Geográfico e Cartográfico do Estado de São Paulo),http://www.igc.sp.gov.br/produtos/regioes_adm.html,查询时间:2023 年 5 月 20 日。

2. 圣保罗市行政规划

Regiões, Prefeituras Regionais e Distritos
Município de São Paulo

Prefeitura Regional

01- Perus
02- Pirituba
03- Freguesia / Brasilândia
04- Casa Verde / Cachoeirinha
05- Santana / Tucuruvi
06- Jaçanã / Tremembé
07- Vila Maria / Vila Guilherme
08- Lapa
09- Sé
10- Butantã
11- Pinheiros
12- Vila Mariana
13- Ipiranga
14- Santo Amaro
15- Jabaquara
16- Cidade Ademar
17- Campo Limpo
18- M'Boi Mirim
19- Capela do Socorro
20- Parelheiros
21- Penha
22- Ermelino Matarazzo
23- São Miguel
24- Itaim Paulista
25- Mooca
26- Aricanduva/Formosa/Carrão
27- Itaquera
28- Guaianases
29- Vila Prudente
30- São Mateus
31- Cidade Tiradentes
32- Sapopemba

Região
Distrito

0   6   12   18
Quilômetros

Fonte: Secretaria Municipal de Urbanismo e Licenciameno – SMUL/
Departamento de Produção e Análise de Informação - DEINFO.

图 1-2 圣保罗市行政地图①

① https：//www. prefeitura. sp. gov. br/cidade/secretarias/subprefeituras/subprefeituras/mapa/index.
php？p=14894,查询时间：2023 年 5 月 20 日。

二、市镇发展

圣保罗州下属 645 个市,各市镇的发展与圣保罗州不同的历史发展阶段息息相关。本板块将简要介绍具有代表性的部分市镇的发展历程,以增进读者对圣保罗州历史发展的了解。

(一)圣保罗市发展

1549 年,耶稣会士登陆巴西。1554 年,耶稣会士建立了圣保罗杜斯坎波斯德皮拉蒂宁加村。同年,教士们建造起了耶稣会学院(如今为 Pátio do Colégio,据称为圣保罗市最古老的建筑)。居民们之所以选择圣保罗(São Paulo)这个名字来命名自己的村庄,是因为耶稣会学院成立的日子是 1 月 25 日,即基督教文化中使徒保罗皈依基督教的日子。如今,该日也是圣保罗市的纪念日。

图 1-3 耶稣会学院(Pátio do Colégio)①

圣保罗是当时巴西殖民地中少有的内陆村庄,之后的两个世纪里,该地由于与海岸相隔绝而相对贫穷,不得不通过自给自足的自然经济维持。当时,由于土著人的袭扰,从海岸的村庄(如桑托斯,Santos)抵达圣保罗的路

① 该教堂官网,https://www.pateodocollegio.com.br,查询时间:2023 年 5 月 18 日。

程十分困难且危险。

1681 年,圣维森特都督辖区时任总督将该地的行政中心迁往圣保罗村(当时其发展程度较低,并不能被称为城市)。17 世纪 90 年代,在如今的米纳斯吉拉斯州地区(当时该州由于旗队的"远征"行动而处于圣保罗都督辖区的管辖下)发现了黄金,众多移民趋之若鹜,迅速涌入圣保罗都督辖区的内陆地区寻找黄金,在这场黄金潮中,圣保罗都督辖区得到了进一步的发展。1711 年,圣保罗村升格为圣保罗市(Cidade de São Paulo)。

18 世纪末,米纳斯吉拉斯州的黄金储量趋于枯竭,圣保罗都督辖区的农业再一次抬头,甘蔗的种植深入到圣保罗都督辖区的内部。经由圣保罗市,蔗糖被运往桑托斯港。伴随着大量蔗糖的运输需要,圣保罗市和大西洋海岸之间的第一条现代化道路洛林小道(Calçada do Lorena)建成。该道路连接了圣保罗市和桑托斯港,为地处内陆地区的圣保罗市开展进出口贸易提供了交通便利。

1822 年,巴西独立。次年,为表彰圣保罗市对于独立的支持,巴西皇帝佩德罗一世授予其"皇城"的称号。圣保罗这座英雄城市也自此在国内得到了相当程度的尊重,影响力不断扩大。

另一个促使圣保罗省迅速发展的原因是 19 世纪的咖啡种植。最初咖啡种植主要集中在圣保罗省的帕拉伊巴谷地(Vale do Paraíba),后来扩大到圣保罗省其他地区。咖啡的出口经由圣保罗市流转到桑托斯港,为这座城市带来了充分的经济流动。考虑到咖啡出口的需要,圣保罗省建设了大量的铁路网络。其中,1869 年桑托斯-容迪亚伊铁路(Estrada de Ferro Santos-Jundiaí,EFSJ)落成,连接了圣保罗省内陆城市容迪亚伊(Jundiaí)和桑托斯港。

19 世纪末,又出现了其他几条连接该省内陆和省会圣保罗市的铁路。随后,圣保罗市成为来自该省内陆的所有铁路的交汇点。咖啡的生产和出口使圣保罗市和圣保罗省的经济和人口均出现大幅增长。

1889 年,巴西帝国倒台,旧共和国建立。得益于旧共和国的咖啡加牛奶政策,圣保罗州获得了更多的发展机会。大量外国移民在这一时期涌入圣保罗市,使其从一个普通的地方大城市发展为一个全国性的大都会。

1924年，圣保罗市爆发起义，史称"1924年圣保罗起义"（Revolta Paulista de 1924）。这场起义的波及范围仅限于圣保罗市内，起义者们的诉求是希望联邦政府进行政治改革。在历时近两个月的武装起义中，联邦政府动用了轰炸机和坦克来镇压起义，致使圣保罗市遭到了极大的破坏。圣保罗市当时最大的纺织工厂——科托尼菲西奥鲁道夫克雷斯皮公司（Cotonifício Rodolfo Crespi）就被当作轰炸目标而遭到了破坏。

引发起义的原因之一是巴西经济危机。具体来说，第一次世界大战和巴西旧共和国自身的问题导致巴西农产品出口额下降，从而导致经济发展出现停滞。一些政治团体对圣保罗州和米纳斯吉拉斯州两州把持联邦政府大权而感到不满，最终选择和部分军队合作，发动了这场起义。这场反对旧共和国体制的起义虽然失败了，但是暴露了旧共和国国内严重的社会矛盾，为1930年旧共和国的垮台埋下了伏笔。

1929年巴西总统换届时，圣保罗州政治家、旧共和国最后一位总统华盛顿·路易斯提了另一位圣保罗政治家朱利奥·普雷斯特斯继任总统，打破了"咖啡加牛奶"的政治传统。引发了巴西国内，尤其是米纳斯吉拉斯州的严重不满，最终爆发了1930年的革命，自此热图里奥·瓦加斯（Gertulio Vargas）时代开始。

1932年，在圣保罗市出现了规模空前的起义，史称"圣保罗战争"，又称"1932年立宪革命"。这是一场反对临时政府独裁，寻求民主的革命。期间，圣保罗州部分人民也在寻求圣保罗州从巴西独立，建立一个新的国家。最终，在经历了旷日持久的战斗之后，这场革命失败了，主要领导者被流放国外，联邦政府再一次掌控了圣保罗州的局势。

20世纪，圣保罗市的工业化与城市化速度加快。1947年，圣保罗市铺砌了第一条高速公路——安切塔路（Via Anchieta），如今更名为安切塔公路（Rodovia Anchieta），其名称来自于建立圣保罗村的西班牙神父何塞·德·安切塔。该高速公路成功地将圣保罗市与圣保罗州的沿海地区（如桑托斯港）连接起来，是圣保罗城市发展史上的一座重要里程碑。

1974年，圣保罗地铁开始运行，共设有6条线路，63个车站。20世纪末和21世纪初，圣保罗市成为南美洲的主要金融中心，同时也是世界上人口最多的城市之一。

（二）经济中心

1. 工业——大 ABC 地区

大 ABC 地区位于圣保罗市的东南部，从 20 世纪 50 年代开始就是圣保罗市最大的工业区，同时也是圣保罗市最传统的工业区之一，自 20 世纪以来，就在全国范围内享有盛誉，尤其是以多家汽车生产商的入驻而出名。

大 ABC 地区是巴西汽车工业的第一个中心，并以此闻名。该地区是奔驰、福特、大众和通用汽车等多家汽车制造商的生产地。

2. 农业——帕拉伊巴谷地

帕拉伊巴谷地位于圣保罗州的东北部，是现圣保罗州和里约热内卢州的交界处。该地处于热带气候区，降水充沛，热量充足。帕拉伊巴谷地两侧高大的山脉使得谷地内部的遮光条件较好，同时该地遍布红土（Laterite），非常适宜咖啡的种植与生长。

帕拉伊巴谷地是圣保罗州最早种植甘蔗的区域，其历史与巴西的"咖啡周期"密切相关。这一时期，咖啡逐渐取代了甘蔗成为优势作物，同时咖啡出口为该地和圣保罗州带来了巨大的财富。

不过，帕拉伊巴谷地的咖啡种植业也面临着一些问题。具体来说，该地区的咖啡农场主经常使用奴隶进行劳作，在 19 世纪的废奴浪潮下，奴隶制生产关系过于落后，最终导致了该地区咖啡种植业的衰落。

1929 年经济大萧条，全球市场上的咖啡价格下跌，对帕拉伊巴谷地乃至整个巴西的咖啡种植业都造成了较大的影响。之后，帕拉伊巴谷地逐渐放弃了咖啡种植，转向奶牛养殖和工业化发展。

尽管如此，作为圣保罗州著名的农业产区，帕拉伊巴谷地在历史上留下了浓墨重彩的一笔。

3. 第三产业——三·二五路

三·二五路（Rua 25 de Março，Rua Vinte e Cinco de Março）是一条位于圣保罗市中心的公共道路，该道路沿线地区被认为是拉丁美洲最大的商业区,商业极其发达,它的起源与圣保罗市的移民化和城市化进程息息相关,该地因其丰富的商业和社会活动而成为圣保罗市历史上的重要地区。如今,当地保留了大量中东传统的街头小贩摊位,这些摊位与商店、商场和画廊共同争夺商业空间,对圣保罗市的经济生产活动产生了重要影响。

该道路沿线同时也是阿拉伯移民,尤其是叙利亚人与黎巴嫩人,集中聚集的地区,拥有许多阿拉伯社区。同时,由于中东移民众多,三·二五路也被当作巴西境内阿拉伯文化的标志区域。

（三）文化中心

1. 保利斯塔大道

保利斯塔大道是圣保罗市最重要的也是最知名的街道,是圣保罗市独具特色的文化中心,彰显着独特的都市文化。该街道建成于 19 世纪末,起初位于住宅区,许多成功的企业家居住于此,街道两旁建满了风格迥异的豪华住宅。

20 世纪中期,街道两旁的建筑被大规模翻新。原有的住宅区被拆毁,取而代之的是金融机构、商业办公楼、购物中心以及各类文化设施。

2. 圣保罗城市剧院

圣保罗城市剧院建成于 20 世纪初,融合了巴洛克风格和新艺术风格[①]。自建成后,它一直是圣保罗市的文化明信片之一。

1922 年,著名的现代艺术周在圣保罗城市剧院举办,标志着巴西现代主义的开端。

3. 圣安东尼教堂

圣安东尼教堂是圣保罗市的一座天主教教堂,始建于 16 世纪,是该市最古老的教堂之一。

几个世纪以来,圣安东尼教堂经过了数次翻修,较好地保留了教堂中的历史文物。1970 年,教堂被圣保罗州政府列入历史遗产名单。

---

① 新艺术风格,又称新艺术运动,指的是一种从 19 世纪末到 20 世纪中期广泛流行于欧美的艺术风格。

三、史地关系

自殖民时期到如今的共和国,巴西的地方制度发生了多次变化,从最初的殖民都督辖区制度到巴西帝国的中央集权制度,再到共和制下的联邦制度。圣保罗州和中央政府的权力关系经历了多次调整。本板块将简要介绍各个历史时期圣保罗州和中央政府的权力关系,将圣保罗州历史寓于巴西整体历史中进行理解。

(一)殖民地时期(1500—1815)

殖民地时期,通过在马德拉岛(Madeira)的成功试行,葡萄牙王室确立了都督辖区这一制度。有关都督辖区制度的具体介绍前文已有讲述,此处不再赘述。值得强调的是,这一时期,都督辖区内部相对于殖民当局具有较强的自主性,可以自主决定经济建设、宗教传播等制度。

1759年,蓬巴尔侯爵改革废除了都督辖区的世袭制度,都督辖区的首脑转变为由葡萄牙王室派遣的总督。通过总督制度的改革,葡萄牙王室对巴西殖民地的管理大大加强,权力逐步向葡萄牙王室靠拢。

(二)王国与帝国时期(1815—1889)

1815年葡萄牙王室迁往巴西后,对原来的巴西总督区进行了一系列的改革,包括将殖民地时期的都督辖区彻底废除,改为省制,以加强中央集权。巴西国内权力大大地向中央政府(即里约热内卢的中央政府)集中。然而,巴西帝国的中央集权制度引发了个别州的不满,最终在共和主义革命中被推翻。

(三)旧共和国时期(1889—1930)

旧共和国的诞生与反对巴西帝国的中央集权制度密切相关,革命者们通过借鉴美国、阿根廷等成功独立的美洲国家制度,建立起了联邦制度。通过赋予各州极大的权力来奠定旧共和国的政治基石。

各州强大的自主权带来的是恶劣的州寡头政治现象，在这一时期，巴西也受到了考迪罗主义的影响。在拉丁美洲独立战争时期，拉美各国都受到了地方势力强盛这一政治现象的影响，但当时的巴西由于实行中央集权政策，情况稍有不同。在"咖啡加牛奶"的政策下，圣保罗州和米纳斯吉拉斯州牢牢掌握着政治权力，打破了各州平等的原则。

（四）瓦加斯时期（1930—1945）

热图里奥·瓦加斯夺取政治权力后，开启了一系列改革以加强中央集权。1937年革命后，瓦加斯建立起了一套名为新国家（Estado Novo）的体制，其特点是权力集中，并且施行民族主义、反共产主义及威权主义的政策。

在政府的打压下，各州的权力被联邦中央所限制。圣保罗战争后，作为战败方，圣保罗州政府的权力相比其他各州更加受限。

（五）新共和国时期（1945年至今）

新共和国时期，1967年宪法建立了一系列不同于以往的新制度，但大体上，新共和国的体制仍是中央集权的，州权力有所限制，不再像共和国时期时那么大。1967年宪法在表面上强调联邦制，国名从巴西合众共和国（República dos Estados Unidos do Brasil）改为了巴西联邦共和国（República Federativa do Brasil），新共和国的政治制度一直延续至今。

四、大事年表

1532年，圣保罗州第一个殖民地村庄圣维森特建立；

1534年，圣维森特都督辖区成立；

1549年，耶稣会教士何塞·德·安切塔与曼努埃尔·达·诺布雷登陆巴西；

1554年1月25日，圣保罗杜斯坎波斯德皮拉蒂宁加建立，该日同时也是圣保罗建市纪念日；

1681年，圣维森特都督辖区时任总督将都督辖区的行政中心迁往圣保罗村；

　　1690年，圣保罗的旗队在今米纳斯吉拉斯州区域内发现黄金；

　　1711年，圣保罗村升格为圣保罗市；

　　1740年，天主教圣保罗教区（Arquidiocese de São Paulo）从里约热内卢教区中独立出来；

　　1759年，葡萄牙王国的蓬巴尔侯爵改革废除了都督辖区制度中的世袭成分，圣维森特都督辖区改由总督进行统治；

　　1792年，圣保罗市和大西洋海岸之间的第一条现代化道路洛林小道建成；

　　1821年，圣保罗都督辖区解散，圣保罗地区建立省制；

　　1823年，为了表彰圣保罗市对独立战争的坚定支持，该市被授予"皇城"的称号；

　　1869年，连接圣保罗市和桑托斯港的桑托斯—容迪亚伊铁路落成；

　　1889年，巴西帝国覆灭，巴西共和国建立，圣保罗省变为圣保罗州；

　　1897年，圣保罗市历史上著名的纺织公司科托尼菲西奥鲁道夫克雷斯皮公司成立；

　　1898年，坎波斯·塞勒斯就任总统，并在其任期内制定了州长政策，这一政策也是咖啡加牛奶政策的前身；

　　1908年，第一批日本移民乘坐笠户丸号（Kasato Maru）抵达巴西圣保罗州桑托斯港；

　　1924年，圣保罗起义爆发；

　　1929年，圣保罗政治家朱利奥·普雷斯特斯被提名为总统候选人；

　　1932年，圣保罗战争爆发，又称"1932年立宪革命"；

　　1934年，圣保罗大学（Universidade de São Paulo）成立；

　　1936年，孔戈尼亚斯/圣保罗机场（Aeroporto de Congonhas/São Paulo）开始动工并试飞；

　　1947年，圣保罗市第一条高速公路——安切塔路建成，如今更名安切塔公路；

　　1974年，圣保罗市地铁开始运行；

　　1987年，马里奥科瓦斯环城公路（Rodoanel Mário Covas）开始建设。

附 录

一、机构组织

（一）政府部门

1. 巴西文学院（Academia Brasileira de Letras，ABL）

简介：巴西文学院是一所巴西文学机构，成立于 1897 年 7 月 20 日，总部位于里约热内卢，负责出版具有重大历史和文学价值的作品，并颁布多个文学奖项。

网址：https：//www.academia.org.br。

2. 保护历史遗产委员会（Conselho de Defesa do Patrimônio Histórico Arqueológico，CONDEPHAAT）

简介：保护历史遗产委员会是根据 1968 年 10 月 22 日第 10247 号州法律设立的圣保罗州文化秘书处下属机构。其职能是保护和宣传圣保罗州的文化遗产，并加强对后者的重视。圣保罗州的文化遗产包括动产、不动产、建筑物、纪念碑、社区、历史遗址、自然区域、非物质遗产等类别。

网址：http：//condephaat.sp.gov.br。

3. 圣保罗州公共档案馆（Arquivo Público do Estado de São Paulo）

简介：圣保罗州公共档案馆负责收集、保存并向公众提供所有被圣保罗州政府认定为具有历史价值的资料。它位于圣保罗市桑塔纳附近的一组建筑物中，是巴西最大的公共档案馆之一，为研究圣保罗州历史文化和帮助拯救公共记忆做出了突出的贡献。

公共档案馆创建于 1891 年，是圣保罗州最古老的部门之一。它的收藏包括来自国务和司法秘书处、市政厅、公证人和私人基金的文件，以及前州长和前总统的私人收藏，如朱利奥·普雷斯特斯、华盛顿·路易斯和阿迪马尔·德巴罗斯的收藏。

网址：https：//www. arquivoestado. sp. gov. br/web。

（二）公共机构

1. 伊皮兰加博物馆(Museu do Ipiranga)

简介：伊皮兰加博物馆位于圣保罗大学之中，是一家专注于历史和文化材料收藏的博物馆。该博物馆是圣保罗市最古老的公共博物馆，作为一个科学、文化和教育机构，长期在历史领域开展研究、教学和推广活动。该博物馆收集了许多有关圣保罗历史的藏品，以及与巴西独立和相应历史时期有关的物品。该博物馆的另一个亮点是米利唐·奥古斯托德·阿泽维多（Militão Augusto de Azevedo)的收藏，他是一位在 19 世纪以城市影像记录而闻名的摄影师，作品有《1862—1887 年圣保罗城市比较相册》。

网址：http：//museudoipiranga2022. org. br。

2. 圣保罗市博物馆(Museu da Cidade de São Paulo)

简介：圣保罗市博物馆于 1955 年开放，拥有一套被称为历史建筑网络的展览体系，展示了圣保罗市历史中的城市建设，其藏品涵盖了圣保罗从 17 世纪到 20 世纪的建筑。该馆不仅能够为观众展现圣保罗市的历史与地理风貌，还有助于增加市民对圣保罗市的身份认同感。

网址：http：//prefeitura. sp. gov. br。

3. 移民博物馆(Museu da Imigração)

简介：移民博物馆位于圣保罗市，是一家致力于展示和记录圣保罗移民历史的博物馆，其中的展览藏品包括移民历史记录和移民文化物品。

网址：https：//museudaimigracao. org. br。

4. 圣保罗图书馆(Biblioteca de São Paulo)

简介：圣保罗图书馆位于圣保罗市青年公园(Parque da Javentude)，于 2010 年开放，由社会组织圣保罗图书馆和阅读协会管理，旨在促进文化事业的发展，鼓励公众积极参与文化阅读活动。其开放的电子图书馆(BibliON)拥有超过 16 000 册免费书目可供查阅。

网址：https：//bsp. org. br。

5. 圣保罗博物馆(Museu Paulista)

简介：该博物馆是圣保罗大学的博物馆之一。目前,圣保罗博物馆收藏了约 450 000 件物品,其中包括许多与圣保罗历史相关的藏品。该博物馆围绕藏品开展了学术讲座、专题研讨等丰富文化活动。

网址：https：//www. saopaulo. sp. gov. br/conhecasp/museus/museu-paulista。

二、学术研究

(一) 科研机构

1. 圣保罗历史地理研究院(Instituto Histórico e Geográfico de São Paulo,IHGSP)

简介：该研究院是一个非营利性的科学文化民间团体,其主要目标是促进历史、地理和科学或相关艺术的研究、学习和传播,主要涉及与圣保罗州及其历史相关的内容。研究院向公众推广开放的课程和会议,出版文化杂志,其馆藏向全社会开放。

网址：http：//ihgsp. org. br。

2. 巴西历史协会(Associação Nacional de História,ANPUH)

简介：该协会是一个非营利性民间协会,旨在代表所有在历史领域工作的专业人士,促进历史的研究和教学。协会每两年举办一次全国历史研讨会,这也是巴西甚至拉丁美洲历史研究领域规模最大、最重要的活动。两次全国会议之间,各地区分会组织各自的州会议。

网址：https：//anpuh. org. br。

3. 巴西历史协会圣保罗分会(Associação Nacional de História Seção São Paulo,ANPUH-SP)

简介：该组织在全国历史协会举行全国会议之余,参与各州会议,并出版相关文章合集。

网址：https：//anpuh. org. br/index. php/inicio-sp。

4. 巴西当代历史文献研究中心(Centro de Pesquisa e Documentação de História Contemporânea do Brasil, CPDOC)

简介：该中心是一家私立高等教育机构，从事社会科学、政治学、国际关系和历史领域的多学科研究，拥有巴西当代历史文献数据库。该中心隶属于瓦加斯基金会(Fundação Getúlio Vargas, FGV)。2013 年，正式更名为"瓦加斯基金会社会科学学院"(Escola de Ciências Sociais da FGV)。

网址：http：//cpdoc. fgv. br。

(二) 高校机构

1. 圣保罗大学巴西研究所(Instituto de Estudos Brasileiros, IEB)

简介：该研究所是圣保罗大学一个专门的教学、研究和推广单位，于1962 年在塞尔吉奥·布阿尔克·德·奥兰达(Sérgio Buarque de Holanda)教授的倡议下成立，是一个专注于巴西历史和文化领域的多学科研究与文献中心。此外，研究所也会开设一些与巴西历史和文化有关的扩展课程、本科课程与研究生课程，同时也会举办一些研讨会与展览活动。主要研究领域包括艺术、文学、音乐、历史、地理、经济、人类学、博物馆学、社会学等。

网址：https：//www. ieb. usp. br。

2. 国际电联共和国博物馆(Museu Republicano de Itu)

简介：该博物馆也被称为共和国博物馆(Museu Republicano)，是一座专门研究旧共和国时期历史的博物馆，附属于圣保罗大学保利斯塔博物馆(Museu Paulista da Universidade de São Paulo)。博物馆会举行一些与历史和文化遗产有关的研究、教学和推广活动。

网址：https：//museurepublicano. usp. br。

3. 拉丁美洲历史研究中心(Departamento da História da Pontifícia Universidade Católica de São Paulo, CEHAL PUC-SP)

简介：该中心是由圣保罗天主教大学历史系(Departamento da História

da Pontifícia Universidade Católica de São Paulo）打造的学术信息研究中心。本着了解历史、分析现在、思考未来的态度研究和传播与拉丁美洲有关的历史。

网址：https：//www. pucsp. br/cehal。

4. 历史文献与研究中心（Centro de Documentação e Pesquisa em História，CDPH）

简介：该中心是乌贝兰迪亚联邦大学（Universidade Federal de Uberlândia）历史研究所下属的一个机构，旨在保护机构和区域的集体记忆（包括历史、传统故事、文化故事等文献）。中心不仅保存、组织和恢复历史文献，还开展研究、讲座、课程、文献展览以及许多其他扩展活动。文献馆藏由摄影馆藏、记录、城市报纸、地区和国家报纸、地图库、视频库和电影库组成。所有文献资料均向公众开放，供研究和查询。

网址：http：//www. inhis. ufu. br/unidades/centro/centro-de-documenta-cao-e-pesquisa-em-historia。

5. 奥利维拉·利马图书馆（Oliveira Lima Library）

简介：该图书馆收藏了研究葡萄牙和巴西历史、文化的书籍、手稿、小册子、地图、照片和艺术品。其中4万册的原始藏书是巴西外交官、历史学家和记者曼努埃尔·德·奥利维拉·利马（Manuel de Oliveira Lima）的个人藏书。如今，Gale数据库与该图书馆进行合作，将其收藏资源数字化，因此越来越多的珍稀小册子可以被公众访问。该图书馆通常被认为是美国最好的葡语-巴西资料收藏中心。

网址：https：//libraries. catholic. edu/special-collections/oliveira-lima-library。

6. 圣保罗大学哲学、文学和人文科学学院历史系（Departamento de História da Faculdade de Filosofia, Letras e Ciências Humanas da Universidade de São Paulo）

简介：该系负责经济史和社会史的本科生和研究生课程。目前，圣保罗大学哲学、文学和人文科学学院拥有51名全职教师，从事研究生教学工作的教授有 18 位,其中 13 位是高级教授。现有本科生约 1 500 人,研究生 478 人,员工 14 人。其官方网站上公布有关于历史学研究的学者、网址和刊物等相关信息。

网址:https://historia.fflch.usp.br。

7. 国家纪念碑遗址圣若热杜斯伊拉斯莫斯糖厂(Monumento Nacional Ruínas Engenho São Jorge dos Erasmos)

简介:该遗址位于圣保罗州桑托斯市和圣维森特市之间,是葡萄牙在巴西殖民的最古老的实物遗迹,其建造日期可以追溯到 1534 年。目前它是文化和教学扩展的先进基地,也是圣保罗大学文化和教学领域扩展的一个机构。作为多学科研究的交汇点,来自各个领域的优秀历史学家、哲学家、考古学家、地理学家、生物学家、工程师、建筑师、记者和教育工作者在此工作,通过研究遗址的历史、地理、考古、建筑、社会和环境背景,进行讲解,使公众通过跨学科的视角获取知识。

网址:http://www.engenho.prceu.usp.br。

8. 记忆与历史研究中心(Centro de Memória e Pesquisa Histórica, CMPH)

简介:记忆与历史研究中心是圣保罗联邦大学(Universidade Federal de São Paulo,UNIFESP)哲学、文学和人文科学学院历史系下设机构,是一个专设的科技中心。其目的是保管、恢复、整理和获取收藏品(通过购买、捐赠或其他任何类型的收购),支持历史学家、研究人员或其他相关人员的研究工作,并为历史学家提供培训。

网址:https://www.cmph.sites.unifesp.br/index.php/pt。

(三) 重要学者

1. 鲍里斯·福斯托(Boris Fausto)

简介:历史学家,曾在圣保罗大学担任法律顾问。他的主要研究领域有巴西共和国时期的政治历史、巴西的大规模移民史、圣保罗的犯罪和犯罪行为学以及专制思想。同时,他还经常为一些州内期刊如《圣保罗页报》

(*Folha de São Paulo*)等撰写文章。

代表作：《巴西简史》(*História Concisa do Brasil*)；《巴西历史》(*História do Brasil*)；《1930 革命》(*A Revolução de 1930*)。

研究领域：巴西共和国时期历史、威权主义、巴西殖民时代历史、巴西君主制、巴西共和党。

2. 塞斯莉亚·海伦娜·洛伦齐尼·德·萨勒斯·奥利维拉(Cecília Helena Lorenzini de Salles Oliveira)

简介：圣保罗大学历史系研究员和历史学家，为巴西历史研究做出了突出的贡献。主要研究巴西独立时期、巴西帝国、国家博物馆的历史，以及历史和记忆之间的关系，并在 2008 年至 2012 年期间担任圣保罗博物馆馆长。

代表作：《巴西的君主制、自由主义和商业：1780—1860》(*Monarquia, Liberalismo e Negócios no Brasil：1780—1860*)。

研究领域：巴西君主制、自由主义、巴西独立时期历史。

3. 莉莉娅·施瓦茨(Lilia Schwarcz)

简介：巴西历史学家和人类学家，拥有圣保罗大学的社会人类学博士学位和历史学学士学位，目前是该大学哲学、文学和人文学院的全职教授。她还是"文字公司"(Companhia das Letras)出版社的创始人。

代表作：《种族与多样性》(*Raça e diversidade*)；《皇帝的胡子》(*As Barbas do Imperador sobre a vida de Dom Pedro II*)；《国王图书馆的漫长旅途》(*A Longa AViagem da Biblioteca dos Reis*)；《传记》(*Uma Biografia*)。

研究领域：人类学、历史学、巴西的专制主义。

4. 玛丽亚·海伦娜·佩雷拉·托莱多·马查多(Maria Helena Pereira Toledo Machado)

简介：奴隶制、废奴和解放后社会史领域的专家，她在巴西社会史和美国社会史的研究方面拥有丰富的经验，重点研究犯罪和奴隶抵抗、废奴运动和关于种族的辩论。她拥有圣保罗大学历史学学士学位(1979 年)、社会历史学硕士学位(1985 年)和博士学位(1991 年)。她目前是圣保罗大学历史系的终身教授,自 1996 年以来一直在该系任教。她还是密歇根大学的客座教授和哈佛大学的客座研究员。

代表作:《威廉·詹姆斯眼中的巴西》(*O Brasil no olhar de William James*);《从奴隶叛乱分子到罢工破坏者:贾巴夸拉的基隆波和 19 世纪后期巴西的公民身份问题》(*From Slave Rebels to Strikebreakers:The Quilombo of Jabaquara and the Problem of Citizenship in Late-Nineteenth-Century Brazil*);《街头俘虏:圣保罗市的城市奴隶制》(*Sendo Cativo nas Ruas:a Escravidão Urbana na Cidade de São Paulo*)。

研究领域:巴西和美洲的奴隶制、废奴和解放后的巴西社会史、巴西和美洲的种族概念。

5. 吉尔多·马加良斯·多斯桑托斯·菲略(Gildo Magalhaes dos Santos Filho)

简介:他拥有圣保罗大学社会历史学博士学位(1994 年)和圣保罗大学电子工程学学士学位(1972 年)。他是德国克虏伯和亚历山大·冯·洪堡基金会的研究员,美国史密森学会的常驻学者和化学遗产基金会(美国费城)的研究员。他目前是圣保罗大学哲学、文学和人文科学学院历史系的终身教授,里斯本大学研究所的历史教授和里斯本大学(科学哲学中心)的教授。

代表作:《圣保罗在生物科学方面的科学研究:在机构的边缘》(*A pesquisa científica paulista em biociências:à margem das instituições*);《力量与光:巴西的电力和现代化》(*Força e Luz:eletricidade e modernização no Brasil*)。

研究领域:科学技术史、文化史。

6. 玛丽娜·德梅洛·益苏扎(Marina de Mello e Souza)

简介:她拥有里约热内卢天主教大学的政治和社会科学学士学位(1981 年),该大学文化史学硕士学位(1993 年),弗卢米嫩塞联邦大学社会史学博士学位(1999 年)和圣保罗大学哲学、文学和人文科学学院非洲历史学博士学位(2012 年)。自 2001 年以来,她一直担任圣保罗大学哲学、文学和人文科学学院历史系的教授,从事本科和研究生教学工作。

代表作：《非洲和非洲巴西》(*África e Brasil africano*)；《巴西在大西洋世界的奴隶关系》(As conexões escravistas do Brasil no mundo atlântico)；《巴西的黑人天主教：asntos 和 minkisi，对文化通婚的反思》(*Catolicismo negro no Brasil：asntos e minkisi，uma reflexão sobre miscigenação cultural*)。

研究领域：中非历史、刚果和安哥拉的天主教、非裔巴西文化、非洲宗教信仰。

（四）学术期刊

1.《历史研究》(*Estudos Históricos*)

简介：《历史研究》杂志，由瓦加斯基金会每四个月出版一次，每期都设定一个特定主题，出版内容包括历史、社会科学和其他相关领域的国内外学术文章，具有历史视角和跨学科的特点。该期刊与巴西当代历史文献研究中心的历史、政治和文化研究生课程（PPHPBC）相关联，在历史和跨学科领域的 Qualis Capes[①] 中被归类为 A1 类。

网址：http://bibliotecadigital.fgv.br/ojs/index.php/reh/index。

2.《巴西历史与地理研究所杂志》(*Revista do Instituto Histórico e Geográfico Brasileiro*)

简介：《巴西历史与地理研究所杂志》首次出版于 1839 年，该期刊聚焦国家现状，以发布历史研究成果为主，同时涵盖了社会科学的各个方面，包括地理学、人口学、人类学、社会学、政治学、法学、经济学、文化等，以及其他跨学科领域。期刊栏目包括原创文章、专题档案、历史文献分析和通讯四大块。所有提交文稿都会经过各个领域专家的双盲同行评审，以确保所发布内容的质量和学术价值。该期刊为研究巴西历史和传播科学知识做出了突出贡献。

网址：https://www.ihgb.org.br/publicacoes/revista-ihgb.html。

3.《历史笔记》(*Cadernos de História*)

简介：《历史笔记》是人文社科期刊（半年刊）。目前，此期刊由乌贝兰

---

① Qualis Capes 是巴西的高等教育质量评估系统，它通过对学术期刊和研究生课程进行分类和评估，以促进教育和科研水平的提升。

迪亚联邦大学历史教学实验室(Laboratório de Ensino e Aprendizagem em História)和基础教育学校(Escola de Educação Básica，ESEBA)出版，由历史文献研究中心制作，致力于通过一个将教学、研究与推广紧密融合的项目，传播历史学领域的学术成果，旨在促进对历史和相关主题的批判性思考。

网址：http：//www.seer.ufu.br/index.php/cadernoshistoria/index。

4.《巴西历史杂志》(*Revista Brasileira de História*)

简介：《巴西历史杂志》(四月刊)由全国历史协会出版，主要发表历史领域的原创文章、采访和评论，致力于传播巴西历史研究中最具代表性的学术成果，为巴西历史学的发展做出贡献。

网址：https：//anpuh.org.br/index.php/revistas-anpuh/rbh。

5.《今日历史》(Revista História Hoje)

简介：《今日历史》(半年刊)由全国历史协会出版，致力于传播关于历史、历史教学和教师培训之间联系的研究、思想、项目和实践成果。

网址：https：//anpuh.org.br/index.php/revista-historia-hoje。

6.《巴西与葡萄牙历史与文化：奥利维拉·利马图书馆数据库合集》(*Brazilian and Portuguese History and Culture*：*The Oliveira Lima Library*)

简介：《巴西与葡萄牙历史与文化：奥利维拉·利马图书馆数据库合集》内容来自巴西外交官、历史学家和记者曼努埃尔·德·奥利维拉·利马(Manoel de Oliveira Lima)的私人图书馆。数据库主要包括两个部分：

"第一部分：小册子"，共计有80 000多页，内容涵盖巴西和葡萄牙从1800年到20世纪晚期的历史、政治、技术、社会事件和文化。

"第二部分：专著"，收录专著近一百万页，涉及从16世纪中期到20世纪巴西和葡萄牙的历史、原住民、国际关系、生态、经济发展、医疗和公共卫生、文学等内容。

7.《历史杂志》(*Revista de História*)

简介：《历史杂志》(半年刊)由圣保罗大学哲学、文学和人文科学学院历史系出版，是巴西历史上最古老的专业期刊之一，由欧里佩德斯·西蒙斯·德·保拉教授于1950年创立。其主要目标是为该领域和人文科学的学术讨论做出贡献,同时也为将学术成果传播给更广泛的受众提供平台。

8.《历史(圣保罗)》[História(São Paulo)]

简介:《历史(圣保罗)》是圣保罗州立大学最早出版的学术期刊之一,也是巴西历史研究领域最早的期刊之一。该杂志于1982年出版,源自该地区的两份期刊:由哲学、科学和文学学院编辑的《历史编年史》,以及由玛丽利亚哲学、科学和文学学院出版的《历史研究》。自2007年以来,《历史杂志(圣保罗)》已成为圣保罗大学历史研究生课程的官方期刊。同样自2007年以来,该杂志被多家国际索引网站收录,通过数字方式发行,读者数量显著增长。该期刊每年至少出版两期,并不断整合其他期刊的文章。

三、电子资源

(一)数据库

1. 圣保罗大学图书馆(Biblioteca da Universidade de São Paulo)

简介:圣保罗大学图书馆是圣保罗大学所属图书馆,其线上网站中包括USP杂志、USP论文、USP图书馆开放电子书(可免费下载)等。

网址:https://www5.usp.br/pesquisa/bibliotecas。

2. 巴西历史(História do Brasil)

简介:巴西历史网站包含了巴西殖民地时期、帝国时期和共和国时期的历史总结,可供了解巴西历史形成的主要过程。

网址:https://www.historiadobrasil.net。

3. 葡语国家文学数字图书馆(Biblioteca Digital de Literatura de Países Lusófonos)

简介:该数字图书馆是由巴西圣卡塔琳娜联邦大学(Universidade Federal de Santa Catarina,UFSC)信息学、文学和语言学研究中心所主创的电子书网站。其网站上陈列了葡语国家各个领域的文学作品,可免费下载。

网址：https：//www. literaturabrasileira. ufsc. br/？locale＝pt。

4. 马拉尼昂文学数字图书馆(Digital Library of Literature in Maranhão)

简介：马拉尼昂文学数字图书馆是由巴西圣卡塔琳娜联邦大学信息学、文学和语言学研究中心所主创的电子书网站。其中陈列了巴西各个领域的文学作品。

网址：https：//www. literaturamaranhense. ufsc. br。

（二）影视资源

1. 巴西学校(Brasil Escola)

简介："巴西学校"是巴西最大的教育门户网站,涉及各个学科的教学视频以及测试练习,包括巴西各时期的历史教学资料。此外,还有专门为巴西全国统一考试准备的试题及答案解析。

网址：https：//brasilescola. uol. com. br。

2.《圣保罗,社会变奏曲》(São Paulo, Sociedade Anônima)

简介：《圣保罗,社会变奏曲》是一部 1965 年的巴西电影,由路易斯·塞尔吉奥导演。2015 年 11 月,这部电影进入了巴西影评人协会(Abraccine)评出的史上 100 部最佳巴西电影的名单。

故事发生在 1950 年代后期外国汽车工业在巴西快速发展时期。它讲述了来自圣保罗中产阶级的年轻人卡洛斯加入一家大公司的故事。他接受了一家汽车零部件厂的职位,成为了经理,但老板是逃税者,有几个情妇。卡洛斯作为一家之主,工作努力,收入丰厚,但对生活并不满意。他没有未来,所能做的只有逃避。

网址：https：//abcine. org. br/artigos-cientificos/sao-paulo-sociedade-anonima-uma-tragedia-em-tres-atos。

3.《圣保罗：大都会交响曲》(São Paulo：A Sinfonia da Metrópole)

简介：1929 年,在匈牙利导演阿达尔韦托·凯梅尼和鲁道夫·勒斯蒂格的纪录片《圣保罗：大都会交响曲》中,圣保罗首次出现在荧幕上,该纪录片描绘了巴西新金融中心的现代化和转型的快速进程。

网址：https：//www. youtube. com/watch？ v = zgKIXzuRDYM。

4.《欢迎来到圣保罗》(Bem-vindo a São Paulo)

简介：这部电影由埃塔诺·维罗索(Caetano Veloso)主演,他在 17 集不同导演负责的短剧集中,讲述了圣保罗文化、生活和移民的故事。

网址：https：//www. cineplayers. com/filmes/bemvindo-a-sao-paulo。

5.《圣保罗的历史故事》(Histórias da História de São Paulo)

简介：该纪录片讲述了从发现巴西至今的圣保罗历史,内容取材于历史学家马可·安东尼奥·维拉(Marco Antonio Villa)的《圣保罗历史》(Breve História Estado de São Paulo)一书。

网址：https：//www. youtube. com/playlist？ list = PLAE3B7A96500EF1C6。

（程天圃）

第二章

圣保罗州地理概貌

一、地形

圣保罗州面积约为 24.82 万[1]平方千米。位于巴西东南部，南美洲东部，东经 44°38′27″至 53°04′06″，南纬 20°32′34″至 25°19′10″之间，东、南、西三面分别与里约热内卢州、巴拉那州、南马托格罗索州、圣卡塔琳娜州接壤，北面与米纳斯吉拉斯州、巴西利亚（Brasília）直辖区和戈亚斯州相连。

圣保罗市位于海拔约为 750 米的高原上[2]，与桑托斯港紧密相连，是典型的高原城市。地区地形较为崎岖，多为丘陵和低海拔山脉，以及广阔的冲积平原。在保利斯坦诺高原（Planalto Paulistano）的边缘，山脉拔地而起，形成了一个巨大的圆形"剧场"，城市就坐落在"剧场"内：西面是哈拉瓜（Jaraguá）山丘的清晰轮廓，山顶海拔超过 1 000 米；北面是坎塔雷拉山脉（Serra da Cantareíra）的雄伟屏障，被一种名为马卡斯（Macas）植被的紧密地幔所覆盖；南面是海拔较低的马尔山脉（Serra do Mar），由此可以俯瞰紧邻大西洋的库巴唐镇（Cubatão）。[3]

该州东部地区由海岸山脉和沿海平原构成，其中马尔山脉和曼蒂凯拉

① GUITARRARA, Paloma. "São Paulo"；Brasil Escola. https：//brasilescola. uol. com. br/brasil/sao-paulo. htm，查询日期：2023 年 4 月 13 日。

② Associação dos geografos brasileiros, *A Cidade de São Paulo estudos de gepgrafia urbana* (*companhia editora nacional são paulo* , 1958)，p.6，查询日期：2023 年 9 月 9 日。

③ Associação dos geografos brasileiros, *A Cidade de São Paulo estudos de gepgrafia urbana* (*companhia editora nacional são paulo* , 1958)，p.7，查询日期：2023 年 9 月 9 日。

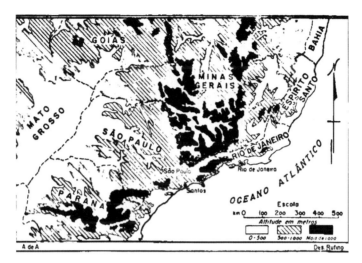

图 2-1　圣保罗州地形图①

山脉(Serra da Mantiqueira)平均海拔超过 2 400 米。② 西部是广阔的高原，主要分布在巴拉那地区。这片高原以其肥沃的"紫色土地"而闻名，尤其适宜咖啡的种植。③ 沿海地区则由沿海平原和海岸线交织而成，平原广泛分布于东南部海岸以及一些河流岸边。洼地区域位于东南偏东的高原和巴拉那盆地之间。

二、植被

圣保罗州的植被主要由大西洋森林(67.3%)、稀树草原(Cerrado，32.7%)以及落叶林组成。④ 在过去几十年里，这些植被受到森林伐掠、城市化、农业、畜牧业和采矿等人类活动的威胁，面积不断缩小。近年来，圣保

---

① Associação dos geografos brasileiros, *A Cidade de São Paulo estudos de gepgrafia urbana* (*companhia editora nacional são paulo*, 1958), *p*. 6, 查询日期: 2023 年 9 月 14 日。

② GUITARRARA, Paloma. "São Paulo"; Brasil Escola. Disponível em: https://brasilescola. uol. com. br/brasil/sao-paulo. htm, 查询日期: 2023 年 4 月 13 日。

③ MATIAS, Átila. "Região Sudeste"; Brasil Escola. https://brasilescola. uol. com. br/brasil/regiao-sudeste. htm, 查询日期: 2023 年 4 月 13 日。

④ https://brasilescola. uol. com. br/brasil/sao-paulo. htm, 查询日期: 2023 年 4 月 13 日。

罗州政府采取了一系列措施来保护和恢复植被,例如建立保护区、推广可持续农业和林业,并加强执法和法律保护。

国家空间研究所(Instituto Nacional de Pesquisas Espaciais,简称 INPE)提供了有关圣保罗州和巴西其他地区森林覆盖率变化的信息。数据显示,圣保罗州的森林覆盖率在过去几十年中一直在下降,尤其是在 20 世纪 80 年代和 90 年代。[①]

(一) 植被类型

圣保罗州的自然环境多样,包括沿海平原、山区和高原。这些不同的地区都有各自独特的植被类型,其所构成的生态系统对维护该地区的生态平衡和可持续发展至关重要。然而,由于城市化和人类活动的影响,许多植被类型正在受到破坏和威胁。

圣保罗州内分布的大西洋森林因地形原因呈现出多样性,季节性植被与阔叶和多年生植物交织,中大型树木生长茂盛,形成高达 60 米的森林连续带。[②]

沿海平原植被分为沙滩植被和热带雨林。沙滩植被通常是由盐生植物组成,这些植物能够适应高盐度的环境。热带雨林常年温暖湿润。

山区植被包括亚热带森林和常绿阔叶林。亚热带森林动植物种类丰富,是圣保罗州的重要生态系统之一。常绿阔叶林则通常是由针叶树林和常绿树叶林组成,这些植物能够适应较密集群的环境。

(二) 植被分布

巴西东海岸和南部沿海地区的生态系统丰富。沿海地区主要分布着大西洋森林。沙滩植被主要生长在沿海地区的沙滩上,热带雨林则主要分布在圣保罗周边的山区。亚热带森林和常绿阔叶林主要生长在山区和丘陵地带,那里气候较温和,有相对较高的降水量和湿度。其中,亚热带

---

① https：//www.gov.br/inpe/pt-br/acesso-a-informacao/dados-abertos/,查询日期：2023 年 4 月 13 日。

② https：//brasilescola.uol.com.br/brasil/biomas-brasileiros.htm,查询日期：2023 年 4 月 13 日。

森林通常生长在中部海拔较低的山区,而常绿阔叶林则主要生长在高原上部的山区,草原植被则主要分布在圣保罗地区的中西部,那里气候干燥,适合生长高大的草本植物。

三、水系和水资源

巴西圣保罗州水系属大西洋水系。[①] 州内有数百条河流,分布在州内的各个地区。其中,铁特河(Rio Tietê)是该州最重要的河流之一[②],流经圣保罗州的中部。除此之外,圣保罗州还有许多重要的河流,如圣弗朗西斯科河(Rio São Francisco)、巴拉那河(Rio Paraná)、摩哥依河(Rio Mogi-Guaçu)等。圣保罗州的水资源主要用于农业灌溉、城市供水、工业用水和发电用水等方面。

(一)主要河流水系及其特征

1. 圣弗朗西斯科河

圣弗朗西斯科河是巴西最重要的水道之一,连接巴西的东北部和东南部,流入大西洋,位于阿拉戈斯州(Alagoas)和塞尔希培州(Sergipe)的边界。河流水量常年稳定,流域面积约为64.1万平方千米,平均流量为每秒2 846立方米,约为全国平均流量的1.58%。[③]

2. 铁特河

铁特河全长1 100千米,横跨圣保罗整个大都市区,由东南至西北方向流入巴拉那河大盆地,是该流域的主要支流之一。由于每天从圣保罗大都

---

① MATIAS, Átila. "Região Sudeste"；Brasil Escola. https：//brasilescola. uol. com. br/brasil/regiao-sudeste. htm,查询日期：2023 年 4 月 13 日。

② Britannica, The Editors of Encyclopaedia. "Tietê River". Encyclopedia Britannica, 23 Oct. 2015，https：//www. britannica. com/place/Tiete-River,查询日期：2023 年 4 月 13 日。

③ SOUSA, Rafaela. "Rio São Francisco"；Brasil Escola. https：//brasilescola. uol. com. br/brasil/rio-sao-francisco. htm,查询日期：2023 年 4 月 13 日。

市接收超过两吨的固体废物和污水,环境污染问题较为严重。[1]

3. 巴拉那河

巴拉那河是南美洲第二大河流,流经巴西、阿根廷和巴拉圭等国家,总长4 880 千米。流域面积约为 1 万平方千米,年平均降雨量达 1 400 毫米。[2]

(二) 水资源利用

1. 工业用水

圣保罗州是巴西主要的工业中心之一[3],各种制造和生产活动对水资源的需求量较大。许多大型公司和工厂都位于河流和湖泊附近,依靠这些水资源来满足其生产过程中的资源需求。

2. 农业用水

圣保罗州是巴西最主要的农业生产地[4],农业是该州经济的重要支柱。由于圣保罗州主要为灌溉农业,因此农业用水量很大。一些河流和水库提供灌溉用水,支持着圣保罗州种植业和畜牧业的发展。

3. 生活用水

当地人口的增长和城市化进程使得圣保罗州对水资源需求较高。大部分城市都依赖于地下水和水库的供水。这样一来,水资源供应在干旱季节就会变得更加紧张。

4. 发电用水

圣保罗州有许多水电站,这些水电站利用河流和水库的水来发电,为该地区提供了清洁、廉价的电力。水库也可以在干旱季节补充水资源的供应,

---

[1] MENDONÇA, Gustavo Henrique. "Rio Tietê"; Brasil Escola. https: //brasilescola. uol. com. br/brasil/rio-tiete. htm,查询日期:2023 年 4 月 13 日。

[2] GUITARRARA, Paloma. "Rio Paraná"; Brasil Escola. https: //brasilescola. uol. com. br/brasil/rio-parana. htm,查询日期:2023 年 4 月 13 日。

[3] FREITAS, Eduardo. "Economia do Estado de São Paulo"; Brasil Escola. https: //brasilescola. uol. com. br/brasil/economia-estado-sao-paulo. htm,查询日期:2023 年 4 月 13 日。

[4] FREITAS, Eduardo. "Economia do Estado de São Paulo"; Brasil Escola. https: //brasilescola. uol. com. br/brasil/economia-estado-sao-paulo. htm,查询日期:2023 年 4 月 13 日。

从而保证水力发电不受影响。

四、地质与矿藏

（一）地质结构

圣保罗州位于南美洲东南部，其地质结构复杂，主要由前泥盆纪以前的变质岩和岩浆岩组成。岩石类型多样，主要包括片麻岩、云母片岩、麻粒岩、花岗岩、石灰岩等。[①]

该地区的地貌组成主要包括山脉、丘陵、平原、河流和湖泊。其中，山脉主要由片麻岩、云母片岩、麻粒岩、花岗岩等组成，基岩具有高度的皱褶和断层。

丘陵主要由泥盆系砂岩和页岩组成，其基岩经历了强烈的地壳运动。

平原大部分地区由变质岩组成，包括片岩、板岩、黑云母岩等，内部有一些花岗岩侵入体支撑着一些不太明显的山峰。且平原地形由于岩石的相对耐侵蚀性而呈现出明确的等级差异：在圣保罗平原的北部和南部边缘，地形比较陡峭；但在平原内部，地形较为平缓。圣保罗平原沿铁特河有一些零星分布的河流阶地，这些阶地是由于河流的不断冲刷和沉积作用而形成的。[②]

（二）地质发展历史

圣保罗州的地质历史发展过程涵盖了多个地质时期和不同的地质形态。这些地质结构反映了圣保罗州地质环境在地球历史上的演变过程和受地壳运动的影响。

首先是前寒武纪（地球诞生至 6 亿年前），这一时期形成了圣保罗州最

---

① Associação dos geografos brasileiros, *A Cidade de São Paulo estudos de gepgrafia urbana*（*companhia editora nacional são paulo*, 1958）, *p.* 156，查询日期：2023 年 9 月 14 日。

② Associação dos geografos brasileiros, *A Cidade de São Paulo estudos de gepgrafia urbana*（*companhia editora nacional são paulo*, 1958）, *pp.* 113-140，查询日期：2023 年 11 月 25 日。

古老的地质构成,该地质由多种变质岩、侵入性花岗岩、低中度变质沉积岩、变质岩浆岩以及其他岩石组成。这些岩石是因冈瓦那(Gondwana)大陆形成期间的活动构造而形成的。

其次是巴西高原基底形成期(约 6.5 亿至 5.45 亿年前),这个时期的地质构成主要包括花岗岩、片麻岩、混合岩和其他变质岩。这些岩石形成于地壳运动活跃的时期,最终形成了南美洲大陆的基础。

最后是第三纪盆地诞生期(新生代,约 6 500 万年前至今),这个时期的地质构成主要包括一些较新的沉积岩,由巴西东南部的大陆裂谷系统造成。这些盆地的形成与南大西洋的开裂过程有关。[1]

(三)地质及灾害

1. 地震

圣保罗州有两个主要的地震灾害分布区域,依次为该州的中部和南部,这两个区域地震活动频繁。历史上,圣保罗州曾多次发生 5.0 级以上的地震,如 1997 年 1 月发生的 6.1 级地震,造成了较为严重的人员伤亡和财产损失。

2. 泥石流

圣保罗州山地较多,地形陡峭,加之强降雨等自然因素影响,泥石流灾害时有发生,尤其是在马尔山脉区域,由于地形陡峭,山体容易发生滑坡,进而形成泥石流。此外,圣保罗州的河流水库区域,一旦发生泥石流,将对下游地区造成巨大影响。

3. 山体滑坡

圣保罗州多山地,地形陡峭,土壤脆弱,加之暴雨等自然因素影响,山体滑坡灾害时有发生。

4. 洪涝灾害

圣保罗州的河流较多,气候湿润,洪涝灾害是常见的自然灾害。每年的

---

① OLIVEIRA, Eduardo Zenko Taniguti. (2021). Geologia do Estado de São Paulo. Geologia Geral: Uma revista da turma 63, pp. 56-57. Disponível em: https://igc. usp. br/blog/2021/04/15/revista-geologia-geral-elaborada-pelos-estudantes/,查询时间:2024 年 2 月 4 日。

夏季和秋季,圣保罗州常常发生暴雨,导致河流水位上涨,甚至泛滥,造成洪涝灾害。特别是在圣保罗大都会区,由于城市化进程加速,大规模的建筑工程使得地表水无法及时渗透,从而增加了洪涝灾害的风险。

五、气候

(一)气候特征

圣保罗州地处南美洲东南部,主要为热带气候类型,受大西洋影响,气候温和,雨量充沛。州内主要有大西洋沿岸平原、山地和高原三个地形类型。这些地形因为海拔高度的不同,气候也有所不同。在高原地区,气温较低,而在沿海地区,气候则较为温暖。[①]

1. 温度

圣保罗地区季节性气温波动较大。由于地理位置和海拔的不同,沿海地区和平原地区气温可能会有差异。年平均气温为17.5℃,城市周边地区气温略低。圣保罗的夏季(12月至2月)气温较高,平均气温可达25℃以上,也是最湿热的时期。秋季(3月至5月)气温相对较低,夜间温度可能会下降到10℃左右,气温波动较大,并且易受寒冷的南极气团影响。圣保罗冬季(6月至8月)气温通常在15℃左右,比夏季气温低约10℃。冬季的晚上可能出现霜冻,但不常见于春季(9月至11月)。春季气温波动较大,平均气温约为18℃,气温介于冬季和夏季之间,也容易受南极气团的影响。[②]

2. 降水与湿度

圣保罗州全年降雨量较大,旱季年平均降雨量在19毫米。夏季从12月开始,到2月结束,这三个月份的降水量占全年降水总量的一半。夏季月

---

① GUITARRARA, Paloma. "Cidade de São Paulo"；Brasil Escola. Disponível em：https：// brasilescola. uol. com. br/brasil/cidade-de-sao-paulo. htm,查询日期：2023 年 4 月 13 日。

② Associação dos geografos brasileiros, *A Cidade de São Paulo estudos de gepgrafia urbana(companhia editora nacional são paulo*, 1958), *pp*. 82-97,查询日期：2023 年 11 月 25 日。

降水量高,平均可达到 228 毫米①,有时会出现强降水和雷暴天气。冬季降水量较少,月平均降水量介于 50 毫米～100 毫米。全年湿度均较高,相对湿度在 70%左右。因为圣保罗州地处热带气旋影响的范围之内,所以经常受到热带气旋带来的降雨影响。春季由于受到南方冷气团带来的湿气和冷空气影响,降水增加;夏季降水主要受到局部不稳定气候的影响,容易形成雷雨;秋季降水量迅速下降,但局部扰动仍可能导致降水;冬季降水量较少,主要由寒冷的南风带来的湿气造成。②

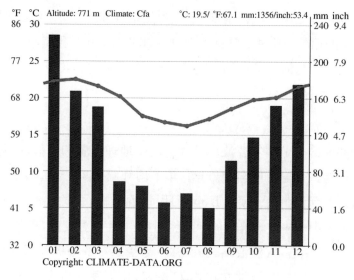

图 2-2　降水量③

(二)气温与光照

1. 气温

圣保罗州的气温和光照具有一定的季节性变化。夏季平均气温在

---

① https://pt. climate-data. org/america-do-sul/brasil/sao-paulo,查询日期:2023 年 4 月 13 日。

② Associação dos geografos brasileiros, *A Cidade de São Paulo estudos de gepgrafia urbana* (*companhia editora nacional são paulo*, 1958), pp. 93-99,查询日期:2023 年 11 月 25 日。

③ https://pt. climate-data. org/america-do-sul/brasil/sao-paulo,查询日期:2023 年 4 月 13 日。

22℃～27℃,2 月是一年中最热的月份。冬季平均气温在 12℃～18℃,7 月是一年中温度最低的月份。[1]

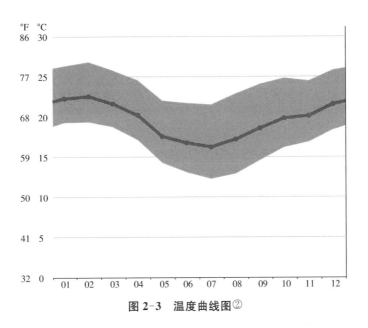

图 2-3　温度曲线图[2]

2. 光照

圣保罗州夏季日照时间长,每天有 7～8 小时的日照时间,而冬季日照时间短,每天只有 4～5 小时的日照时间。

(三)灾害性天气

圣保罗州位于南美洲东海岸,由于靠近大西洋,受到大西洋气旋的影响,容易发生暴雨和洪水。此外,夏季还可能会出现热带气旋,带来狂风暴雨和海啸等灾害性天气。冬季由于温度较低,部分地区可能会出现霜冻现象,对交通、农业等产生一定影响。

---

① Associação dos geografos brasileiros，*A Cidade de São Paulo estudos de gepgrafia urbana*(*companhia editora nacional são paulo*，1958),p.82,查询日期：2023 年 9 月 14 日。

② https：//pt. climate-data. org/america-do-sul/brasil/sao-paulo,查询日期：2023 年 4 月 13 日。

六、农业

（一）主要农产区

1. 南部平原（Planalto Sul）

南部平原是圣保罗州重要的农业产区，这个地区主要种植玉米、大豆、小麦、棉花、咖啡、烟草等作物。

2. 里贝拉河谷（Vale do Ribeira）

里贝拉河谷位于圣保罗州南部，这里气候温暖湿润，是巴西最大的香蕉产区之一。此外，该地区还种植其他水果作物如柑橘、菠萝等。

3. 西南高原（Planalto Sudoeste）

西南高原位于圣保罗州西南部，气候多样，地形起伏，土地肥沃。这里主要生产大豆、玉米、咖啡等作用，以及橙子等柑橘类水果。

（二）主要农作物

1. 豆类

圣保罗州的豆类产量在全国占据重要地位，主要包括黑豆、黄豆。黑豆是巴西传统饮食中必不可少的食材，圣保罗州的黑豆产量占全国总产量的四分之一以上，但近年来受到其他农产品竞争的影响，产量有所下降。[1]

2. 玉米

圣保罗州是巴西主要的玉米生产区，玉米广泛用于食品、饲料和工业原料等领域，也是该州种植业的主要收入来源之一。

3. 柑橘类

圣保罗州是全国最大的柑橘类水果生产州，其中橙子占 80%，柠檬和

---

① Ana Maria Montragio Pires de camargo susstituicão reginal," *ENTRE AS PRINCIPAIS ATIVIDADES AGRFCOLAS NO ESTADO DE SÃO PAULO* ", Piracicaba Estado de São Paulo - Brasil, 1983, pp. 30-32, 查询日期: 2023 年 11 月 25 日。

柚子分别占 6% 和 2%。① 此类水果广泛用于饮料、果酱等加工行业，也是该州农民的主要经济来源之一。

4. 咖啡

圣保罗州曾经是巴西咖啡产业的中心地带，如今虽然产量有所下降，但仍然是巴西重要的咖啡生产区。该州的咖啡主要有阿拉比卡（Arábica）和罗布斯塔（Robusta）两个品种。

（三）畜牧业

1. 主要牲畜

圣保罗州的牛肉产业非常发达，肉牛数量超过 2 500 万头，占全国总数的三分之一以上。其中，布拉戈（Brago）种牛是该州养殖的主要品种，主要分布在西部和南部的牧场。此外，该州还养殖一定数量的猪、羊和马。②

2. 养殖技术

圣保罗州在牲畜养殖方面拥有先进的技术和丰富的管理经验。具体来说，圣保罗州的两个市镇兰查里亚（Rancharia）和若昂拉马略（João Ramalho）在畜牧业技术方面采用了一种叫作"农牧结合系统"（Integrated Crop-Livestock Systems，ILP）的创新技术。在这个系统中，农田和牧场共享资源，以提高生产效率和可持续性，可以概括为以下几个方面。

（1）资源共享：在农牧结合系统中，农田和牧场共享土地、水、劳动力和其他资源。这种共享有助于提高资源利用率，降低生产成本。

（2）循环利用：农牧结合系统采用循环利用的方法，将农田和牧场的废弃物转化为有价值的资源。例如，畜牧业产生的粪便可以用作农田的肥料，提高土壤肥力。

---

① Ana Maria Montragio Pires de camargo susstituicão reginal，" *ENTRE AS PRINCIPAIS ATIVIDADES AGRFCOLAS NO ESTADO DE SÃO PAULO* "，Piracicaba Estado de São Paulo - Brasil，1983，pp. 35-36，查询日期：2023 年 11 月 25 日。

② MATIAS，Átila. "Região Sudeste"；Brasil Escola. https：//brasilescola. uol. com. br/brasil/ regiao-sudeste. htm，查询日期：2023 年 4 月 13 日。

（3）生产多样化：农牧结合系统鼓励生产多样化，以增加农民的收入来源。这种多样化可以包括种植多种农作物和饲养多种畜禽。

（4）有机农业：农牧结合系统通常采用有机农业的方法，减少化学合成肥料和农药的使用，以保护土壤、水质和空气质量。

（5）风险分担：农牧结合系统可以分担市场和生产风险。当一种产品的价格下跌时，农民可以通过另一种产品来弥补损失。

（6）创新中介：创新中介（如农技推广人员、咨询师和扩展服务提供商等）在农牧结合系统的推广和应用中发挥着重要作用。他们可以提供技术支持、信息传递和培训等服务，帮助农民更好地采用农牧结合系统。

（7）政策支持：政府和相关机构应提供政策支持和资金援助，以促进农牧结合系统的发展。这可以包括研究补贴、技术培训和信贷支持等措施。

综合来说，农牧结合系统是一种可持续的农业生产和畜牧业技术，通过资源共享、循环利用、生产多样化、有机农业、风险分担和创新中介等措施实现农田和牧场的整合。政策支持和推广也有助于推动农牧结合系统的发展。[1]

3. 养殖场地

圣保罗州的家禽畜牧业分布在全州各个地区，其中以西部和南部的农村地区为主。该州的养殖场地主要有两种类型：传统牧场和现代化养殖场。传统牧场主要分布在西部和南部的农村地区，占据了该州家畜养殖总量的一半以上，以放牧方式为主。现代化养殖场则主要分布在州内的城市周边地区和沿海地区，采用了较为现代化的养殖设施和管理方法，包括鸡舍、牛舍、猪舍等。

---

[1] Vinholis, M. M. B., Souza Filho, H. M., Carrer, M. J. (2023). Preditores da adoção de sistemas de integração lavoura-pecuária em São Paulo e o papel dos intermediários da inovação. Revista de Economia e Sociologia Rural, 61（3），e252894. https://doi.org/10.1590/1806-9479.2022. 252894,查询日期：2023 年 11 月 25 日。

七、交通

（一）公路

1. 安汉古拉公路（Rodovia Anhanguera）

安汉古拉公路全长 453 千米，是圣保罗州最繁忙的交通要道之一。2005 年在巴西卡车司机中进行的一项调查将其评为该国最佳交通枢纽。[①]

该公路是圣保罗和坎皮纳斯之间交通流量最大的路段。它与班代兰特斯公路和华盛顿路易斯公路（Rodovia Washington Luís）一并连接圣保罗州大都市区，被认为是该国最大的金融走廊。[②]

2. 班代兰特斯公路（Rodovia dos Bandelantes）

班代兰特斯公路连接圣保罗市和坎皮纳斯，全长 173 千米。20 世纪 60 年代，因为安汉古拉公路的交通容量过载，所以圣保罗州政府修建了这条高速公路，并于 1978 年通车。

2001 年，这条公路拓展至圣巴尔巴拉德奥斯特（Santa Bárbara d'Oeste），并与华盛顿路易斯高速公路、里奥克拉罗（Rio Claro）高速公路、圣卡洛斯（São Carlos）高速公路、阿拉拉夸拉（Araraquara）高速公路和普雷图河畔圣若泽（São José do Rio Preto）高速公路合并。2006 年，它在圣保罗和容迪亚伊（Jundiaí）之间的道路拓宽至单行 4 车道。同时，它还是圣保罗和坎皮纳斯周围的工业城市与该第二繁忙的货运机场维拉科波斯（Viracopos）机场之间的主要通道。

这条高速公路以班代兰特斯命名，是为了纪念十六、十七世纪的巴西探险家，他们曾经穿越雨林的跋涉路线为圣保罗高速公路系统主要干道的建设打下了基础。

---

① https://www.rodoviaanhanguera.com.br，查询日期：2023 年 4 月 13 日。

② https://www.rodoviaanhanguera.com.br，查询日期：2023 年 4 月 13 日。

3. 移民公路(Rodovia dos Imigrantes)

这条高速公路将圣保罗市与大西洋沿岸以及海滨城市圣维森特、大沙滩(Praia Grande)连接起来,全长 58.5 千米,拥有 44 座高架桥、7 座桥梁和 14 座隧道。

此段高速公路穿越热带雨林和马尔山脉,将圣保罗州与大海隔开,累计有超过 100 万辆汽车途经于此。

"Imigrantes"在葡萄牙语中意为"移民",采用这一名称也是为了纪念移民对巴西文化、经济和社会发展所做出的贡献。

4. 卡斯特罗布兰科公路(Rodovia Castelo Branco)

卡斯特罗布兰科公路是连接圣保罗市和西部地区的主要纽带,全长 315 千米,从圣埃斯皮里图州图尔沃(Espírito Santo do Turvo)一直延伸至南部巴拉那州北部边界的南马托格罗索州。这条公路与拉波索塔瓦雷(Raposo Tavares)高速公路一并将圣保罗州西部内陆地区连接起来。①

5. 马里奥科瓦斯环城公路(Rodoanel Mário Covas)

马里奥科瓦斯环城公路是巴西大圣保罗地区规划的环城公路,连接圣保罗市周边城市,将于 2025 年竣工,建成后其总长将达到 177 千米,距离城市地理中心的半径约为 23 千米。它以圣保罗市长马里奥·科瓦斯(Mário Covas,1983—1985 年在任)的名字命名。这条公路在正常天气和交通情况下限速为 100 千米/小时。

马里奥科瓦斯环城公路被认为是提高该国经济最重要地区道路运输效率的一项重大战略投资。圣保罗作为一座大都市,人口超过 2 000 万,车辆数量超过 600 万辆,大部分从桑托斯港口来回运输的货物都会经过圣保罗市,造成该市全天的交通拥挤。车辆在此路段每年耗费时长超过 17 亿小时。尽管圣保罗市内已经有一条超过 30 年历史的内部环城公路——沿河大道(Marginals),但其容量也早已达到饱和状态,原因在于它目前是圣保罗市周围主要高速公路之间的唯一连接。马里奥科瓦斯公路全段路程建成

---

① https://www.rodoviacastelobranco.com.br/tudo-sobre-a-rodovia-castelo-branco.php,查询日期:2023 年 4 月 23 日。

后,将缓解圣保罗市内部环城公路近30%的交通量。①

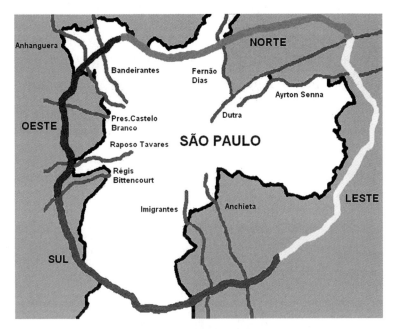

图 2-4　马里奥科瓦斯公路②

（二）港口

1. 桑托斯港口(Porto de Santos)

桑托斯港位于圣维森特岛(Ilha de São Vicente)东北侧,西北距圣保罗 60 多千米;东北距离里约热内卢 210 海里,距离萨尔瓦多(Salvador)927 海里;西南距离蒙得维的亚(Montevideo)880 海里,距离布宜诺斯艾利斯(Buenos Ailres)1 010 海里;东部距离开普敦(Cape Town)3 416 海里。③

桑托斯港是巴西最大的港口,近年来随着巴西经济的快速发展,其货物吞吐量也保持了高速增长。据统计,2005 年桑托斯港的货物吞吐量达到了 2 267 921 标准箱(TEU),比 2004 年增长了 20.5%,在世界港口中排名

---

① https://www.rodoanel.org/transito-rodoanel-mario-covas,查询日期:2023 年 4 月 23 日。

② https://www.rodoanel.org/transito-rodoanel-mario-covas,查询日期:2023 年 4 月 23 日。

③ https://www.sofreight.com/ports/br/brsts,查询日期:2023 年 4 月 23 日。

第 39 位。

桑托斯港位于圣保罗州的桑托斯区,沿着圣维森特岛的西北和东南方向延伸了 10 多千米,地理位置优越。桑托斯港有多个码头,可以处理不同类型的货物,包括杂货、液货、干散货和集装箱等。桑托斯港的码头线总长约为 8 千米,其中国际杂货码头线占了一半以上,达到了 4 070 米。桑托斯港的水深也较深,一般在 7 米到 13 米之间,可以满足大型船舶的停靠和装卸。

图 2-5 桑托斯港口①

桑托斯港的主要入港航道是从东南方向进入,沿着圣维森特岛的东侧,经过集装箱码头和肥料栈桥码头,而后到达西北方向的阿勒莫亚"T"形突堤终端。这条航道的水深为 13 米,是桑托斯港最深的航道。桑托斯港还有另一条入港航道,是从西北方向进入的,沿着萨博奥码头(Saboao)和对岸的

---

① https://www. gov. br/portos-e-aeroportos/pt-br/assuntos/noticias/2024/09/porto-de-santos-bate-novo-recorde-de-movimentacao-de-cargas-em-agosto,查询日期:2023 年 4 月 23 日。

巴尔纳比岛(Ilha Barnaby)，而后到达东南方向的货栈前。这条航道的水深为 10 米，是桑托斯港次深的航道。

全港可同时停靠 50 多艘远洋船，为巴西最大吞吐港，同时也是巴西第一大集装箱吞吐港，进口以石油、煤、肥料、谷物为多，出口以咖啡、大豆、柑橘、棉花等农产品为多，是世界最大咖啡输出港。[①]

2. 圣塞巴斯蒂昂港(Porto de São Sebastião)

圣塞巴斯蒂昂港是巴西能源吞吐港之一[②]，位于巴西东南大西洋沿岸，圣保罗市东南部，采用西三区标准时。最大吃水 8.84 米，盛行南风。港口服务包括修船、加燃料、干船坞、小艇、牵引、医疗、排污、淡水供应、给养、遣返。

港口有 4 个泊位，分别长 90 米、90 米、150 米、150 米，吃水 5 米到 8.84米。拥有 1 个滚装船泊位，3 个杂货泊位，可停靠集装箱船。

水路运输的主要产品是大豆、豆糠、玉米和甘蔗。货物的主要来源地是巴拉那河上的圣西芒(São Simão)、特雷斯拉戈斯(Três Lagoas)和巴拉那河

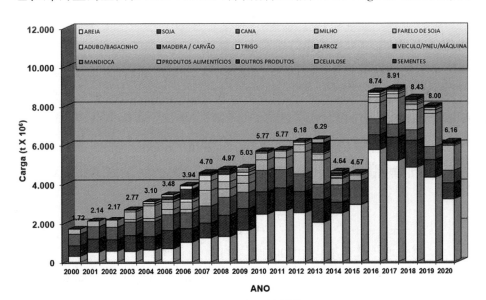

图 2-6　货物运输量[③]

① https：//www.sofreight.com/ports/br/brsts，查询日期：2023 年 4 月 23 日。

② https：//www.marinetraffic.com/en/ais/details/ports/5028? name = SAO-SEBASTIAO&country = Brazil，查询日期：2023 年 4 月 23 日。

③ https：//www.dh.sp.gov.br/carga-transportada/，查询日期：2023 年 4 月 23 日。

上的巴拉圭(Paraguai)。主要目的地是巴拉那河上的依皮塔西奥总统全景码头(Presidente Epitácio)以及铁特河和皮拉西卡巴河(Piracicaba)上的安年比(Anhembi)、佩德内拉斯(Pederneiras)和圣玛丽亚达塞拉(Santa Maria da Serra)。其中,铁特河至巴拉那(Tietê-Paraná)航道的年货运量增长显著,在过去12年中增加了四倍。与2006年相比,2007年此航段货物处理量增加了约20%。所有产品的运输量均出现增长趋势,其中玉米的运输增量最为突出,从17.3万吨跃升至80.1万吨。[①]

(三)枢纽机场

1. 瓜鲁柳斯机场(Aeroporto de Guarulhos)

圣保罗瓜鲁柳斯机场是巴西最繁忙的机场,也是国家的主要国际门户,服务于巴西的商业中心圣保罗。

该机场是拉丁航空公司(Latam)、高尔航空公司(Gol)在巴西地区航空公司的枢纽,连接国内和国际的直达航班多达100个。该机场主要服务于北美、拉丁美洲、欧洲和中东的所有主要航空公司。

关于机场货运业务,瓜鲁柳斯机场能够处理巴西境内的大量进口货物。机场的仓库靠近圣保罗州的主要高速公路,方便连接沿海地区、圣保罗州内陆地区和其他各州。[②]

2. 孔戈尼亚斯/圣保罗机场(Aeroporto de Congonhas/São Paulo)

孔戈尼亚斯/圣保罗机场是圣保罗的三大机场之一,距离圣保罗市中心只有8千米,海拔802米。建成投产后,主要负责巴西的国内航线。其占地面积约为1 647平方米,年载客量达到14万人次。[③]

3. 坎普迪马蒂机场(Aeroporto Campo de Marte)

坎普迪马蒂机场是圣保罗的一个中型机场,跑道长1 600米,宽45米。

---

① http://www.dh.sp.gov.br/carga-transportada/,查询日期:2023年4月23日。

② https://centreforaviation.com/data/profiles/airports/gru-airport-sao-paulo-guarulhos-international-airport-gru,查询日期:2023年5月12日。

③ https://www.ufsoo.com/airport/cgh/,查询日期:2023年4月23日。

图 2-7　孔戈尼亚斯/圣保罗机场①

总面积 210 平方米,其中约有 113.84 平方米由空军指挥部(Comando da Aeronáutica)管理。

　　该机场位于圣保罗北部,临近许多重要交通枢纽,例如铁特巴士总站、卡兰迪鲁(Carandiru)地铁站等。②

图 2-8　坎普迪马蒂机场③

① https://www.folhavitoria.com.br/,查询日期:2023 年 4 月 23 日。

② https://metar-taf.com/pt/airport/SBMT-campo-de-marte-airport,查询日期:2023 年 5 月 12 日。

③ https://www.tecnologistica.com.br/noticias/transporte-aereo/11099/infraero-vai-licitar-terminal-de-cargas-no-aeroporto-campo-de-marte。

4. 圣若泽杜斯坎普斯机场(Aeroporto de São José dos Campos)

圣若泽杜斯坎普斯机场建于20世纪50年代,主要服务于航天科技部(Departamento de Ciência e Tecnologia Aeroespacial,DCTA),最初只有一条土跑道。20世纪70年代,跑道铺上了沥青,并加长至3 000米。该机场还配备了仪表着陆设施和能够容纳大型货机的停机坪。

自2000年以来,该机场已获得国际货运航班认证,客运大楼每年可容纳90 000人次。[1]

附　录

一、地理概况

(一)地理地势

1. 巴西地质调查局(Serviço Geológico do Brasil)

简介:巴西地质调查局隶属于矿业和能源部(Ministério de Minas e Energia),其职责是系统化处理有关巴西领土的地质知识。该机构将重点聚焦在基础地质学和水文学领域,同时积极拓展环境地质学、地质风险等应用领域的研究与实践。

网址:https://www.cprm.gov.br。

(二)气候

1. 天气预报和气候研究中心(Centro de Previsão de Tempo e Estudos Climáticos,CPTEC)

简介:天气预报和气候研究中心是巴西国家空间研究所(Instituto

---

① https://www.sjc.sp.gov.br/noticias/2020/dezembro/02/prefeitura-passa-a-administrar-aeroporto-professor-ernesto-stumpf,查询日期:2023年11月25日。

Nacional de Pesquisas Espaciais, INPE)下属机构,专门从事气象预报和气候研究。可以提供巴西南部和东北部地区的天气预报,使用数值模型、卫星数据和雷达图像来预测天气变化。此外,还参与气候变化研究,以更好地应对气候变化的影响。

网址:https://tempo.cptec.inpe.br/sp/sao-paulo。

2. 国家气象研究所(Instituto Nacional de Meteorológia, INMET)

简介:国家气象研究所隶属于农业和畜牧部,其目的是通过监测、分析天气,助力巴西各类生产活动实现增值。该研究所的气象数据收集和分发系统(温度、相对空气湿度、风向和风速、大气压力、降水等变量)配备了高级空气探测站(无线电探头)、地面气象站以及南美洲最大的自动站网络。

网址:https://portal.inmet.gov.br。

3. 流星蓝(Meteoblue)

简介:流星蓝成立于 2006 年,是一家私营气象公司。由瑞士巴塞尔大学创建,旨在为农业以及太阳能和风能领域有需求的客户提供服务。它结合了 40 多种天气模型,并使用专有的人工智能来生成天气预报。

网址:https://content.meteoblue.com/pt。

(三) 水文

1. 国家供水和卫生局(Agência Nacional de Águas e Saneamento Básico)

简介:国家供水和卫生局在其职能范围内推行国家水资源政策,促进水资源的可持续利用。其主要工作包括对巴西境内河流和水库的水位状况展开监测,并对相关公共卫生服务加以规范管理。

网址:https://www.gov.br/ana。

2. 水电能源部(Departamento de Águas e Energia Elétrica)

简介:水电能源部于 1951 年 12 月 12 日建立,负责管理圣保罗州的水资源,以及圣保罗州水坝的建造和运营。

网址:http://www.daee.sp.gov.br/site/hidrologia。

3. 圣保罗水库水位(Nível dos Reservatórios de São Paulo)

简介：用于查看圣保罗每日水位。

网址：https：//www.nivelaguasaopaulo.com/nivel-das-represas。

二、机构组织

（一）政府部门

1. 圣保罗州环境卫生与能源监管局(Agência Reguladora de Saneamento e Energia do Estado de São Paulo, ARSESP)

圣保罗州环境卫生与能源监管局成立于 2007 年，负责监管州内饮用水质量、污水处理、固体废弃物处理等环境卫生服务，以及电力、天然气等能源的传输、分配、价格等事务，保障公众权益与市场健康发展。

网址：https：//www.saopaulo.sp.gov.br/orgaos-e-entidades/autarquias/arsesp。

2. 圣保罗州交通公共服务监管局(Agência Reguladora de Serviços Públicos Delegados de Transporte do Estado de São Paulo, ARTESP)

简介：圣保罗州交通公共服务监管局是负责监管圣保罗州公共交通运输服务的主要机构，确保公共交通的高效、安全、可靠和可持续性。它负责监管运营商，收集和分析运营数据，并协调各方利益，以缓解交通拥堵和环境污染问题。

网址：https：//www.artesp.sp.gov.br。

3. 圣保罗州公路部(Departamento de Estradas de Rodagem do Estado de São Paulo)

简介：圣保罗州公路部负责管理州公路系统，将其与市政道路和联邦公路整合，并与其他交通运输进行合作，为用户和货物提供更加优质的服务，并不断寻求技术创新，以保持其在该领域的标杆地位；同时，积极开展主题教育活动，以减少圣保罗州高速公路上的事故数量。

网址：https：//www.der.sp.gov.br。

4. 基础设施与环境秘书处(Secretaria de Infraestrutura e Meio Ambiente,SIMA)

简介：基础设施与环境秘书处成立于2019年,旨在通过对该州的环境和基础设施政策的系统管理,来维持社会经济的可持续发展。在基础设施建设方面,秘书处致力于规划、执行和维护圣保罗州的交通、水电、通信等基础设施,确保这些设施的完善和高效运行,以支持该州的经济发展和社会需求。在环境管理方面,负责制定和执行环境政策,监测和管理环境质量,推动环境教育和公众参与,以及处理环境问题。

网址：https：//www.infraestruturameioambiente.sp.gov.br。

(二) 公共机构

1. 圣保罗州农业与供应秘书处 (Secretaria de Agricultura e Abastecimento)

简介：圣保罗州农业与供应秘书处致力于促进圣保罗州的农业发展,通过提供技术支持、市场信息和培训项目,帮助农民提高生产效率和产品质量。同时,该机构还承担着监管农产品市场供应并维护价格平稳合理的职责,确保消费者能够获得充足、优质且价格合理的食品。此外,圣保罗州政府农业与供应秘书处还负责与国内外农业机构、企业和研究机构的合作与交流,引进先进的农业技术和管理经验,推动农业创新和可持续发展。

网址：https：//www.agricultura.sp.gov.br/a-secretaria。

2. 圣保罗州林业基金会(Fundação Florestal)

简介：圣保罗州林业基金会成立于1986年,是一个专注于林业发展、保护和管理的重要机构。该基金会致力于通过科学的方法和技术,促进圣保罗州森林资源的可持续利用,并强化保护举措。

网址：https：//www.infraestruturameioambiente.sp.gov.br/fundacao-florestal。

3. 植物研究所(Instituto botânico)

植物研究所是一个专注于植物学研究的科研机构,致力于植物分类、植物生态、植物生理、植物遗传、植物资源利用和保护等方面的研究。研究人员通过实地调查、实验室分析、分子生物学技术等多种手段,对植物进行深入研究,以揭示植物的生长发育规律、遗传特性、生理功能和生态适应性等。

网站:https://www.ibot.sp.gov.br。

4. 林业研究所(Instituto Florestal)

简介:林业研究所专注于林木遗传育种,森林生态、保护、经营管理和木材科学等领域的研究。该研究所通过科研成果的转化与推广,推动林业产业的可持续发展,并为林业政策制定和标准制定提供科学依据。同时,林业研究所还开展林业科技培训和咨询服务,提升林业从业者的科技素质,为林业产业提供全方位的技术支持。

网址:https://www.iflorestal.sp.gov.br。

5. 圣保罗地理与制图研究所(Instituto Geográfico e Cartográfico do Estado de São Paulo, IGC)

简介:圣保罗地理与制图研究所专注于地理信息和地图制作领域的研究与服务。研究所负责收集、处理和分析圣保罗州的地理数据,以支持该地区的规划、发展和决策过程。该机构运用先进的技术手段,如遥感、地理信息系统(GIS)和全球定位系统(GPS),为政府、企业和公众提供高质量的地理信息和地图产品。

网址:https://www.igc.sp.gov.br。

6. 能源和核研究所(Instituto de Pesquisas Energética e Nucleares)

简介:能源和核研究所是一个专注于能源与核能领域研究的科研机构,致力于研究能源技术的创新、核能的开发与应用,以及能源与环境之间的关系。其研究领域涵盖核反应堆设计、核燃料循环、辐射防护与安全、能源政策与经济等多个方面。研究所通过科学研究和技术创新,为能源和核能领域的可持续发展提供重要支持。

网址:https://www.ipe.br/portal_por/portal/default.php。

7. 圣保罗州度量衡研究所(Instituto de Pesos e Medidas do Estado de São Paulo, IPEM)

简介：圣保罗州度量衡研究所成立于 1967 年，负责度量衡标准、质量控制和计量认证。该机构的职责包括检测和校准仪器设备，确保产品和服务的准确度和合规性。

网址：https://www.ipem.sp.gov.br。

8. 圣保罗州土地研究所(Instituto de Terras do Estado de São Paulo, ITESP)

简介：圣保罗州土地研究所致力于提供有关土地使用的专业意见，促进土地资源的合理规划和有效利用。该机构的工作范围包括土地登记、土地评估、土地规划等，旨在确保圣保罗州的土地资源得到可持续的开发和保护。研究所通过研究和数据分析，为政府决策部门提供科学依据，以支持土地政策的有效实施。

网址：https://www.itesp.sp.gov.br。

（三）社会组织

1. 巴西地理研究协会 (Associação dos Geógrafos Brasileiros, AGB)

简介：巴西地理研究协会成立于 1934 年，是巴西国内专注于地理学科研究、教育和发展的权威学术组织。该协会致力于推动地理学的学术研究、维护地理学家的权益，并积极参与国家地理信息的收集和整理工作。

网址：https://agb.org.br。

三、学术机构

（一）科研机构

1. 圣保罗农业综合企业技术局(Agência Paulista de Tecnologia dos Agronegócios, APTA)

简介：圣保罗农业综合企业技术局是专注于农业综合企业技术发展和

创新的机构,致力于推动农业技术的研发、推广和应用,以提高农业生产效率、促进农村经济发展和增加农民收入。该机构通过与政府、企业、科研机构和农民合作,提供技术咨询、培训、示范和推广服务,帮助农民掌握现代农业技术,实现农业可持续发展。

网址:https://www.agricultura.sp.gov.br/apta。

2. 圣保罗州数据处理公司(Companhia de Processamento de Dados do Estado de São Paulo)

简介:圣保罗州数据处理公司专注于提供数据处理、信息技术和电子政务服务,支持政府日常运营和决策,推动电子政务发展,提高政府服务效率。职责包括收集、整理、分析和发布关于圣保罗州经济、社会、环境等方面的信息。

网址:https://www.prodesp.sp.gov.br。

3. 巴西农业研究公司(Empresa Brasileira de Pesquisa Agropecuário, Embrapa)

简介:巴西农业研究公司是巴西最大的农业研究机构,其目的在于通过科技研发来加强食物安全和提高农作物产量。自成立以来,已经为巴西农业开发和推广了高达九千多种技术,涉及农业生物技术、生物工程技术、转基因技术和有机农业技术等多个领域。这些技术旨在降低生产成本、增强粮食安全,同时保护自然资源和环境,降低对外部技术、基础产品和遗传材料的依赖性。

网址:https://www.embrapa.br/en/international。

(二)高校机构

1. 技术研究所(Instituto de Pesquisas Tecnológicas)

简介:技术研究所成立于1899年,主要从事技术研究和发展相关工作,致力于推动科技创新、解决技术问题,以及为企业和社会提供技术支持。其研究领域非常广泛,涉及工程、计算机科学、物理、化学、生物技术等多个领域。同时,该机构也重视科技人才的培养和引进,通过与国内外高校和研究机构合作的方式来吸引和培养优秀的科技人才。

网址：https：//www.ipt.br。

（三）重要学者

1. 米尔顿·德阿尔梅达·多斯桑托斯(Milton de Almeida dos Santos)

简介：米尔顿·德阿尔梅达·多斯桑托斯是巴西的一位地理学家、教师和最伟大的思想家之一。1977年，成为圣保罗州的规划顾问。曾任里约热内卢联邦大学(Universidade Federal do Rio de Janeiro，UFRJ)人文地理学教授，获得过多种奖项和荣誉。

代表作：《区域研究和地理学的未来》(*Os Estudos Regionais e o Futuro da Geografia*，1953)；《新地理》(*Por uma Geografia Nova*，1978)；《领土与社会》(*Território e Sociedade*，2000)

研究领域：在批判地理学和人文地理学领域，深化对公民、领土、人口学、移民和城市地理学等各种主题的研究。他还关注与地理研究背后的人文因素相关的全球化进程，扩大了地理研究领域，并更加重视与领土和城市发展相关的主题研究。

（四）主流期刊(Periódicos Mainstream)

1.《地理系杂志》(*Revista do Departamento de Geografia*，RDG)

简介：《地理系杂志》是一份专注于地理学领域的学术期刊。该杂志旨在推动地理学的研究与发展，为研究学者和教育工作者提供一个交流和分享地理学研究成果的平台。该杂志内容广泛，涉及地理学的多个分支领域，涵盖自然地理、人文地理、经济地理、环境地理等方面，专注于发表地理学领域最新的研究成果、理论进展及实际应用等相关文章。

网址：http：//www.revistas.usp.br/rdg。

2.《保利斯塔地理公报》(*Boletim Paulista de Geografia*)

简介：《保利斯塔地理公报》是一份专注于地理学研究的学术刊物，它主要报道和探讨巴西圣保罗地区的地理学问题。该刊物涵盖了自然地理、人文地理、城市与区域规划等多个领域的研究。

网址：https://www.revistas.usp.br/geousp。

四、农业

（一）农业概况

1. 巴西学校(Brasil Escola)

简介：巴西学校是巴西最大的教育门户网站,分学科介绍各个学科的基本知识并提供相关练习题,其中包括巴西总体地理概况及各地区不同地理特征的知识,内容详细清晰,便于理解。

网址：https://brasilescola.uol.com.br。

圣保罗州网址：https://brasilescola.uol.com.br/brasil/saopaulo.htm。

2. 巴西农业、畜牧业和食品供应部 (Ministério da Agricultura, Pecuária e Abastecimento, MAPA)

简介：巴西农业、畜牧业和食品供应部于 1806 年 7 月 28 日成立,负责制定和管理农业公共政策,促进农业综合企业发展,并对与该部门相关的服务进行监管。

网址：https://www.gov.br/agricultura/pt-br。

3. 先正达(Syngenta)

简介：先正达集团是全球领先的农业科技公司,主要业务涵盖植物保护、种子、作物营养产品的研发,并从事现代农业服务。

网址：https://www.syngenta.com.br。

（二）农产品公司代表（Empresa Representativa de Produtos Agrícolas）

1. 阿彻·丹尼尔·斯米德兰公司(Archer Daniels Midland Company)

简介：阿彻·丹尼尔·斯米德兰公司是一家上市公司,专注于食品加工领域,同时也涉及农产品运输和储存业务。该公司创立于1902年。目前它被认为是世界上最大的农业加工商和食品供应商之一,在全球拥有270多家工厂。

网址：https：//www.adm.com/en-us/about-adm。

2. 农业银河(Agrogalaxy)

简介：农业银河是面向巴西农业领域的重要农资和服务零售商之一。该公司的经营范围包括种子生产、谷物收购、存储和销售等,这些服务旨在支持巴西的农业生产,帮助农民提高农产品产量和质量,推动农业的发展。

网址：https://agrogalaxy.com.br。

3. 邦吉(Bunge)

简介：邦吉作为食品和饮料行业的主要公司之一,自1905年以来一直在巴西开展业务。在小麦、玉米、大豆、向日葵、棉籽和山梨加工业中占据市场领先地位,同时也生产蛋黄酱、人造黄油等产品。其品牌包括 Primor、Soya 和 Salada。

网址：https：//bunge.com。

4. 嘉吉(Cargill)

简介：嘉吉是一家家族企业,主要提供食品、配料、农业解决方案和工业产品。

网址：https：//www.cargill.com。

5. 蓝色天空食品(Ceu Azul Alimentos LTDA)

简介：蓝色天空食品是一家食品生产公司,总部位于巴西圣保罗州。

网址：https://www.ceuazulalimentos.com.br。

6. 雅卡雷济糖业公司(Companhia Canavieira de Jacarezinho)

简介：公司总部位于圣保罗州,主营甘蔗生产。

网址：https：//www.grupomaringa.com.br/sucroenergetico。

7. 路易·达孚(Louis Dreyfus)

简介：路易·达孚是一家成立于1851年的跨国企业,总部位于法国巴黎。作为全球领先的农产品贸易与加工企业，每年在全球范围内种植、加工和运输约 8 000 万吨农产品。其业务范围包括咖啡、棉花、谷物油籽生产加工等多个领域。

网站：https：//www.ldc.com。

8. 马弗里格全球食品(Marfrig Global Foods)

简介：马弗里格全球食品成立于 2000 年，总部位于圣保罗州。在 22 个国家建立了生产经营基地，其产品出口到 100 多个国家。该公司是世界第二大牛肉生产商，仅次于巴西 JBS 集团，是巴西的第二大食品加工公司。

网址：https：//www.marfriglobalfsa.com。

9. 雷森能源(Raízen Energia)

简介：雷森能源是一家以甘蔗为核心原料，专业从事糖品生产、乙醇提炼，并充分利用甘蔗渣进行能源转化开发的企业。

网址：https：//www.raizen.com.br/en。

10. 苏扎诺(Suzano)

简介：苏扎诺是巴西最大的纸浆公司，它在纸浆和造纸行业拥有超过 90 年的经验。

网址：https：//www.suzano.com.br。

五、电子资源

(一) 电子网站

1. 地下水源综合系统(Sistema Integrado de Bacias Hidrográficas)

简介：地下水源综合系统是用于记录圣保罗州河流流域水资源状况报告信息的数据库，是国家供水和卫生局与巴西地理统计局之间技术合作的成果。

网址：https：//sibh.daee.sp.gov.br。

六、重要港口

（一）桑托斯港

简介：桑托斯港位于巴西圣保罗州桑托斯市，是拉丁美洲第二大的港口。该港连接 125 个国家的 600 多个港口，集装箱贸易额居世界第 45 位。2018 年，处理 1.33 亿吨货物和 410 万标准箱，收入达 2.5 亿美元。港口辐射巴西 5 个州，影响巴西 GDP 的 67%。桑托斯港是巴西最重要的对外贸易航线，巴西近 27% 的贸易通过该港口进出。

网址：https：//www.portodesantos.com.br/en。

（二）圣塞巴斯蒂昂港

简介：圣塞巴斯蒂昂港位于巴西东南大西洋沿岸，圣保罗市东南部。最大吃水 8.84 米，水的载重密度为 1 025 千克/立方米，潮差 1 米。

网址：https：//portoss.sp.gov.br。

七、枢纽机场

（一）孔戈尼亚斯/圣保罗机场

简介：孔戈尼亚斯/圣保罗机场是圣保罗的三大机场之一，距离圣保罗市中心只有 8 千米，海拔 802 米。

网址：https：//www.aeroportocongonhas.net/en。

（二）坎普迪马蒂机场

简介：坎普迪马蒂机场位于圣保罗北部，是圣保罗的一个中型机场，总面积 210 平方米。

（三）瓜鲁柳斯机场

简介：瓜鲁柳斯机场是巴西最繁忙的机场，也是巴西的主要国际门户，服务于巴西的商业中心圣保罗市。

网址：https://www.gru.com.br/en。

（谢小丽）

第三章

圣保罗州文化特色

一、文化概括

（一）文化组成

圣保罗州拥有丰富多彩的民族和传统文化，其中包括多个原住民部落文化、欧洲移民文化和非洲文化等，这些文化蕴含着该州人民的思想内涵。圣保罗州的原住民部落包括沙万特人（xavante）①、瓜拉尼人（guarani）②。他们拥有独特的语言、文化和宗教信仰，信仰多神论。不仅如此，欧洲移民文化也在圣保罗州得到广泛地传承和发展，意大利、葡萄牙和德国等国的文化均对该州产生了深远的影响。此外，非洲文化也是圣保罗州文化的重要组成部分，黑人舞蹈和音乐在此得到充分地传播与发展。

圣保罗州的艺术文化非常丰富，涵盖了众多种类的音乐、舞蹈、戏剧和美术等艺术形式。不仅如此，圣保罗州还举办了许多艺术节和展览，如圣保罗艺术节（SP-Arte）、圣保罗舞蹈节（Festival de Dança de SP）等，它们吸引了巴西国内外的众多艺术家和观众。该州还拥有许多著名的博物馆，如索罗卡巴总教区宗教艺术博物馆（Museu Arquidiocesano de Arte Sacra de Sorocaba）、圣保罗州立美术馆（Pinacoteca de São Paulo）、足球博物馆

---

① 沙万特人（也被称为沙瓦特族、查万特族、阿库恩族、阿乌韦族、阿克韦族、阿温族或阿克温族）是巴西东马托格罗索州的一个原住民族群，约有 3 万人。他们使用夏瓦特语，该语言属于宏杰语系（Macro-jê）的一部分。

② 瓜拉尼人是南美洲的土著民族，他们使用瓜拉尼语，其传统的居住地位于如今的巴拉圭，介于巴拉那河和下巴拉圭河之间，包括阿根廷的米西奥内斯省、巴西的部分地区。

（Museu do Futebol）和葡萄牙语博物馆（Museu da Língua Portuguesa）等。

　　圣保罗州的教育和体育领域也备受关注。该州拥有国际著名的高等教育机构，如圣保罗大学、圣保罗联邦大学等。这些学校在各个领域都取得了卓越的教学和研究成果，吸引了许多巴西国内外的学生前来学习。此外，圣保罗州也非常注重体育文化的发展，拥有许多体育场馆和俱乐部。圣保罗州拥有多个历史悠久的足球俱乐部，比如1934年成立的恩布-瓜苏体育俱乐部（Clube Atlético Embu-Guaçu）和1919年成立的安帕罗竞技俱乐部（Amparo Athlético Club）。

　　此外，安东尼奥·阿尔瓦雷斯·德·阿泽维多（Antônio Álvares de Azevedo）[2]、蒙泰罗·洛巴托（Monteiro Lobato）[3]和奥斯瓦尔德·德·安德拉德（José Oswald de Souza Andrade）[4]等许多著名的巴西文学作家，以及巴西最重要的歌剧作曲家卡洛斯·戈麦斯（Carlos Gomes）[5]、闻名全国的桑巴作曲家阿多尼兰·巴博萨（Adonilan Barbosa）[6]都诞生于此。

图3-1　阿尔瓦雷斯·德·阿泽维多[1]

　　20世纪80年代，圣保罗州出现了一些重要的摇滚乐队，如泰塔斯乐团（Titãs）[7]。20世纪90年代，又陆续涌现了许多著名的音乐团体，其中包括乡村音乐二人组——若昂·保罗和丹尼尔（João Paulo & Daniel）。在造型艺术方面，现代主义画家塔尔西拉·杜·阿玛拉尔（Tarsila do Amaral）[8]和

---

①　https://new.escritas.org/PT/t/4604/adeus-meus-sonhos，查询日期：2023年8月31日。

②　安东尼奥·阿尔瓦雷斯·德·阿泽维多，出生于圣保罗市，抒情作家。

③　蒙泰罗·洛巴托，出生于圣保罗州陶巴特市，儿童作家。

④　奥斯瓦尔德·德·安德拉德，诗人、小说家和剧作家。更多代表作家会在文学板块介绍。

⑤　卡洛斯·戈麦斯，巴西作曲家，历史上第一个在欧洲获得声誉的来自新世界的作曲家。

⑥　阿多尼兰·巴博萨是巴西圣保罗风格桑巴歌手和作曲家。

⑦　泰塔斯乐团是来自圣保罗的巴西摇滚乐队。尽管他们基本上演奏流行或者另类摇滚，但在40年的职业生涯中，他们的音乐触及了许多其他风格，例如新浪潮、庞克摇滚和电子音乐等。

⑧　塔尔西拉·杜·阿玛拉尔，是拉丁美洲现代主义艺术家中的佼佼者，被描述为"巴西画家"，他以现代风格表达了巴西的民族主义。

画家坎迪多·波尔蒂纳里（Candido Portinari）①都出生于圣保罗州。同时，该州也是风景画家罗伯托·布雷·马克思（Roberto Burle Marx）②的出生地。

圣保罗州的美食也独具特色，例如来自皮拉西卡巴（Piracicaba）的帕莫哈（Pamonha）③、来自瓦林霍斯（Valinhos）的无花果和来自阿蒂巴亚（Atibaia）的草莓都十分有名。

（二）文化发展

16世纪初，来自圣保罗的先驱者们在巴拉那州、戈亚斯州、马托格罗索州、米纳斯吉拉斯州等地区进行探险。因此，圣保罗州文化的一些表现形式也受到这些地区的影响。

不仅如此，巴西是一个移民国家，其文化也同时受到全球各地不同文化元素的影响④，圣保罗州也不例外。其独特文化的形成主要归功于20世纪和21世纪涌入该州的各类移民浪潮，它们将不同地域的风俗带到了这个地方，无论是在音乐、美术，还是在文学方面，都塑造了圣保罗州独特的文化。

圣保罗的街区由许多移民社区构成。其中，希吉诺波利斯社区（Bairro de Higienópolis）居住着圣保罗40%的犹太人⑤，而自由区（Liberdade）内主要居住的是日本人，并且近年来也接纳了许多来自中国和韩国的移民，是世界上最大的亚洲移民街区之一，仅次于美国的唐人街，同时也是世界上最大

---

① 坎迪多·波尔蒂纳里，巴西最重要的画家之一，出生于圣保罗州，其父母是意大利移民。他是绘画界新写实主义的杰出代表人物。

② 罗伯托·布雷·马克思是一位巴西景观设计师、画家、版画家、生态学家、博物学家、艺术家和音乐家。

③ 帕蒙哈是巴西的一种煮玉米糊，人们常在冬季的庆祝活动中食用。

④ 巴西文化受印度、葡萄牙、意大利、日本、立陶宛、荷兰、美国、西班牙、叙利亚、黎巴嫩、波兰、德国、韩国、中国、玻利维亚等国家文化的影响。然而，主要受意大利、葡萄牙和土著文化这三个方面影响。

⑤ http://almanaque.folha.uol.com.br/bairros_bom_retiro.htm，查询日期：2023年8月31日。

的日本移民社区之一。① 在这个街区,人们经常可以遇到用日语书写的标志或会说日语的人。此外,圣保罗州也成为玻利维亚移民的重要聚居地。

除上文提到的传统文化和移民文化之外,圣保罗州也有当地流行的现代文化。不过,随着全球化趋势和信息技术的发展,其现代流行文化的来源不再局限于圣保罗州本土文化,还包括来自全国乃至全世界的流行文化。由此,圣保罗州也在文化领域对巴西全国产生了积极影响。

二、传统文化

(一) 传统文化

圣保罗传统文化按照地域来划分,可分为凯皮拉文化(Cultura Caipira)和莱萨拉文化(Cultura Caicaça)两种。圣保罗州的凯皮拉文化主要分布在内陆的一些城市,而莱萨拉文化则分布在大部分海岸城市。②

1. 凯皮拉文化

凯皮拉文化的起源可以追溯到 16 世纪的旗帜主义运动③。从 16 世纪到 18 世纪,殖民主义融合本土文化逐渐形成了凯皮拉文化。自 18 世纪起,由于频繁地流离失所,凯皮拉文化下的土著民后裔开始从事采集、狩猎和捕鱼等游牧农业活动。

凯皮拉文化是一种融合了葡萄牙传统文化与当地原住民习俗的文化,主要表现为半游牧生活和冒险活动。也可以称其为受多元文化影响的一种土著文化,这对圣保罗人的居住、饮食也产生了影响。

2. 莱萨拉文化

莱萨拉文化是巴西沿海地区的主要文化。它是在印第安人和葡萄牙殖

---

① 自由区是圣保罗东部著名的街区,曾被称为力量街区(Campo da Forca)。
② 根据安东尼奥·坎迪多(Antônio Cândido)(2001 年)的著作《Os Parceiros do Rio Bonito》。
③ 旗帜主义运动(Bandeirismo)是由葡萄牙殖民者发起的,旨在寻找南美洲内陆尚未开发的新领土。

民者的互动中产生的①，同时受非洲文化影响。这种文化融合不仅丰富了巴西的文化遗产，也为早期的外国移民提供了生存的基础。

　　作为巴西沿海文化的一部分，莱萨拉文化是在巴西人口最多的地区中（比如里约热内卢、圣保罗）少数的相对保存完好的文化之一，同时也是圣保罗大学巴西湿地人口研究中心（Núcleo de Apoio à Pesquisa sobre Populações Humanas em Áreas Úmidas Brasileiras，NUPAUB-USP）的研究对象。巴西拥有众多土著民族，虽然在殖民活动中，印第安人逐渐从圣保罗州的海岸消失，但他们所留下的"文化遗产"产生的影响至今仍在延续，莱萨拉文化就是生动的例子。

　　由于与"外部世界"接触很少，莱萨拉文化影响下的人民依靠周围的自然资源生活，与其生活环境建立了深厚的联系。他们目前生活在帕拉蒂（Paraty）和巴拉那之间的沿海地区。2007 年，莱萨拉文化得到了巴西政府的承认。②

（二）传统美食

　　16、17 世纪，圣保罗州美食种类开始不断丰富起来。这些美食主要由类似玉米和小麦这种容易获取的农产品制成。殖民时期，圣保罗州的人民为了生存开始模仿印第安人，在食物中加入木薯粉，使其在长途探险中能够保持新鲜。

　　圣保罗州不同地区的饮食特点有着显著的差异。沿海地区的饮食文化深受葡萄牙传统的影响，比如宝里诺（bolinho，小蛋糕的总称）和恩索巴多（ensopado，一种炖菜）都是备受欢迎的葡式美食。在内陆地区，菜肴则更多地展现出热带地区传统的特色，以木薯和豆类为主。除了爱上保利斯塔（virado à paulista）、包鲁（bauru），还有来自首府圣保罗市的莫达德拉三明治（sandes

---

　　① 莱萨拉文化的葡文"caiçara"一词源自图皮-瓜拉尼语。分解开来，ca 表示树枝、枝条、灌木，而 içara 表示陷阱。从这个词组的意思来看，是指分支陷阱。然而，该术语指的是圣保罗州、巴拉那州以及里约热内卢南部的传统渔业社区。

　　② https：//ispn. org. br/povos-do-cerrado/por-que-tradicionais/，查询日期：2023 年 8 月 31 日。

de mortadella)①、保利斯塔库斯可斯（cuscuz paulista）②以及土豆泥热狗（cachorro-quente com purê de batata）③等等。

图 3-2　爱上保利斯塔④

图 3-3　包鲁⑤

---

① 莫达德拉三明治是指使用莫达德拉香肠（mortadella，一种大型意大利香肠）制成的三明治，在巴西特别是在圣保罗州非常受欢迎。

② 保利斯塔库斯可斯是一道融合了巴西美食和圣保罗美食元素的菜肴，其制作原料主要为玉米粉，其历史可以追溯至 19 世纪初。

③ 土豆泥热狗是具有圣保罗州特色的热狗，其特色是在传统热狗的基础上加入土豆泥、腌菜、芥末、薯条等，口感丰富，独具风味。

④ https：//receitas. band. uol. com. br/receita/virado-a-paulista-receita-swift-id-12532，查询日期：2023 年 8 月 31 日。

⑤ https://www. plantcraft. com/recipes/bauru，查询日期：2023 年 8 月 31 日。

（三）传统节日

在圣保罗州，人们每年都会举行一系列具有民族和宗教特色的地方节日与庆祝活动，例如六月节（Festas Juninas）、三王节（Folia de Reis）、圣灵节（Festa do Divino Espírito Santo）等。这些节日旨在纪念圣保罗的多种族历史，它们已经成为了圣保罗州文化的重要组成部分，为传统的庆祝活动增添了色彩和活力，吸引了圣保罗当地、巴西全国乃至来自世界各地的游客。

无论是在沿海地区、内陆地区还是旅游景点，圣保罗州政府都支持举办各种派对和文化艺术表演活动，以向世界展示其文化的多样性，并向国家历史与文化的融合表达敬意。

因为在圣保罗州人们大多信奉天主教，所以该州的大部分传统节日与宗教相关，且种类繁多。下文将主要介绍几种较具代表性的宗教节日：慈悲耶稣节（Festa da Misericórdia）、阿帕雷西达圣母节（Festa de Nossa Senhora Aparecida）和圣贡萨洛节（Festa de São Gonçalo）。

慈悲耶稣节在该州的伊瓜佩（Iguape）、特雷门贝（Tremembé）等城市举

图3-4　慈悲耶稣节庆典游行（Festa do Bom Jesus）①

---

① https：//g1. globo. com/sp/santos-regiao/noticia/2018/08/03/festa-em-celebracao-a-bom-jesus-de-iguape-movimenta-o-vale-do-ribeira-sp. ghtml，查询日期：2023 年 8 月 31 日。

行。该州不同地区的人们会聚集在一起进行宗教仪式，并表演圣保罗传统风格的桑巴舞。

阿帕雷西达圣母节是圣保罗最受欢迎的庆祝活动之一。许多地方都于每年的 10 月 12 日举行此节日的庆祝活动，尤其是在位于帕拉伊巴山谷的阿帕雷西达市（Aparecida）。每年，来自巴西各州、不同社会阶层的数千名信徒都会在这一天聚集在这里。

自 16 世纪以来，每年的 1 月 10 日，在圣保罗州的许多城市，人们都会举行纪念圣贡萨洛①的聚会，也就是圣贡萨洛节。该活动的特色是圣贡萨洛舞（Dança de São Gonçalo）②，它被视作一种向圣人许下的承诺，人们通常在有圣贡萨洛雕像的祭坛前跳舞，整个舞蹈表演可以持续数小时之长。

（四）文化保护

圣保罗州拥有许多文化遗产，例如国家大商场（Conjunto Nacional）和卡萨达罗萨斯博物馆（Casa das Rosas）等。然而，这些文化遗产面临着城市化、商业化、污染和自然灾害等多方面的威胁。为了保护这些文化遗产，巴西政府和民间组织采取了多种措施。比如，政府出台了许多文化保护法规和政策，以保护历史遗址、文化景观和非物质文化遗产。不仅如此，圣保罗州还设立了文化保护机构，如圣保罗州历史考古艺术与旅游遗产保护委员会（Conselho de Defesa do Patrimônio Histórico, Arqueológico, Artístico e Turístico）。

圣保罗州还设立了节日或假期以纪念其文化、铭记其历史，例如纪念巴西正式宣告奴隶解放的 5 月 13 日和纪念 1932 年立宪革命的 7 月 9 日③。同

---

① 圣贡萨洛，也被称为贡萨罗·德·阿玛兰特，是一位葡萄牙天主教神父，自称是传教士勋章的成员。长途跋涉返回罗马和耶路撒冷后，他成为多米尼加共和国的信徒和隐士，于 1259 年 1 月 10 日去世。

② 圣贡萨洛舞，又称"圣贡萨洛舞会"或"圣贡萨洛舞圈"，是巴西民间传统的一种舞蹈，舞者排成两排，由两名主要的舞者领导，以向圣贡萨洛·德·阿马兰特致敬，并履行对他所许下的诺言以及感谢所获得的恩典。

③ 在圣保罗州，只有一个州定假日：7 月 9 日，以纪念 1932 年的立宪革命。该假期是通过第 710/1995 号法律正式确定的，由圣保罗州议员威廉·贾内蒂（Guilherme Gianetti）提议并经圣保罗州立法议会和州长马里奥科瓦斯批准。

时，许多社会团体和民间组织也积极参与文化保护工作。为了提高人们对文化遗产的认知度，他们开展了各种活动，如文化节、工艺品市集和音乐会等。不仅如此，还有一些民间社会组织致力于挖掘和传承文化遗产，他们通过口头传承、讲述民间故事以及推广传统手工艺等形式，保护和延续了这些文化遗产的生命力。

尽管巴西，特别是圣保罗州，在文化遗产保护方面取得了一定成果，但仍然面临诸多挑战，资金短缺是主要问题之一。文化保护工作需要大量的资金和人力，仅凭政府的投入和民间资金的支持还远远不够。许多人对文化遗产的重要性和保护意义仍然不够了解，因此，文化保护意识欠缺的问题依然存在。

三、文化艺术

（一）音乐

圣保罗州的音乐形式丰富，风格多种多样。与巴西其他地区一样，圣保罗州的流行音乐也受到非洲和原住民传统音乐的影响，音乐类型因民族融合而丰富多样，涵盖乡村音乐、古典音乐和流行音乐等。圣保罗州以其顶级的摇滚、说唱、巴西流行音乐、朔罗（Choro）①和桑巴而闻名。此外，圣保罗州还有一些知名的音乐家和歌手，如阿多尼兰·巴博萨（Adoniran Barbosa）②、丽塔·李（Rita Lee）③、阿纳尔多·安图内斯（Arnaldo Antunes）④、

---

① 朔罗是一种著名的巴西民间音乐，起源于 19 世纪 70 年代，并在 20 世纪上半叶得到发展。这种音乐类型以其切分的节奏和美妙的和声而闻名。

② 阿多尼兰·巴博萨是著名的巴西圣保罗风格的桑巴歌手和作曲家。

③ 丽塔·李是巴西的摇滚歌手、作曲家和作家。她是巴西乐队"突变体"（Os Mutantes）的成员，也是巴西娱乐界的热门人物。她还以动物权利活动家和纯素食者而闻名。她在全球范围内售出了 5 500 万张唱片。

④ 阿纳尔多·安图内斯是巴西音乐家、作家。他曾在 1982 年加入摇滚乐队泰塔斯，1992 年后，他开始了个人事业。

伊塔马尔·阿苏姆桑（Itamar Assumpção）①以及说唱歌手埃米西达（Emicida）②。

圣保罗州的文化产业和唱片市场实力雄厚，在巴西音乐领域中具有重要地位。这种重要性不仅仅体现在市场规模上，还表现在多样化的音乐风格和创新能力上。由于圣保罗州汇聚了来自全国各地的音乐家和艺术家，其音乐风格多样、内容丰富，能够在很大程度上反映并代表整个巴西的音乐文化。

圣保罗州汇聚了来自世界各地的艺术家，他们共同展现了这片土地丰富的音乐文化。与此同时，圣保罗州政府也积极组织音乐节日，不带有任何偏见地欢迎世界各地的音乐，并向世界展现圣保罗州高度多元化与包容性的音乐。

圣保罗州拥有巴西顶级的音乐场馆，其中圣保罗音乐厅（Sala São Paulo），被公认为世界上音响效果最佳的音乐厅之一。该场馆曾举办过巴西国内外知名人士的戏剧表演和歌剧演出。

在国际上备受认可的巴西古典作曲家也有一部分来自圣保罗州，比如作曲家埃利亚斯·阿尔瓦雷斯·洛博（Elias Álvares Lobo），他创作了巴西的第一部真正意义上的歌剧《圣若昂之夜》（*A Noite de São João*）。

（二）舞蹈

圣保罗州的舞蹈形式多样，下文将简要介绍一些主要流行的舞蹈风格。

桑巴摇滚（Samba-rock）是一种流行于圣保罗州及其周边地区的舞蹈风格，实际上是一种将快节奏歌曲中的放克、灵魂乐和大量桑巴舞曲元素融合在一起的舞蹈风格。桑巴摇滚起源于 20 世纪 50 年代末，在 80 年代中期达到顶峰。最初，此类舞蹈主要在家庭聚会中流行，随后逐渐在舞厅中流行起来，并产生了黑人（Bailes Blacks）和怀旧（Bailes Nostalgia）两种类型。自 21

---

① 伊塔马尔·阿苏姆桑是巴西的作曲家，出生在巴西圣保罗州。在 1980 年代和 1990 年代的巴西独立和另类音乐界，尤其是在他的家乡圣保罗州，阿苏姆桑赢得了很高的声誉。

② 埃米西达是一名巴西饶舌歌手、作曲家和 MC。这位饶舌歌手因即兴押韵而闻名，这使他成为巴西最受尊敬的 MC。

世纪起便在大学生中流行起来。2016 年 4 月 20 日出台的第 16 207 号法律将每年 8 月 31 日确定为圣保罗州官方日历中的"桑巴摇滚日"[1]，同时该舞蹈风格也被列为圣保罗州的非物质文化遗产，如今在圣保罗州仍然广为流行。

钟戈(Jongo)舞是非洲人民的文化遗产。男女舞者通常围成一圈，伴随着拨浪鼓声、歌声和观众的掌声而舞动。

图 3-5　绕圈钟戈(Roda de Jongo)[2]

卡蒂拉(Catira)是一种踢踏舞。传统形式中由男性舞者们面对面表演，流行于圣保罗多地。卡蒂拉的伴奏乐器主要是中提琴和吉他，其舞蹈动作包括踢踏舞和拍手。

库鲁鲁(Cururu)是在中提琴和吉他伴奏下表演的一种歌舞形式。表演

① 以下为该法律原文：

LEI N° 16. 207，DE 20 DE ABRIL DE 2016

(Projeto de lei n° 1192/15, do Deputado Alencar Santana Braga‐PT)

Institui o "Dia do Samba Rock"

O GOVERNADOR DO ESTADO DE SÃO PAULO：

Faço saber que a Assembleia Legislativa decreta e eu promulgo a seguinte lei：

Artigo 1°‐ Fica instituído o "Dia do Samba Rock"，a ser comemorado，anualmente，em 31 de agosto.

Artigo 2°‐ Esta lei entra em vigor na data de sua publicação.

② https：//abccultural. wordpress. com/2017/03/07/danca-roda-de-jongo/，查询日期：2023 年 8 月 31 日。

者不仅唱歌,还以逆时针方向表演圆圈舞。库鲁鲁在一些传统节日和酒吧表演中很常见,它与其他舞种不同,属于凯皮拉文化影响下的艺术流派。

图 3-6　卡蒂拉①

图 3-7　库鲁鲁②

---

① https：//sme. goiania. go. gov. br/conexaoescola/ensino_fundamental/arte-catira-uma-danca-tradicional,查询日期：2023 年 8 月 31 日。

② http：//www. terrabrasileira. com. br/folclore2/c62cururu. html,查询日期：2023 年 8 月 31 日。

凡丹戈（Fandango）是一种通过脚的不同敲击形式表演的多人舞蹈，通常由男性舞者表演。在圣保罗南部海岸，人们也习惯上称该舞蹈为马鲁加达舞（Marujada）。

世界上有两种著名的凡丹戈类型：奎伦博拉凡丹戈（Fandango Quilombola）和特罗佩罗凡丹戈（Fandango Tropeiro）。

奎伦博拉凡丹戈起源于伊比利亚半岛，并在圣保罗内陆地区流行。它的表演穿插着强烈的踢踏

FANDANGO DANCE, 1790

图 3-8 凡丹戈①

舞与拍手动作，这种拍手动作叫作奎罗马纳斯（Queromanas）。该舞蹈通常是即兴创作，其伴奏乐器是八低音手风琴或中提琴。舞者穿着橙色木屐，这种鞋子在鞋跟处有小缝，能够产生清脆的声音，为踢踏舞增添独特的音韵。

特罗佩罗凡丹戈起源于西班牙，并受赶牛人喜欢。在跳踢踏舞时会配合使用打击乐器，如拨浪鼓，后来增加中提琴伴奏，伴随其他形式的凡丹戈舞蹈呈现。表演时，人们会将一种名为智利马刺的无齿马刺绑在舞者的靴子上作为装饰，还原出古代赶牛人的日常生活场景。

在圣保罗州，舞蹈不仅仅是一种艺术形式，还是一种锻炼身体和表达文化的方式。为了鼓舞人们对舞蹈艺术的热情，许多学校和社区组织都会提供舞蹈教学以及相关的课程。总的来说，圣保罗州的舞蹈形式丰富多样，充满活力，是该州独特文化遗产的重要组成部分。

（三）文学

圣保罗州拥有悠久的文学历史，其文学作品种类丰富，能够在一定程度上代表巴西文学的整体发展。圣保罗州的文学历史起源可以追溯至 16 世

---

① https://carrington.fandom.com/wiki/Fandango，查询日期：2023 年 8 月 31 日。

纪初。那时,耶稣会的传教士刚刚抵达该地,被称为"耶稣会士"的他们向葡萄牙王室报告了新大陆的发现以及当地居民的情况,同时还创作了以此为主题的文学作品。在文学领域中,现代主义、后现代主义等多个值得关注的文学流派也在圣保罗州涌现出来。

圣保罗州作为巴西经济最发达的地区之一,同时也是巴西文学的重要中心,涌现了许多才华横溢的诗人、小说家和剧作家,他们的著作共同构成了丰富多彩的巴西文学。现代巴西文学的繁荣也得益于圣保罗州的众多知名作家。

卡西亚诺·里卡多(Cassiano Ricardo),巴西记者、文学评论家和诗人,出生于圣保罗州圣若泽杜斯坎普斯。作为巴西现代主义和民族主义的代表,他曾与绿黄派运动(Movimento Verde-Amarelo)和安塔派(Escola da Anta)团体有过联系[①],后来创办了旗帜派(Flag)。在他的写作生涯末期,专注于诗歌创作。

吉列尔梅·代·阿尔梅达(Guilherme de Almeida),诗人、翻译家、电影评论家和专栏作家,出生于圣保罗州坎皮纳斯。他是1922年艺术周的组织者之一,创作了诗集《圣保罗旗帜》(*Bandeira Paulista*)。他还为日本诗歌形式——俳句[②]在巴西的传播做出了贡献。

莉吉娅·法贡德斯·特莱斯(Lygia Fagundes Telles),小说家,出生于圣保罗州首府圣保罗市。她在学生时代学习过法律,高中毕业后不久开始发表作品,同时以律师和作家为职业。她曾获得葡萄牙语言最高文学奖——卡蒙斯奖,并且她的作品曾获巴西、智利和法国的荣誉和奖励。她于1985年当选为巴西文学院第16任主席。

总体来说,从现代主义到后现代主义,从传统文化到现代都市生活,圣保罗州的文学作品涵盖了各种不同的主题和风格。这些文学作品所呈现的思想和文化价值观展现了圣保罗州文化的多元特点和包容性。同时,这些

---

① 绿黄派运动(或绿黄运动)是现代主义第一阶段出现的一个团体;1927年,绿黄运动更名为安塔派;1928年发起食人运动。

② 俳句,是一种有特定格式的诗歌,由17音组成的日本定型短诗。吉列尔梅·代·阿尔梅达于1937年发表《我的俳句》(Os Meus Haikais)。

作品也促进了圣保罗州在国际上推广本土文化。

（四）美术

圣保罗州的美术起源于当地土著民的创作，并自此逐渐发展出多种形式。这些形式包括殖民时代前的传统艺术、巴洛克风格，19 世纪的新古典主义、浪漫主义、现实主义和 20 世纪的现代艺术，以及 20 世纪 60 年代之后的当代艺术。

许多巴西重要的艺术家也来自圣保罗州，例如阿尔弗雷多·沃尔皮（Alfredo Volpi）[①]、安妮塔·马尔法蒂（Anita Malfatti）[②]、塔尔希拉·杜·阿玛拉尔（Tarsila do Amaral）[③]等。塔尔希拉的作品《阿巴波鲁》（Abaporu）开启了造型艺术中的"食人运动"（Movimento Antropofágico）[④]。

现代艺术周（Semana de Arte Moderna）是圣保罗州的一场重要艺术运动，它于 1922 年 2 月 10 日至 2 月 17 日举行，标志着巴西现代主义的开始。尽管在该运动之前就有一些巴西艺术家进行现代主义作品的创作，但是这场运动将这些作品联合起来，并将现代主义介绍给了整个巴西社会，正式定义了巴西现代主义。圣保罗现代艺术周标志着圣保罗州乃至整个巴西现代艺术的开端。对于巴西来说，它的重要性不亚于 1913 年在纽约市举办的国际现代艺术展[⑤]。

---

① 阿尔弗雷多·沃尔皮是巴西艺术和文化现代主义运动中的著名画家。他出生于意大利卢卡，但不到两岁便被父母带到巴西圣保罗，成为巴西公民，终其一生。

② 安尼塔·马尔法蒂，被誉为第一位将欧洲和美国现代主义艺术引入巴西的巴西艺术家。她在 1917 年至 1918 年期间在圣保罗举办的个展在当时引起争议，她的表现主义风格和题材对于当时的巴西人来说是革命性的，尽管他们也一直在寻求国家对艺术的认同，但对马尔法蒂的作品带来的影响毫无准备。

③ 塔尔希拉·杜·阿玛拉尔是巴西画家和翻译家。她被认为是拉丁美洲现代主义艺术家中的佼佼者，并被视为最能体现巴西民族主义表达的现代风格画家。她的作品《阿巴波鲁》激发奥斯瓦尔德·德·安德拉德创作了著名的《食人族宣言》（*Manifesto Antropófago*），开启了造型艺术中的"食人运动"。

④ "食人运动"是 20 世纪 20 年代巴西的艺术运动。这里的"食人"是一种隐喻，并非字面意义上的食人行为，而是指以文化吸收和再创造为核心的艺术哲学。这一运动在巴西现代主义中具有重要地位，主张重新塑造文化，并以 1928 年的《食人宣言》为基础。

⑤ 该展览又称"军械库展"，这场展览成为美国艺术史上具有传奇色彩的分水岭。

图 3-9　《阿巴波鲁》(*Abaporu*)①

图 3-10　现代艺术周②

————————

① https://www.wikiart.org/en/tarsila-do-amaral/abaporu-1928,查询日期：2023 年 8 月 31 日。

② https://www.malba.org.ar/sobre-la-semana-del-arte-moderno-de-1922/,查询日期：2023 年 8 月 31 日。

四、教育体育

（一）教育

圣保罗州的教育体制与巴西联邦政府制定的国家教育计划相一致，由州政府、市政府和联邦政府三级管理。教育系统分为初等教育、中等教育和高等教育三个层次，同时还包括幼儿教育和职业教育等。[①]

1. 基础教育

圣保罗州的初等教育主要由公立和私立学校提供，公立学校的教育免费且普及率较高。州政府高度重视初等教育[②]，投入大量资金和资源，不断改善和提高教育质量。此外，政府还设立了各种教育项目和课程，如语言学习、艺术教育、健康教育等，以满足学生多方面的需求。

1997 年以来，圣保罗州政府针对基础教育的周期进行了多项制度改革，其中就包括"自动通过"（aprovação automática）。根据圣保罗州政府的官方文件，该制度的实施有助于普及基础教育，鼓励学生留校，这也是优化资源并根据"年龄/年级"来规范学生流动的一种方式，即学生不需要参加考试，不论表现如何，都可直接升入高中。然而，该系统却颇具争议。一方面，持反对态度的家长和老师认为该制度不会鼓励学生学习，也无法帮助他们为未来阶段的教育做好准备。另一方面，圣保罗州政府却声称这些措施是有效的。对此，也有专家指出，在这种系统下毕业的学生中有一半进入高中时学业不合格。

2. 中等教育

圣保罗州的中等教育分为两种：普通教育和职业教育。学生可以根据

---

① 圣保罗州有 14 405 所小学教育机构、12 691 所学前教育机构、5 624 所中学和 521 所高等教育机构，该州的教育网络是全国最广泛的。总注册人数 8 981 288 人，注册教师 482 519 人。https://pt. wikipedia. org/wiki/Educa%C3%A7%C3%A3o_no_estado_de_S%C3%A3o_Paulo，查询日期：2023 年 8 月 31 日。

② 2008 年，圣保罗州有 6 030 171 名中小学生，14 397 个教学机构和 301 243 名教师从事这一阶段的基础教育工作。https://pt. wikipedia. org/wiki/Educa%C3%A7%C3%A3o_no_estado_de_S%C3%A3o_Paulo，查询日期：2023 年 8 月 31 日。

自己的兴趣和能力选择不同的学习方向。普通教育主要为学生提供高中教育，帮助他们在进入高等教育前做好准备；职业教育则注重实践和技能培养，为学生提供各种职业技能培训。

该州拥有大量的公立和私立中等教育机构，包括初中和高中。这些学校提供较为全面的课程，为学生提供高质量的教育资源。

公立中等教育在圣保罗州是免费的，但由于政府经费不足，这些学校的教学质量和设施条件相对较差。私立中等教育则需要家庭支付学费，但一般来说，私立学校拥有更好的设施，能够提供更好的教育条件。

近年来，圣保罗州政府采取了多项措施来改善中等教育质量，其中包括改良教育设施、提高教师薪酬、增加教育经费以及改革教育课程等。虽然这些措施取得了一定的成效，使得圣保罗州的中等教育质量有所提高，但仍然存在很大的改进空间。

3. 高等教育

圣保罗州在高等教育领域的表现也非常出色[1]，其拥有众多高等教育机构，为学生和研究人员提供了广泛的受教育和科研机会。

圣保罗州的高等教育机构包括大学、技术学院、职业学院等，涵盖了人文学科、社会科学、自然科学、工程技术等多个领域。圣保罗州知名的大学有圣保罗大学、圣保罗联邦大学和圣保罗州立大学等。

圣保罗州的高等教育机构必须要通过教育部门的认证，需要遵守相关法律和规定，以确保教学质量和合法性。此外，为了确保他们符合国家的行业标准，还需要接受国家教育评估委员会（Comissão Nacional de Avaliação da Educação Superior，CONAES）的定期评估和监督。

总体而言，圣保罗州的高等教育拥有极具特色的学科和课程设置，制定有丰富的资金支持计划，教育水平稳步提升，为广大学生提供了更多的机会和选择。

---

① 圣保罗州是巴西最大的研发中心，受到众多知名教育机构和卓越中心的关注，在 1998 年至 2002 年期间，其科研成果占巴西总成果的 52%，占世界科研成果的 0.7%。https：//en. wikipedia. org/wiki/S%C3%A3o_Paulo_(state)，查询日期：2023 年 8 月 31 日。

图 3-11　圣保罗大学①

（二）体育

1. 体育运动

巴西是世界体育大国，国民的体育参加率也很高。在巴西，最流行的体育运动是足球。除了足球之外，排球、综合格斗、篮球、赛车在巴西也很受欢迎。与巴西其他地区一样，足球也是圣保罗州最受欢迎的运动。圣保罗州举办了许多足球赛事，比如圣保罗足球锦标赛(Campeonato Paulista de Futebol)②。

除了世界杯等足球赛事，圣保罗州还曾举办过 1963 年泛美运动会、1983 年国际篮联女篮世界锦标赛、1994 年女排世界锦标赛、2006 年女篮世界锦标赛和 2007 年国际马术联合会的世界马术比赛。如今，圣保罗州还会定期举办巴西国内和国际的重要体育赛事，例如作为印地赛车系列赛③其中之一的圣保罗印地 300(São Paulo Indy 300)，还有于每年 12 月 31 日在首

①　https://www.estudarfora.org.br/conferencia-notre-dame-e-usp/，查询日期：2023 年 9 月 1 日。

②　该赛事由保利斯塔足球联合会主办，自 1902 年开始举办，是巴西历史最悠久的足球赛事。在体育领域，负责运作的州政府机构是圣保罗体育、休闲和青年秘书处。

③　印第赛车系列赛，现名 NTT 印第赛车系列赛，是北美地区的单座顶级开轮式赛车赛事，由印第赛车主办，其中印第安纳波利斯 500 赛是年度重要赛事。

府圣保罗市中心举行的圣西佛斯公路赛跑(Corrida de São Silvestre)。

此外,圣保罗州还致力于推广体育运动和健身文化,鼓励人们积极参与体育运动,以提高身体素质和健康水平。对此,政府投入大量资金以支持体育事业的发展,建设有许多现代化的体育场馆、游泳池、健身房等,为当地居民提供了良好的体育锻炼场所。

2. 足球

圣保罗州拥有多支著名足球队,其中包括科林蒂安队(Corinthians Paulista)、帕尔梅拉斯队(Sociedade Esportiva Palmeiras)和圣保罗队(São Paulo Futebol Clube)等。

圣保罗队,官方名称为"圣保罗足球俱乐部",是一家相当老牌的巴西足球队伍。它创立于1930年,同时也常被球迷称为"三色队"(Tricolor)。

图 3-12 圣保罗足球
俱乐部标志①

作为举办2014年世界杯比赛的十二个州之一,圣保罗州拥有多个足球场,其中包括坐落于首府圣保罗市的帕卡明布足球场(Estádio Municipal Paulo Machado de Carvalho)、摩伦比足球场(Estádio Cícero Pompeu de Toledo)、科林蒂安体育场(Neo Química Arena),位于坎皮纳斯的"公主金耳环"足球场(Estádio Brinco de Ouro da Princesa)和摩西·卢卡雷利足球场(Estádio Moisés Lucarelli),地处巴鲁埃里(Barueri)的巴鲁埃里足球场(Arena Barueri),位于桑托斯的维拉贝尔米罗足球场(Estádio Urbano Caldeira)等。根据巴西足协(Confederação Brasileira de Futebol,简称CBF)的统计,2010年圣保罗州在巴西足协的排名中位居第五位②。

3. 健身文化

圣保罗州的健身文化丰富多彩,吸引了大量的健身爱好者和运动员,

---

① http://www.saopaulofc.net/noticias/noticias/sao-paulo-fc/2019/12/4/nota-oficial,查询日期:2023年9月1日。

② https://www.cadaminuto.com.br/noticia/2009/12/11/cbf-divulga-ranking-nacional-de-clubes-para-a-temporada-2010,查询日期:2023年11月23日。

对全民健身起到了积极的推动作用。其中，最为流行的健身活动之一是跑步。除此之外，还有许多其他的健身活动，例如瑜伽、游泳、健身操、搏击训练等。

五、旅游

（一）旅游概况

1. 首府

圣保罗市是巴西最大的城市和主要的金融中心。它拥有该国最大的酒店——欢乐泉水公园度假酒店（Enjoy Solar das Águas Park Resort），以及多个娱乐场所、文化中心、博物馆和公园。据巴西旅游局称，圣保罗市是各国人士前往巴西开展商务活动和举办各类会议最受欢迎的目的地，也是休闲旅游的第三大目的地。[①]

圣保罗市享有世界美食之都的盛誉。其大力发展美食旅游，拥有许多巴西国内知名的餐厅，提供种类繁多的美食。

此外，圣保罗市还致力举办丰富多样的文化盛典，比如圣保罗国际艺术双年展（Bienal Internacional de Arte de São Paulo）、圣保罗时装周（Semana de La Moda de Sao Paulo）、圣保罗狂欢节（Carnaval da Cidade de São Paulo）、圣保罗国际电影展（Mostra Internacional de Cinema de São Paulo）等。

位于圣保罗市的主要景点包括：保利斯塔大街（Avenida Paulista）、圣保罗艺术博物馆（Museu de Arte de São Paulo - MASP）、现代艺术博物馆（Museu de Arte Moderna de São Paulo - MAM）、圣保罗画廊（Galeria São Paulo）、伊皮兰加博物馆（Museu do Ipiranga）、拉丁美洲纪念馆（Memorial da América Latina）、伊比拉普埃拉公园（Parque do Ibirapuera）、独立公园（Parque da Independência）和圣保罗动物园（Parque Zoológico de São Paulo）等。

---

① https：//www.mastercard.com/news/latin-america/pt-br/noticias/resumos-de-noticias/nb-pt/2019/setembro/sao-paulo-esta-entre-os-top-10-destinos-mais-visitados-na-america-latina-e-caribe-aponta-estudo-da-mastercard/，查询日期：2023 年 11 月 23 日。

　　该市还拥有拉丁美洲第一个主题水族馆——圣保罗水族馆（Aquário de São Paulo，ASP），该水族馆占地超过 1.5 万平方米，内设主题展览，游客可以在那里观察到各种水生生态系统。

图 3-13　独立公园①

2. 沿海

　　圣保罗地理位置优越，气候宜人，海岸地区拥有丰富的景观资源。

　　在拜萨达桑蒂斯塔大都市区（Baixada Santista）聚集着圣保罗沿海地区最大和游客最多的城市，该区域还拥有着著名的海滩——伊利亚贝拉海滩（Praia Ilhabela），该海滩在周末和节假日期间吸引大量的游客。不仅如此，拉丁美洲最大的港口之一——桑托斯港②也位于该区域。

　　沿海地区的另一个亮点是瓜鲁雅市（Guarujá）。该市凭借其美丽的海滩吸引了来自世界各地的游客，并以南美洲第二大水族馆——水世界（Acqua Mundo）而闻名。

---

　　① https://br.pinterest.com/pin/530510031074939303/，查询日期：2023 年 9 月 1 日。
　　② 桑托斯港是巴西圣保罗州圣托斯、瓜鲁雅和库巴通市境内的一个河口港。它是巴西主要的港口，也是拉丁美洲最大的港口群之一，是世界上最大的港口之一。

北部沿海地区面积较小、人口较少，由卡拉瓜塔图巴（Caraguatatuba）、伊利亚贝拉（Ilhabela）、圣塞巴斯蒂昂和乌巴图巴市（Ubatuba）组成。虽然如此，但其因拥有美丽的海滩景观、丰富的自然资源以及各种形式的娱乐活动，成为最吸引游客的地区之一。

南部沿海地区自然资源丰富，虽然人口稀少，但游客较多。圣保罗州的南部沿海城市有贝尔蒂奥加（Bertioga）、卡纳内亚（Cananéia）、瓜鲁雅等，每座城市都有其独特的风光。位于南部沿海地区的卡多索岛（Ilha do Cardoso）保留了原始的自然景观，那里有未开发的海滩、瀑布、徒步路径和原始森林。

3. 内陆

位于首府圣保罗市西部的奥托西柏拉旅游州立公园（Parque Estadual Turístico do Alto Ribeira，PETAR），是巴西主要的洞穴研究基地之一，游客可以在这里深入了解地理学知识。游客同时也可以在位于坎皮纳斯都会区的霍皮哈利主题公园（Hopi Hari）中寻求更丰富的娱乐活动，还可以在布罗塔斯（Brotas）和朱基蒂巴（Juquitiba）开展生态旅游活动。

（二）文化地标

1. 博物馆

圣保罗州的主要博物馆包括：宣布巴西独立的伊皮兰加博物馆（Museu do Ipiranga）、世界上第一个致力于宣传语言的博物馆——葡萄牙语言博物馆（Museu da língua Portuguesa）、南半球大陆主要博物馆之一的圣保罗艺术博物馆，还有圣保罗州立美术馆（Pinacoteca do Estado de Sao Paulo）、圣保罗宗教艺术博物馆（Museu de Arte Sacra de São Paulo）、移民纪念馆（Memorial do Imigrante）、足球博物馆（Museu do Futebol）、圣保罗现代艺术博物馆（Museu de Arte Moderna de São Paulo）、圣保罗影像与声音博物馆（Museu da Imagem e do Som de São Paulo）、卡塔文托博物馆（Museu Catavento）等。

其他城市也有一些重要的博物馆。位于桑托斯的有巴西咖啡博物馆（Museu do Café Brasileiro）、桑托斯宗教艺术博物馆（Museu de Arte Sacra de

Santos)、港口博物馆(Museu do Porto)等。作为该州内陆最大的城市,坎皮纳斯也拥有在巴西著名的博物馆,如坎皮纳斯当代艺术博物馆(Museu de Arte Contemporânea de Campinas)、自然历史博物馆(Museu de História Natural)等。

图 3-14 圣保罗艺术博物馆①

图 3-15 移民纪念馆②

① https://www. tripadvisor. com/Attraction_Review-g303631-d311968-Reviews-]Museu_de_Arte_de_Sao_Paulo_Assis_Chateaubriand_MASP-Sao_Paulo_State_of_Sao_Paulo. html,查询日期:2023 年 9 月 1 日。

② https://www. saopaulo. sp. gov. br/conhecasp/nossa-gente/memorial-do-jimigrante/,查询日期:2023 年 9 月 1 日。

2. 文化遗产

圣保罗州拥有丰富的建筑遗产,除了上文提到的拉丁美洲纪念馆和独立公园外,还包括巴西独立纪念碑(Monumento à Independência do Brasil)、圣安东尼教堂(Igreja de Santo Antônio)、圣阿马罗市政市场(Mercado Municipal de Santo Amaro)、圣保罗城市剧院(Teatro Municipal de São Paulo)、保罗马查多德卡瓦略体育场(Estádio Municipal Paulo Machado de Carvalho)等。

圣保罗州政府重视文化遗产的保护和传承,通过法律和机构的支持促进文化产业的发展,同时推动经济的发展和社会的进步。对此,该州也积极推广旅游文化,努力吸引游客前来体验其丰富多彩的特色文化。

(三) 特色节日

圣保罗州每年都会举办许多文化盛典,其中最著名且具有代表性的有圣保罗文化大转弯(Virada Cultural Paulista)、吉奥玛尔·诺瓦埃斯[①]周(Semana Guiomar Novacs)、圣保罗州马戏节(Festival de Circo SP)等。下文将介绍一些具有代表性的圣保罗州特色节日。

圣保罗嘻哈文化节(Encontro Paulista de Hip Hop)于 2007 年创立,面向所有对嘻哈文化感兴趣的人。该文化节每年举行一次,旨在探讨和分析嘻哈文化的价值与影响,展示其他非洲文化,消减文化歧视。

圣保罗文艺大赛(Circuito Cultural Paulista)自 2007 年起开始举办,旨在展现城市当地文化,是圣保罗州举办的最重要的文化比赛之一,有多个城市参与其中。圣保罗州政府全年在不同城市开展大赛,通过这种方式把文化带给大众,鼓励当地居民参与到文化生活中来。

圣保罗国际电影节(Mostra Internacional de Cinema de São Paulo)创办于 1977 年,由巴西电影协会(Associação Brasileira Mostra Internacional de Cinema,ABMIC)组织举办,并得到了国际电影制片人协会联合会的认可,通常每年 10 月在圣保罗市举行。

---

① 吉奥马尔·诺瓦斯是巴西最伟大的钢琴家之一。

图 3-16　圣保罗嘻哈文化节①

六、主要机构

（一）政府部门

圣保罗州政府对文化管理的重视程度较高，注重对历史资料的保存。早在 1891 年，负责托管、保存并向公众提供历史资料的圣保罗州公共档案馆（Arquivo Público do Estado de São Paulo）就已经建成。不仅如此，1907年还建立了圣保罗市历史档案馆（Arquivo Histórico Municipal de São Paulo），它负责保管、研究和传播州内具有历史价值的文件。

圣保罗州的文化部门还包括圣保罗州教育供餐委员会（Conselho Estadual de Alimentação Escolar de São Paulo）、圣保罗州历史考古艺术与旅游遗产保护委员会（Conselho de Defesa do Patrimônio Histórico，Arqueológico，Artístico e Turístico）、圣保罗州教育委员会（Conselho Estadual de Educação）、圣保罗州文化与经济创新秘书处（Secretaria da Cultura e Economia Criativa do Estado

---

① https：//www. saopaulo. sp. gov. br/conhecasp/festas-e-festivais/encontro-paulista-de-hip-hop/，查询日期：2023 年 9 月 1 日。

de São Paulo)、圣保罗州教育秘书处(Secretaria da Educação do Estado de São Paulo)和圣保罗州旅游观光秘书处(Secretaria de Turismo e Viagens do Estado de São Paulo)等。

（二）公共机构

圣保罗州还设有许多文化公共机构，用来保护并传播本土文化，其中包括拉丁美洲纪念基金会(Fundação Memorial da América Latina)与圣保罗州社区手工业监督局(Superintendência do Trabalho Artesanal nas Comunidades)。社区手工业监督局成立于 1970 年，隶属于圣保罗州政府就业和劳资关系秘书处，负责保存、发展和推广圣保罗州手工艺品。拉丁美洲纪念基金会是一个非营利的国家公法基金会①，于 1989 年在圣保罗成立，拥有行政和财务自主权，致力于展现拉丁美洲的创造力并传播知识，在相关领域中发挥着不可或缺的作用。

附　录

一、机构组织

（一）政府部门

1. 圣保罗州教育秘书处

简介：圣保罗州教育秘书处(SEDUC-SP)前身为州立内政与公共教育秘书处，是负责圣保罗州教育网络相关事务的国家机构。它是组成圣保罗州政府的 25 个秘书处之一。

---

① 公法基金会，通常由联邦政府或州政府根据专门的法律、为了具体的社会公共利益出资举办，联邦政府或州政府每年通过财政预算，为基金会提供资金保障，支持基金会为社会提供公共服务，由相关政府部门负责管理。

圣保罗州教育秘书处管理着全州的教育系统,包括 5 400 所学校、约 35 万名学生和 23.4 万名教师。教师系教学人员编制(Quadro do Magistério, QM),专门负责教学工作。学校的日常管理由校长和行政人员负责,归属学校支持人员体系(Quadro de Apoio Escolar,QAE)。为了确保政策执行和资源分配的有效性,整个系统在教育秘书处(Quadro da Secretaria da Educação,QSE)下统一管理。此外,约 19 万名教育工作者和 5 000 所学校被分配到 91 个地区的教育委员会中,这些委员会在 15 个地区内负责监督和协调各学校的教育工作。

网址:https://www.educacao.sp.gov.br。

2. 圣保罗州文化和创意经济秘书处

简介:圣保罗州文化和创意经济秘书处是负责圣保罗州相关文化事务的国家机构。它是组成圣保罗州政府的 25 个秘书处之一。

网址:https://www.cultura.sp.gov.br。

3. 圣保罗州教育委员会

简介:巴西圣保罗州教育委员会主要负责管理和推动圣保罗州教育体系的发展,具体包括制定教育政策、规划教育项目、监督学校和教育机构、评估教育质量,以及协调教育资源的分配和使用。此外,委员会还向学校、教师、学生和家长提供咨询和支持服务,以解决教育问题并促进教育的普及和提高。

网址:http://www.ceesp.sp.gov.br。

4. 圣保罗州教育供餐委员会

简介:圣保罗州学校供餐委员会是负责确保学校供餐质量的关键机构,其核心工作围绕国家的学校供餐计划(Programa Nacional de Alimentação Escolar,PNAE)展开。作为一个合议性机构,该委员会由各州、联邦区和市政当局在其行政区域内设立,主要承担监督、审议和咨询的职责。

网址:https://www.educacao.sp.gov.br/ceae。

5. 圣保罗州旅游观光秘书处

简介:圣保罗州旅游观光秘书处的前身是成立于 2011 年 1 月 1 日的圣保

罗州旅游秘书处,该秘书处的职能是推动旅游业发展,以促进全州就业、增加居民收入、并带动整体经济增长。

网址:https://www.turismo.sp.gov.br/onepage。

6. 圣保罗州公共档案馆

简介:圣保罗州公共档案馆于 1891 年成立,负责管理、保存并向公众开放由圣保罗州行政当局生成的各类历史资料。该机构位于圣保罗市桑塔纳街区。

网址:http://www.arquivoestado.sp.gov.br/web。

7. 圣保罗市历史档案馆

简介:圣保罗市历史档案馆于 1907 年成立,负责保管、研究和传播由圣保罗市公共行政部门提供的具有历史价值的文件。

网址:http://www.arquivohistorico.sp.gov.br。

8. 圣保罗州历史考古艺术与旅游遗产保护委员会

简介:圣保罗州历史考古艺术与旅游遗产保护委员会于 1968 年成立,是圣保罗州文化部的下属机构。其职能是保护和管理圣保罗州的历史、考古、艺术、旅游、文化和环境遗产,包括动产和不动产,并依法对这些遗产进行登记。

网址:http://condephaat.sp.gov.br。

(二)公共机构

1. 拉丁美洲纪念基金会

简介:拉丁美洲纪念基金会是一个非营利的国家公法基金会,拥有行政和财务自主权。其主要目标是展示和传播拉丁美洲的文化创造力和文化智慧,并将其融入圣保罗州的各种智力活动中,如学术研究、艺术创作、文化交流和知识传播等。

网址:https://www.memorial.org.br。

2. 安切塔神父基金会(Fundação Padre Anchieta)

简介:安切塔神父基金会由圣保罗州政府于 1967 年 9 月 26 日成立。

它是一个具有知识、政治和行政独立性的私人法律实体,享有合法确定的预算拨款资助,并从私营部门获取资源。

网址:https://www.tvcultura.com.br。

3. 保拉索萨州立技术教育中心(Centro Estadual de Educação Tecnológica Paula Souza)

简介:保拉索萨州立技术教育中心是圣保罗州政府的一个自治机构,隶属于圣保罗州经济发展、科学、技术和创新秘书处,管理着圣保罗州 220 所技术学校和 66 所技术学院。它于 1969 年创建,目前有大量学生参加其技术和高等教育课程学习。

网址:https://www.cps.sp.gov.br。

4. 圣若泽多普雷图河畔医学院(Faculdade de Medicina de São José do Rio Preto)

简介:圣若泽多普雷图河畔医学院是圣保罗的一所研究健康科学的公立高等教育机构,总部位于圣若泽多普雷图,提供护理学、医学和心理学课程。它是巴西最著名的医学和护理学院之一,拥有巴西第二大教学医院,为学生提供优质的临床培训和实习环境,同时也为社区提供卓越的医疗服务。

网址:http://www.famerp.br。

4. 圣保罗州官方出版社(Imprensa Oficial do Estado de São Paulo)

简介:圣保罗州官方出版社成立于 1891 年,是负责记录和公布圣保罗州行政、立法和司法事务的动态信息。

网址:http://www.imprensaoficial.com.br。

5. 圣保罗州研究支持基金会(Fundação de Amparo à Pesquisa do Estado de São Paulo)

简介:圣保罗州研究支持基金会成立于 1962 年,是一个促进学术研究的公共机构,隶属于圣保罗州政府经济发展、科学、技术和创新秘书处。

网址:https://fapesp.br。

（三）文化地标

1. 拉丁美洲纪念馆

简介：拉丁美洲纪念馆是一个文化、政治和休闲中心，于 1989 年 3 月 18 日在巴西圣保罗市揭幕开馆。它向世人展示着拉丁美洲的文化、政治、经济和社会特色。拉丁美州纪念馆同时也是一个享有财政和行政自主权的国家公法基金会，隶属于巴西文化部。

网址：https：//memorial. org. br。

2. 圣保罗动物园

简介：圣保罗动物园建于 1958 年，是巴西最大的动物园之一。它位于占地约 82.5 万平方米的原始大西洋森林中，该森林是拉丁美洲最重要的生态系统之一，以丰富的生物多样性而闻名。园内设有约 4 千米长的步道，供游客观赏动物。目前，动物园内饲养有 400 多种动物，包括许多珍稀物种，为生物保护和科普教育提供了重要支持。

网址：https：//zoologico. com. br。

3. 巴西咖啡博物馆

简介：巴西咖啡博物馆位于圣保罗州的桑托斯市。这座博物馆在 1998 年修复后重新开放，早期是一座专门建造的宫殿。博物馆最初设在市中心的一间租用大厅中，1922 年迁至这座宫殿。直到 20 世纪 70 年代末，这座宫殿才被停用。

网址：http：//www. museudocafe. org. br。

4. 圣保罗博物馆(Museu Paulista da Universidade de São Paulo)

简介：圣保罗博物馆于 1895 年 9 月 7 日正式开业，是圣保罗最古老的博物馆，其总部是一座纪念碑式建筑，同时也是独立公园建筑群的一部分。它是圣保罗大学最重要的博物馆，也是圣保罗市访问量最大的博物馆之一。

网址：https：//museudoipiranga. org. br。

5. 独立公园

简介：独立公园于 1989 年落成，位于圣保罗市伊皮兰加区的河岸，是巴西文化遗产的组成部分,佩德罗一世在此宣布巴西独立。公园不仅保护着历史遗迹,同时也承载着人们对独立历史的共同记忆。

网址:https://museudoipiranga.org.br。

6. 葡萄牙语博物馆

简介:葡萄牙语博物馆是一座关于葡萄牙语的互动式博物馆,位于圣保罗州首府圣保罗市。它由圣保罗州文化部与罗伯托·马里尼奥基金会共同构想并建造,投资约 3 700 万雷亚尔。

网址:https://www.museudalinguaportuguesa.org.br。

7. 圣保罗阿西斯夏多布里昂艺术博物馆(Museu de Arte de São Paulo Assis Chateaubriand)

简介:圣保罗阿西斯夏多布里昂艺术博物馆是巴西的文化中心,于 1947 年建成,被视作巴西最重要的建筑之一。

网址:https://masp.org.br。

8. 圣保罗神圣艺术博物馆(Museu de Arte Sacra de São Paulo)

简介:圣保罗神圣艺术博物馆是巴西主要的文化机构之一,于 1774 年建成,致力于研究、保护和展示与宗教艺术相关的物品。

网址:http://museuartesacra.org.br。

9. 马里奥德安德拉德图书馆(Biblioteca Mário de Andrade)

简介:马里奥德安德拉德图书馆成立于 1925 年,是圣保罗市第一座公共图书馆。它的总部大楼由法国建筑师雅克·皮隆设计,被认为是该市装饰艺术风格的地标建筑之一,受到了立体主义艺术运动的影响,展现了 20 世纪流行的建筑风格。

网址:https://www.prefeitura.sp.gov.br/cidade/secretarias/cultura/bma。

10. 圣保罗厅(Sala São Paulo)

简介:圣保罗厅于 1999 年开始向公众开放,是一个交响乐和室内乐表演的音乐厅。它是巴西的第一个音乐厅,自成立以来就被认为是世界上最好的音乐厅之一。

网址:http://www.salasaopaulo.art.br。

11. 圣保罗市剧院(Teatro Municipal de São Paulo)

简介:圣保罗市剧院以不拘一格的建筑设计风格闻名,其灵感来自巴黎歌剧院,于1911年开业,被认为是巴西最重要的剧院之一。

网址:http://theatromunicipal.org.br。

12. 圣佩德罗剧院(Teatro São Pedro)

简介:圣佩德罗剧院于1917年开始向公众开放。它是少数于20世纪初就建成并沿用至今的剧院之一。

网址:https://www.teatrosaopedro.rs.gov.br。

13. 圣保罗州立美术馆

简介:圣保罗州立美术馆是巴西最重要的艺术博物馆之一,它是圣保罗最古老的艺术博物馆,于1905年12月24日建成,自1911年起成为国家公共博物馆。该美术馆以其一万多件艺术作品的庞大收藏而闻名,其藏品向世人展现了19世纪和20世纪大部分巴西美术史。

网址:http://pinacoteca.org.br。

14. 足球博物馆

简介:足球博物馆建在帕卡恩布体育场(Estádio Municipal Paulo Machado de Carvalho)内,位于圣保罗市西侧帕卡恩布社区的查尔斯米勒广场。这个博物馆是由州政府和市政府共同投资建成的,于2008年9月29日举行了落成仪式。

网址:http://www.museudofutebol.org.br。

15. 国家大商场

简介:国家大商场是圣保罗市内的重要建筑和商业中心,于1956年建成。2005年,该建筑被圣保罗州历史考古艺术与旅游遗产保护委员会列入历史和建筑遗产名录。

网址：http：//www.ccn.com.br。

16. 卡萨达罗萨斯博物馆

简介：卡萨达罗萨斯博物馆位于圣保罗市帕拉伊索区，于1930年设计，1935年竣工。1985年10月22日，圣保罗州历史考古艺术与旅游遗产保护委员会将该博物馆列为地标建筑。经过整修后，于1995年重新开放。

网址：https：//www.casadasrosas.org.br。

17. 圣保罗艺术博物馆

简介：圣保罗艺术博物馆于1947年创立，是巴西第一家展示二战后现代艺术的博物馆，被巴西历史与艺术研究所列入巴西国家遗产名录。馆内收藏有重要的巴西艺术品包括版画和绘画藏品，以及少量的非洲和亚洲艺术品、古董、装饰艺术作品等藏品，总计超过8 000件。该馆还是该国最大的艺术博物馆之一。

网址：https：//www.masp.org.br。

18. 现代艺术博物馆

简介：现代艺术博物馆位于圣保罗伊比拉普埃拉公园内。该博物馆由弗朗西斯科·马塔拉佐·索布里尼奥(Francisco Matarazzo Sobrinho)和尤兰达·彭特阿多(Yolanda Penteado)以纽约现代艺术博物馆为蓝本设计，于1948年建成。

网址：https：//mam.org.br。

19. 伊比拉普埃拉公园

简介：伊比拉普埃拉公园于1954年8月21日落成，以纪念圣保罗建城400周年。它是南美洲访问量最大的公园，2017年接待游客量为1 440万人次。

网址：https：//ibirapuera.org。

20. 圣保罗水族馆

简介：圣保罗水族馆位于圣保罗市东南部伊皮兰加区，于2006年7月6日落成，是拉丁美洲第一个主题水族馆。

网址：https：//www.aquariodesp.com.br。

21. 霍皮哈利主题公园

简介：霍皮哈利主题公园是巴西第二大游乐园，于 1999 年 11 月 27 日向公众开放。

网址：https：//www.hopihari.com.br。

22. 圣保罗影像与声音博物馆

简介：圣保罗影像与声音博物馆是一座收集、陈列公共视听作品的博物馆，于 1970 年建成。博物馆有超过 350 000 件藏品，包括电影（短片、故事片和纪录片）、视频、唱片、照片、平面设计作品等。

网址：https：//www.mis-sp.org.br。

23. 卡塔文托博物馆

简介：卡塔文托博物馆是一座互动博物馆。圣保罗市政厅自 2005 年起就一直在讨论其创建事宜，最终于 2009 年开始向公众开放。该项目由巴西文化和教育秘书处负责，投资 2 000 万雷亚尔，历时 14 个月建成。

网址：https：//museucatavento.org.br。

24. 圣保罗宗教艺术博物馆

简介：圣保罗宗教艺术博物馆成立于 1970 年，由圣保罗州政府和圣保罗总教区共同维护。其馆藏包括自 16 世纪以来的巴西和外国宗教艺术作品，展现了丰富的历史和文化多样性。

网址：http：//museuartesacra.org.br。

25. 巴西独立纪念碑

简介：巴西独立纪念碑位于圣保罗独立公园内，其材质为花岗岩和青铜。它也被称为伊皮兰加纪念碑（Monumento do Ipiranga）或祖国祭坛（Altar da Pátria），是为庆祝巴西独立一百周年而建造。

26. 保罗·马查多·德卡瓦略体育场

简介：保罗·马查多·德卡瓦略体育场于 1940 年 4 月 27 日落成，长104 米、宽 70 米，可容纳 40 199 人。该体育场以保罗·马查多·德卡瓦略的名字命名，他是 1958 年 FIFA 世界杯巴西代表队队长。

网址：https：//www.estadiodopacaembu.com.br。

27. 索罗卡巴总教区宗教艺术博物馆

简介：索罗卡巴总教区宗教艺术博物馆于 1975 年 8 月 14 日开馆，位于索罗卡巴市的中心，原址在索罗卡巴大教堂（Catedral Metropolitana de Sorocaba）内。

网址：https：//mosteirosorocaba.org。

（四）高校机构

1. 圣保罗胡里奥德梅斯基塔菲略州立大学（Universidade Estadual Paulista "Júlio de Mesquita Filho"）

简介：圣保罗胡里奥德梅斯基塔菲略州立大学是一所公立大学，成立于 1976 年，专注于开展教学、科研以及服务社区的相关活动。它是圣保罗州政府赞助的四所公立大学之一，与圣保罗大学（USP）、坎皮纳斯州立大学（Unicamp）和圣保罗州虚拟大学（Univesp）齐名。

网址：https：//www2.unesp.br。

2. 坎皮纳斯州立大学（Universidade Estadual de Campinas）

简介：坎皮纳斯州立大学成立于 1962 年，是巴西科研领域的重要力量，负责约 15% 的全国科研项目。它的专利产出数量在巴西所有研究机构中名列前茅，仅次于国有企业巴西石油公司。

网址：https：//www.unicamp.br/unicamp。

3. 圣保罗大学

简介：圣保罗大学是巴西最大的公立大学，是伊比利亚美洲、葡萄牙语圈最重要的大学之一，也是世界上最负盛名的大学之一、拉丁美洲最大的高等教育机构之一。该校设有 42 个教学和研究单位，分布在 10 个校区。

在巴西的公立大学中，它拥有最多的本科生和研究生名额，同时也是世界上硕士和博士最多的大学之一，其科研产出占圣保罗州科研成果的很大比例，并贡献了巴西全国科研产出的 25% 以上。

网址：https：//www5.usp.br。

4. 圣保罗联邦大学

简介：圣保罗联邦大学是圣保罗州的一所公立大学，成立于 1933 年。最初是一所健康科学专业大学，2005 年后成为多学科大学。其医学课程在 2016 年《圣保罗州报》发布的大学排名中名列第一。该学校有 7 个校区，提供包括医学、护理、心理学、物理治疗、生物医学等多个领域的课程。

网址：https：//www. unifesp. br。

5. 圣保罗州虚拟大学(Universidade Virtual do Estado de São Paulo, Univesp)

简介：圣保罗州虚拟大学是圣保罗州的一所公立大学，成立于 2012 年，隶属于圣保罗州政府科学、研究与发展秘书处。作为巴西首家虚拟公立大学，Univesp 通过线上与线下结合的教学模式，为全州学生提供灵活高效的课程，拓宽了高等教育的覆盖范围。

网址：https：//univesp. br。

二、人物代表

（一）作家

1. 安东尼奥·阿尔瓦雷斯·德·阿泽维多

简介：安东尼奥·阿尔瓦雷斯·德·阿泽维多出生于 1831 年，是一位浪漫主义短篇小说作家、剧作家、诗人、散文家和巴西哥特文学的倡导者，其作品的特点是大量使用对立的概念，例如爱与死亡、多愁善感与悲观主义、柏拉图主义和讽刺。

代表作：*Noite na Taverna*

2. 马里奥·劳尔·德·莫赖斯·安德拉德(Mário Raul de Morais Andrade)

简介：马里奥·劳尔·德·莫赖斯·安德拉德出生于 1893 年，是一位诗人、现实主义短篇小说作家、编年史家、音乐学家、艺术史学家、评论家和摄影师。作为巴西现代主义的开拓者之一,对现代巴西文学产生了深远的影响。

代表作: *Paulicéia Desvairada*

3. 奥斯瓦尔德·德·安德拉德

简介:奥斯瓦尔德·德·安德拉德出生于 1890 年,是一位诗人、现实主义作家、散文家和剧作家。他以尖锐的语言风格及创新性作品闻名于世,是巴西现代主义文学的伟大人物之一。

代表作: *Marco Zero*

4. 路易斯·鲁法托(Luiz Ruffato)

简介:路易斯·鲁法托出生于 1961 年,是一位作家。他凭借其 2001 年出版的小说 *Eles eram muitos cavalos* 获得了圣保罗艺术评论家协会颁发的 APCA 奖杯和由巴西国家图书馆基金会颁发的、巴西文学领域最重要的奖项之一的“马查多·德·阿西斯奖”。

代表作: *Eles eram muitos cavalos*

5. 埃德蒙多·多纳托(Edmundo Donato)/ 马科斯·雷伊(Marcos Rey)

简介:埃德蒙多·多纳托,1925 年出生,笔名马科斯·雷伊,是巴西著名作家,擅长青少年文学和侦探小说。他的作品语言简洁,情节紧凑,深受读者喜爱。

代表作: *O Mistério do Cinco Estrelas*

6. 何塞·鲁本·丰塞卡(José Rubem Fonseca)

简介:何塞·鲁本·丰塞卡出生于 1925 年,是巴西短篇小说家、散文家和编剧,毕业于法律专业。2003 年,他获得了“卡蒙斯奖”,这是最负盛名的葡萄牙语文学奖。

代表作: *Agosto*

7. 卡西亚诺·里卡多

简介:卡西亚诺·里卡多出生于 1895 年,巴西记者、文学评论家和诗人,巴西现代主义和民族主义的代表,曾参加过绿黄派和安塔派运动,后来创办了旗帜派。他在事业的末期主要从事诗歌创作。

代表作：*O sangue das horas*

8. 吉列尔梅·代·阿尔梅达

简介：吉列尔梅·代·阿尔梅达，诗人、翻译家、电影评论家和专栏作家，出生于圣保罗州坎皮纳斯。

代表作：*Bandeira Paulista*

9. 莉吉娅·特莱斯

简介：莉吉娅·特莱斯，小说家，出生于圣保罗州首府圣保罗。在职业生涯中一直兼任律师和作家。曾获得葡萄牙语言最高文学奖——"卡蒙斯奖"。

代表作：*Antes do Baile Verde*

（二）音乐家

1. 卡洛斯·戈麦斯

简介：卡洛斯·戈麦斯是巴西著名作曲家，他的作品在欧洲十分盛行。他因《伊尔瓜拉尼》一剧而成名，被视为最有前途的新兴作曲家。戈麦斯于1836年出生在圣保罗州坎皮纳斯，之后前往米兰学习并取得了巨大的成就，1896年逝世于贝伦。

代表作：*A noite do castelo*

2. 阿多尼兰·巴博萨

简介：阿多尼兰·巴博萨是一位著名的巴西作曲家、歌手、喜剧演员，1912年8月6日出生于圣保罗州的瓦林霍斯。他以其创作的桑巴音乐闻名，作品描绘了圣保罗城市中贫困人群的生活。

代表作：*Trem das Onze*

3. 泰塔斯乐队

简介：泰塔斯乐队是一支成立于1982年的巴西摇滚乐队，来自圣保罗。他们是巴西著名的摇滚乐队，唱片销量超过630万张。乐队的创始成员中有六位是主唱，后经历多次成员变动，目前有三名成员。

代表作：*Televisão*

4. 若昂·保罗和丹尼尔

简介：若昂·保罗和丹尼尔是一支巴西乡村音乐二人组，活跃于 1980 年至 1997 年。他们以浪漫的乡村音乐风格著称，这个组合在 1997 年因若昂·保罗在一场车祸中不幸去世而解散。他们在职业生涯中发布了多张成功的专辑，在巴西乡村音乐界留下了深远的影响。

代表作：*Estou Apaixonado*

（三）美术家

1. 塔尔西拉·杜·阿玛拉尔

简介：塔尔西拉·杜·阿玛拉尔是巴西著名画家，被誉为拉丁美洲现代主义艺术的领军人物之一。她以现代艺术风格成功表达了巴西的民族主义精神，成为巴西文化的象征之一。作为"五人小组"（Grupo dos Cinco）的核心成员，她与其他四位艺术家共同推动了 1922 年的"现代艺术周"，对巴西现代主义运动产生了深远影响。

代表作：*Abaporu*

2. 罗伯托·布雷·马克思

简介：罗伯托·布雷·马克思是一位巴西景观建筑师，他将现代主义建筑景观引入巴西。他的工作涵盖了绘画、版画制作、生态学和音乐等多个领域，对 20 世纪的热带花园设计产生了深远影响。

代表作：*Sítio Roberto Burle Marx*

3. 阿尔弗雷多·沃尔皮

简介：阿尔弗雷多·沃尔皮是一位著名的意大利裔巴西画家，其风格独特，将现代主义的感性融入了传统巴西主题之中。他因其"小旗帜"系列作品而闻名，这些作品也成了巴西艺术的标志性象征之一。

代表作：*Bandeirinhas*

4. 安妮塔·马尔法蒂

简介：安妮塔·马尔法蒂是巴西现代主义运动的先驱之一，以其大胆的颜色、创新的形式和表达主义风格而闻名。她的作品标志着巴西艺术从学院派传统向现代风格的转变，她本人是巴西最具影响力的女性艺术家之一。她的作品探索了人物肖像、风景和文化主题，对后来的巴西艺术家产生了深远影响。

代表作：*A Boba*

三、特色节日

1. 圣保罗手工艺品展览(Vitrine do Artesanato Paulista)

简介：圣保罗手工艺品展览于 2020 年创立，负责对圣保罗手工艺品进行推广和展览，将工匠与社会联系起来，并向公众提供具有文化多样性特征的手工技术。

网址：https：//artesanatopaulista.com.br。

2. 圣保罗嘻哈文化节

简介：圣保罗嘻哈文化节创立于 2007 年，目的是呼吁人们关注嘻哈文化和其他黑人文化。该文化节面向所有对嘻哈文化感兴趣的人，每年举办一次。

网址：https：//www.saopaulo.sp.gov.br/conhecasp/festas-e-festivais/encontro-paulista-de-hip-hop。

3. 圣保罗文艺大赛

简介：圣保罗文艺大赛于 2007 年开始举办，它是圣保罗州举办的最重要的文化比赛之一。该大赛有多个城市参与，重在展现本地特色文化。圣保罗州政府每年不固定地在不同城市举办该大赛，致力于将文化带给公众，鼓励公众参与到文化生活中来。

网址：https：//www.saopaulo.sp.gov.br/conhecasp/festas-e-festivais/circuito-cultural-paulista。

4. 圣保罗国际电影展

简介：圣保罗国际电影展创办于 1977 年，通常于每年 10 月在圣保罗市举行。它由巴西电影协会举办，并得到了国际电影制片人协会联合会的认可。

网址：https：//45.mostra.org。

5. 圣保罗国际艺术双年展

简介：圣保罗国际艺术双年展是自 1951 年以来每两年在圣保罗市举办一次的艺术展览，是国际艺术界的三大活动之一。1962 年，圣保罗国际艺术双年展基金会成立，该基金会聚焦于艺术、教育以及社会倡议。

网址：https：//bienal.org.br。

6. 圣保罗时装周

简介：圣保罗时装周于 1995 年开始举办，是巴西最大、拉丁美洲最重要的时装活动，也是继巴黎、米兰、纽约和伦敦之后的世界第五大时装周。该活动每半年举办一次，汇聚了巴西设计师和品牌、超模、名人、主要媒体、嘉宾以及来自时尚界的重要买家。

网址：https：//spfw.com.br。

7. 圣保罗狂欢节

简介：圣保罗狂欢节是在圣保罗市举办的狂欢派对，被认为是巴西最大、最重要的热门活动之一。在咖啡经济危机的背景下，农村人口开始向城市迁移，受此影响，人们开始在这里举办狂欢节。

网址：https：//www.carnavalnacidade.com.br。

8. 圣保罗文化大转弯

简介：圣保罗文化大转弯自 2006 年以来一直在圣保罗州内陆和海岸的多个城市举办。在圣保罗州文化部的推动下，2006 年至 2015 年期间共开展了 7 100 多项文化活动，受众超过 1 000 万人次。

网址：https：//viradacultural.prefeitura.sp.gov.br。

9. 圣保罗艺术节

简介：圣保罗艺术节是拉丁美洲主要的艺术博览会，每年在圣保罗双年展馆（Pavilhão da Bienal de São Paulo）举行五日。2005 年起，该活动成为艺术界的重要节日，旨在促进艺术交易、专业发展以及视觉艺术的传播。它还促进了巴西与国际间的交流,将巴西纳入全球艺术的博览会之中。

网址:https://www.sp-arte.com。

10. 六月节

简介:六月节是巴西一年一度的庆祝活动,起源于欧洲的仲夏节庆典,主要于六月份在全国范围内庆祝。这个节日是在葡萄牙殖民时期引入巴西的,以纪念圣安东尼、圣约翰洗者和圣彼得等圣人。

网址:https://en.wikipedia.org/wiki/Festa_Junina。

11. 三王节

简介:三王节是一个巴西天主教节日,主要在圣诞节和国王日(1月6日)之间,旨在纪念三位东方博士朝拜耶稣基督的事件。这一传统源自《新约圣经》中对东方博士拜访圣婴耶稣的描述,是基督教重要的节庆活动之一。

网址:https://pt.wikipedia.org/wiki/Folia_de_Reis。

12. 吉奥玛尔·诺瓦埃斯周(Semana Guiomar Novaes)

简介:吉奥玛尔·诺瓦埃斯周是一个纪念巴西著名钢琴家吉奥玛尔·诺瓦埃斯及其音乐成就的活动,由圣保罗文化与经济创新秘书处主办,当地市政府和圣保罗州艺术爱好者协会共同承办,旨在传承和推广诺瓦埃斯的艺术贡献。

网址:https://amigosdaarte.org.br/programas-e-equipamentos/semana-guiomar-novaes。

13. 圣保罗州马戏节

简介:圣保罗州马戏节是一个由圣保罗州文化与经济创新秘书处和圣保罗州艺术爱好者协会联合主办的活动,旨在庆祝和展示马戏艺术。

网址:https://amigosdaarte.org.br/programas-e-equipamentos/festival-circo-sp。

14. 圣灵节(Festa do Divino Espírito Santo)

简介:圣灵节是一项广泛传播于巴西的传统天主教节日,最早源于14

世纪的葡萄牙，旨在庆祝圣灵的降临。这个节日在巴西的许多城市中都有庆祝，有独具特色的宗教仪式、游行和民间庆典，也有分发食物和慈善捐赠的习俗。

网址：http://www. museuafrobrasil. org. br/pesquisa/indice-biografico/manifestacoes-culturais/festa-do-divino-espirito-santo。

（常　远）

第四章

圣保罗州社会情况

一、组织机构

圣保罗州的社会组织、公共机构和学术研究机构通过各种形式的活动促进社会发展,提供公共服务并推动知识创新。随着经济的增长和社会问题的增加,社会组织的数量和影响力不断扩大,公共机构也得到了进一步发展和强化。

社会组织在关注社会需求、倡导社会变革和服务弱势群体方面发挥着重要作用。与此同时,公共机构负责制定和执行政策、提供公共服务、开展社会监督,以维护社会秩序和公共利益;学术研究机构则致力于科学研究、人才培养和知识创新,推动学术领域的持续发展。

(一)社会组织

1. 组织发展状况

社会组织是一种以民间团体为代表的非政府公共组织,旨在服务公共利益。社会组织虽然不代表新的法律形象,但是一种制度创新,以非营利性民间团体的形式被纳入现行法律框架,构成第三部门。由于政府无力满足所有社会需求,所以社会组织作为筹集资源的替代方案出现,能够在文化、环境和卫生等领域采取变革行动。[1]

---

[1] Patrícia da SilveiraI, José Luis Duarte Ribeiro, Istefani Carisio de Paula. (2012). Abordagem para identificação de oportunidades de projetos em organizações sociais: desenvolvimento e estudo de caso. https://doi.org/10.1590/S0103-65132012005000056,查询日期:2023 年 9 月 17 日。

圣保罗州的社会组织非常活跃。过去十年,社会组织采取了许多行动以减少社会矛盾。虽然这些组织不属于政府,但它们致力于发展社会事业、解决社会问题,具有公共性质。这些组织包括非政府组织(NGOs)、社区组织、慈善机构、行业协会等。它们的发展状况通常与社会需求和经济状况密切相关。

目前,约有 25 万个社会组织,总创收占巴西全国 GDP 的 1.5%,其中绝大多数是慈善组织。这些组织是由社会企业家经营的,他们能够在最短的时间内将利益分配给更多的人。

2. 特点

社会组织不断通过各种项目开展活动、获得资源,从而为更多的项目提供资金、开展培训。社会组织要实现可持续发展,需响应国家或地方的资金需求,进而完善财务管理架构。在这种情况下,社会组织为了提高竞争力,开始采用商业管理模式。

随着社会组织的持续演进与壮大,其行动的质量标准亦在逐步提升。在此情形下,社会组织为了能够施行更为积极且具有影响力的行动,便需要在政治层面获取更多的话语权,以此为行动的高质量开展奠定坚实基础并创造有利条件。①

3. 活动特点

社会组织通常与当地社区紧密合作,关注社区的需求和问题。它们开展各项活动,如建设基础设施、改善居住条件等,以解决社区所面临的问题。通过这种方式,社会组织与社区之间建立起了紧密的联系,形成了协作模式。

社会组织可以提供各种社会服务,填补了公共服务体系的不足,并为弱势群体提供支持,特别是在教育培训、医疗卫生、法律援助等方面提供帮助。值得强调的是,对于那些无法获得足够支持的弱势群体,社会组织发挥着十分重要的作用。

---

① Patrícia da SilveiraI, José Luis Duarte Ribeiro, Istefani Carisio de Paula. (2012). Abordagem para identificação de oportunidades de projetos em organizações sociais: desenvolvimento e estudo de caso. https://doi.org/10.1590/S0103-65132012005000056,查询日期:2023 年 9 月 17 日。

社会组织通过倡导活动和批评机制来推动社会改革和政策变革。它们代表公众的利益,向政府和其他利益相关者提出建议和要求,并监督政策的落地。此外,它们也会对不合理、不公平的政策提出批评,促使政府做出改进和调整。

(二)公共机构

1. 组织发展状况

圣保罗州的公共机构包括政府部门、行政机构、法院和执法机构等。这些机构的发展与政府治理体系、公共服务体系的完善程度密切相关。随着州内经济的不断发展和社会需求的逐渐增加,公共机构得到了进一步的发展和强化。

2. 特点

首先,高度的官僚主义使得其管理变得僵化且低效。其次,政治干预导致了管理的不稳定性和项目短期化,对机构的长远发展产生了负面影响。再次,公共机构的权力结构较为集中,这可能会限制管理层的自主性,同时对创新产生抵制。当然,缺乏专业化管理也是一个问题,可能诱发效率低下和竞争力不足等问题。此外,保守主义和对变革的抵制态度进一步阻碍了机构的发展。简而言之,由于政治干预和管理不稳定性,公共机构可能面临项目短期化和缺乏连续性的挑战。这一系列问题共同影响了巴西公共机构的运作和发展。[①]

3. 活动特点

公共机构制定并执行政策,以解决社会问题、促进经济发展、保障公民权益,通过政策法规、项目计划来引导社会发展。这些机构在政策制定过程中考虑各个领域的需求和利益,通过制定相应的政策措施来推动社会变革和经济增长。

公共机构提供各种公共服务,如教育、卫生、交通、安全等,以满足公众

---

① https://doi.org/10.1590/S0034-76122006000100005,查询日期:2023 年 12 月 8 日。

的基本需求,改善社会生活质量。

公共机构负责监督社会秩序、执法和司法审判等职责,维护公共安全和法律正义,确保社会秩序的稳定和公平。

(三)学术研究机构

1. 组织发展状况

圣保罗州的学术研究机构包括大学、研究所、科研中心等。这些机构在科学研究、教育培训和知识创新方面发挥着重要作用。圣保罗州以其发达的经济和教育体系而闻名,拥有许多知名的学术研究机构和高水平的科研成果。

2. 特点

在圣保罗州的学术研究机构中,学术自由、合作交流和国际化是其主要特点。学术研究机构注重学术自由和独立性,研究人员有较大的自主权和学术选择权,他们可以自由地进行研究、探索和创新,追求知识的进步。同时,学术研究机构鼓励内外部的合作交流,推动学术界和产业界之间的合作。通常与企业、政府和其他研究机构建立合作伙伴关系,共同开展科研项目。此外,学术研究机构还积极参与国际学术交流与合作,促进学术知识的全球流动和共享。

3. 活动特点

学术研究机构致力于科学研究和知识创新,推动学科领域的发展。通过各种科学方法,不断探索和发现新的知识,开展基础研究和应用研究以推动学术界的进步。

学术研究机构重视人才培养,包括研究生、博士后的培养。它们提供高水平的教育培训和研究环境,注重学生的研究能力和创新精神,旨在培养高素质的研究人才,为学术界和社会的长远发展注入新的活力。

学术研究机构通过技术转移、咨询和社会服务等方式将研究成果应用于社会实践,为经济发展和解决社会问题提供支持。通过将研究成果转化为实际应用的方式为企业和社会提供咨询服务,推动创新和发展,以此促进社会进步。

二、卫生

（一）卫生管理机构

1. 组织结构

圣保罗州的卫生管理机构由州政府设立，属于卫生部门的一部分。通常由专业卫生人员、行政管理人员和政策制定者组成，他们共同管理和协调卫生相关事务。

2. 职责和职能

卫生管理机构制定和执行卫生政策，旨在促进、保护或恢复公众健康。此外，还负责监督卫生设施，制定预防措施，并实施、推广健康教育，管理卫生预算等。

3. 疫情应对

卫生管理机构在应对突发公共卫生事件和控制传染病方面起着关键作用，负责监测疫情，制定紧急预案，同时协调医疗资源，推广公共卫生相关措施等，以应对突发的公共卫生危机。

4. 医疗设施管理

卫生管理机构负责监督和管理州内的医疗设施，包括医院、诊所、卫生中心等，确保其符合卫生标准，促进其提供高质量的医疗服务。不仅如此，这些机构还与私营医疗机构和社区合作，以提供全面的医疗保健。

5. 健康教育和宣传

卫生管理机构开展健康教育活动，推广预防措施，向公众提供相关信息和资源，以此提高公众的健康意识和健康素养，并促进其形成健康的生活方式。

6. 预防措施和疫苗接种

卫生管理机构在预防措施和疫苗接种方面发挥着重要作用，具体表现在制定和推广疫苗接种计划、组织接种活动上，并监测疫苗覆盖率和效果，以控制传染病的传播和流行。

7. 数据收集和分析

卫生管理机构负责收集、分析和管理卫生数据，以评估卫生状况并制定相应的政策，监测疾病流行趋势、健康风险因素和卫生服务利用情况，同时根据数据提供决策支持和政策建议。

8. 医疗资源分配

卫生管理机构负责协调和管理医疗资源的分配，根据人口需求、卫生状况和紧急情况，制定资源分配计划，以满足不同地区和人群的医疗需求，确保医疗服务的平等和公正。

（二）医疗卫生体制及其特点

1. 卫生体制概况

在巴西，通过建立"统一医疗体系"（Sistema Único de Saúde，SUS），政府主导并融合市场补充的方式，实现了全体国民普惠医疗服务的目标。该体系涵盖三级医疗服务网络，包括由政府和私立机构组成的社区卫生服务机构、小型医院和大型医院，通过明确的任务分工和资源的合理利用，提升了卫生服务的效能。巴西宪法确保了全体国民享有免费医疗卫生服务的权利，政府主导卫生投入和社会保障税的筹集，以确保公立医疗机构为病人提供免费治疗。

2. 卫生体制特点

（1）全面的统一医疗体系

巴西的卫生体制采取了全面的"统一医疗体系"，旨在确保所有巴西公民都能平等享有医疗服务。这一体系由政府主导，同时还吸纳了市场力量加以补充，旨在确保资源的充分利用和服务的高效运作。

（2）三级医疗服务网络

卫生服务网络的分级管理是该体系的重要特征，包括社区卫生服务机构、小型医院和大型医院。这种分级管理不仅实现了对不同疾病和病情的针对性治疗,同时也确保了医疗资源的合理分配和利用。

（3）宪法保障的全民免费医疗制度

巴西宪法明确规定全体国民有权享有免费医疗卫生服务,政府主导卫生投入,其中社会保障税用于筹集卫生费用。这一制度的实施有助于降低医疗服务的经济门槛,使得医疗服务更加普惠。

（4）私人健康保险的辅助作用

巴西卫生体制中包括私人健康保险制度,大约25%～30%的公民选择购买私人健康保险。[①] 这一机制通过与私立医疗机构签订合同,为购买者提供额外的医疗服务和更高水平的医疗体验,为巴西卫生体系提供了额外的支持。

（5）任务功能分工和资源高效利用

卫生服务网络在任务功能上进行了明确的分工,社区卫生服务机构的任务是处理常见病症和提供初级卫生保健,而专科和大型医院则负责处理复杂的病例和紧急情况。这种明确的分工有助于提高医疗服务的效率,确保资源得以高效利用。

（6）灵活的人才培养和从业机制

这一机制注重医生的人才培养,医生是自由职业者,政府鼓励医生到基层工作。医生可以在公立医院、社区卫生服务机构和私立医院灵活从业,这种多点执业的机制不仅解决了基层医疗机构中医生短缺问题,同时也提高了医生的整体收入水平。

三、城市规划

（一）发展与规划

19世纪末,随着人口和经济的急速增长,该地区迅速崛起成为巴西最重要的城市之一。20世纪初,城市化进程的加速使得人口急剧膨胀,城市

---

① https://www.brasilcn.com/article/article_3606.html,查询日期：203年12月8日。

版图不断扩张。到了 20 世纪中期，圣保罗地区步入现代化阶段，大规模的基础设施建设和城市规划项目推动了城市的进一步发展。然而，自 20 世纪 80 年代起，受到城市中心拥挤和环境污染问题的影响，城市化开始逐渐呈现出分散化趋势，人口和产业纷纷向周边地区迁移。[①]

这座城市的历史发展轨迹，也为巴西当前的城市总体规划提供了历史经验。目前，圣保罗州的城市总体规划由城市发展与住房秘书处（Secretaria de Desenvolvimento Urbano e Habitação do Estado de São Paulo，SEDUH）牵头实施，旨在提升城市品质和竞争力，促进全方位的经济繁荣和社会进步。这一规划将州内城市细分为工业区、商业区、住宅区、休闲区和生态保护区等多个功能区域，通过科学的规划和设计，以实现城市的有序发展和布局的优化。[②] 因此，通过科学的方法和详尽的历史研究，新的城市总体规划有望更好地适应城市的发展需求，确保未来城市的宜居性，推动其实现可持续发展。

（二）分类规划

1. 住房政策规划

圣保罗州的公共住房政策在解决低收入和中等收入家庭住房需求方面采取了多项措施。首先，州政府成立了圣保罗州住房与城市发展公司（Companhia Paulista de Desenvolvimento Habitacional e Urbano，CDHU），该公司负责通过开发新项目、提供补贴和管理现有住房库存来为目标家庭提供住房。

其次，政府实施了公私合作住房项目（Parceria Público-Privada，PPP），通过与私营企业携手合作，共同推动低成本住房项目的发展，以满足低收入和中等收入家庭的住房需求。

---

① Giselle Kristina Mendonça Abreu.（2018）. Espaços de produção invisíveis em áreas metropolitanas: revelando a micromanufatura urbana no caso de São Paulo, Brasil. Cadernos Metrópole,20(43). https://doi.org/10.1590/2236-9996.2018-4306,查询日期：2023 年 12 月 8 日。

② https: //gestaourbana. prefeitura. sp. gov. br/arquivos/PDE-Suplemento-DOC/PDE _ SUPLEMENTO-DOC. pdf,查询日期：2023 年 6 月 6 日。

此外,政府还设立了房地产金融系统(Sistema Financeiro Imobiliário,SFI),为住房项目提供财政支持,特别是为低收入和中等收入家庭提供住房贷款补贴,以确保这些家庭能够负担得起住房。

政府还提供房屋补贴,协助符合条件的家庭购买或租用住房。该补贴可用于支付房租、房屋修缮费用或房产税。

为了加强对公共住房政策的监管,政府建立了相应的监管机制,以确保政策的有效实施和资金的合理使用。此外,政府还与民间组织合作,提高政策的透明度,并强化问责机制。

总体而言,圣保罗州的公共住房政策以公私合作、财政支持和监督管理为特点,为低收入和中等收入家庭提供了多层面的支持,致力于解决住房问题。[①]

2. 夜间照明

圣保罗市政府采取了一系列措施来改善夜间照明,促进城市发展。2015年,《大都会法案》(*Estatuto da Metrópole*)的通过强化了大都会区域的规划、管理和执行公共职能,有助于更全面地了解城市内部的发展动态。

此外,政府还通过圣保罗大都市规划公司(Empresa Paulista de Planejamento Metropolitano,EMPLASA)的城市发展规划,促进城市规划和区域经济的协调发展。然而,受到财政紧缩政策的限制,大都市规划公司的职能和活动也受到了一定的影响,为城市的规划和管理带来了一些挑战。[②]

3. 城市绿化

在城市绿化的建设方面,以圣保罗州圣若泽杜斯坎普斯市为例:该市制定了市政城市绿化计划(Plano Municipal de Arborização Urbana),用来诊

① Alvaro Luis dos Santos Pereira, Gabriel Maldonado Palladini. (2018). Parceria público-privada para construção de moradia popular: fundamentos institucionais para a expansão do mercado de habitação em São Paulo. Cadernos Metrópole, 20(43). https://doi.org/10.1590/2236-9996.2018-4312, 查询日期: 2023年12月8日。

② Manoel Lemes da Silva Neto, Danilo Mangaba de Camargo, Cimar Alejandro Prieto Aparicio. (2023). Índice de desenvolvimento intrametropolitano por luzes noturnas aplicado à Região Metropolitana de Campinas. urbe. Revista Brasileira de Gestão Urbana, 15. https://doi.org/10.1590/2175-3369.015.e20210329, 查询日期: 2023年12月8日。

断城市树木资源状况，规划绿化的发展和维护方向。

规划包含详细文档和地图，确定了优先绿化区域，并考虑了全市的树木分布情况。计划的具体实施依赖于相关法规，其中包括允许设立城市绿化和鼓励市民参与的法案。

规划由城市化和可持续发展秘书处（Secretaria de Urbanismo e Sustentabilidade）负责，强调综合性，同时考虑了绿地与城市可持续发展规划的一致性。其中详细讨论了适合城市道路的树木种类，并提及多功能性绿化和生态系统服务，包括吸收污染、屏障声音等。①

（三）规划管理

圣保罗州城市管理机构的主要部门包括圣保罗大都市规划公司，负责城市规划和管理城市发展。

州数据分析系统基金会（Fundação Sistema Estadual de Análise de Dados），负责收集和分析城市发展相关数据，为规划提供基础。

大圣保罗综合发展大都市咨询委员会（Conselho Consultivo Metropolitano de Desenvolvimento Integrado da Grande São Paulo，CONSULTI），为城市发展提供建议和指导。

大圣保罗地区议事委员会（Conselho Deliberativo da Grande São Paulo，CODEGRAN），负责审议和批准城市发展计划和项目。

大都市融资与投资基金（Fundo Metropolitano de Financiamento e Investimento，FUMEFI），负责城市发展项目的资金管理和投资。

这些机构在城市规划、发展和管理中发挥着至关重要的作用。然而，近年来政府的财政紧缩政策对它们的职能和活动造成了一定的影响。

---

① Luana Braz Villanova, Luciana Rodrigues Fagnoni Costa Travassos. (2023). Aplicação de uma matriz de análise de planejamento em infraestrutura verde no município de São José dos Campos. urbe. Revista Brasileira de Gestão Urbana, 15. https://doi. org/10. 1590/2175 - 3369. 015. e20220254，查询日期：2023 年 12 月 8 日。

四、环境保护

（一）环境质量

圣保罗州的环境质量受到了诸多因素的影响，包括城市化、工业化、交通和森林开采等。城市化和工业化的快速发展导致大量的污染物排放和垃圾产生，引发了空气、水、土壤和生物多样性等方面的问题。此外，交通和森林开采也对环境造成了不可忽视的影响。

1. 空气质量

虽然圣保罗州空气中的颗粒物和二氧化氮浓度一直在下降，但其污染水平仍远高于世界卫生组织规定的标准水平。根据能源与环境研究所（Institute of Environmental Management and Assessment，Iema）的分析，21世纪初，圣保罗市颗粒物浓度是目前世卫组织标准（2021 年底更新）的 3 至5 倍。现今圣保罗市空气中 PM10（粒径在 10 微米以下的颗粒物）的浓度仍

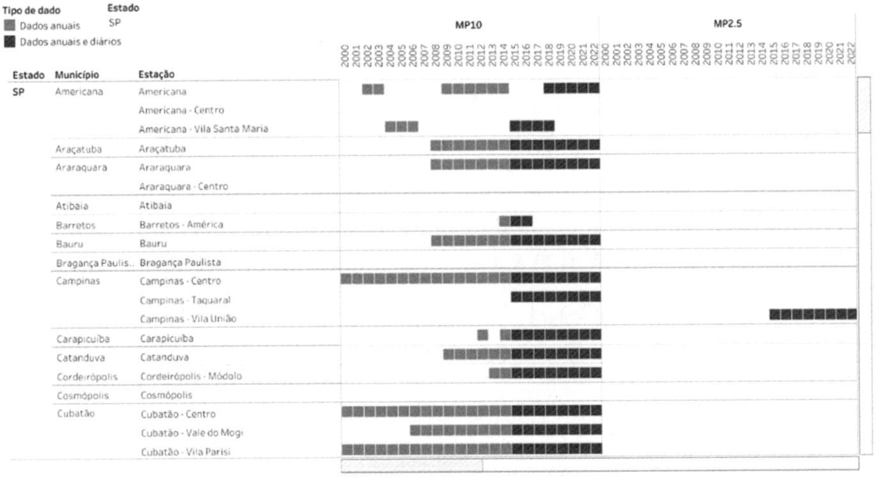

图 4-1　圣保罗实时部分空气质量监测①

---

① https://energiaeambiente.org.br/qualidadedoar/，查询日期：2023 年 5 月 20 日。

为世卫组织标准的 2 倍,PM2.5(粒径在 2.5 微米以下的颗粒物,由于粒径小,对人体健康和大气环境质量的影响更大)浓度是世卫组织标准的 3 至 4 倍。[①]

（1）水质

整体水质有小幅度改善,表现为水质良好的监测点数量从 2022 年的 6 个增加到 2023 年的 10 个,水质差的监测点数量从 20 个减少到 13 个,但极差水质的监测点数量和位置保持不变,如圣保罗的皮涅罗斯河(Pinheiros)。

部分河流水质有明显变化,如容迪亚伊(Jundiaí)河在萨尔托(Salto)市的监测点水质从一般提升到良好;巴莱尼奥(Balainho)河在苏萨诺(Suzano)市的监测水质曾有改善,2023 年又回到一般水平。[②]

RESULTADOS	2022		2023	
ÓTIMA	0	0%	0	0%
BOA	6	10.5%	5	8.8%
REGULAR	38	66.7%	40	70.2%
RUIM	10	17.5%	9	15.8%
PÉSSIMA	3	5.3%	3	5.3%
TOTAL	57	100%	57	100%

图 4-2　2022 年和 2023 年圣保罗州平均水质测量比较结果[③]

（2）降水

2023 年累计降水量达 1 832.4 毫米,较同期气候平均值高 15%(多 250.2 毫米),主要归因于 2 月和 10 月的降水盈余。[④] 春季总降雨量在 178.8 毫米

---

① https://www.br-cn.com/static/content/news/br _ news/2022-05-30/980796467042463744. html,查询日期：2023 年 5 月 20 日。

② https://acervo.socioambiental.org/sites/default/files/documents/n1d00008 _ 0.pdf,查询日期：2024 年 11 月 2 日。

③ https://acervo.socioambiental.org/sites/default/files/documents/n1d00008 _ 0.pdf,查询日期：2024 年 11 月 2 日。

④ https://portal.inmet.gov.br/uploads/notastecnicas/BOLETIM-SP _ CAPITAL _ DEZEMBRO_2023_acs.pdf,查询日期：2024 年 11 月 2 日。

到 680.8 毫米之间;冬季降雨量为 88.7 毫米,较季节平均值(154 毫米)低 42%,降雨天数共 10 天。[1] 其中,圣保罗州的坎波斯杜若尔当(Campos do Jordão)降水天数最多,年降水天数高达 264 天。[2]

	Jan	Few	Mar	Abr	Mai	Jun	Jul	Ago	Set	Out	Nov	Dez	ANO
Registro (mm)	211	428.9	239.2	104.6	51.5	45.6	11	28.3	77.6	356	182.8	95.9	1 832.4
Normal (mm)	292.1	257.7	229.1	87	66.3	59.7	48.4	32.3	83.3	127.2	143.9	231.3	1 658.3

图 4-3　2023 年圣保罗州各月降水数据表与平均值[3]

(3) 污水处理

巴西圣保罗州在污水处理方面整体表现突出。2023 年巴西 20 个最佳城市卫生设施排名中,圣保罗州就有 8 个城市位列之中。其中圣若泽杜斯坎普斯、皮拉西卡巴、马里利亚等城市的污水处理率达到 100%,处于领先地位;圣安德烈、索罗卡巴、圣卡洛斯等城市的污水处理率亦处于较高水平,这些广泛分布的高处理率城市充分彰显了圣保罗州在污水处理领域的强劲实力。同时,部分城市如圣安德烈、圣若泽杜斯坎普斯、皮拉西卡巴等不仅污水处理率高,污水收集率也达到 100%,实现了污水收集与处理的协同发展。这些城市的优异表现极大提升了圣保罗州整体的污水处理平均水平,使其在巴西各州中名列前茅,对巴西全国污水处理指标(100 个大城市平均污水处理率为 63.30%)起到积极的拉动作用,并且为其他州和城市提供了极具价值的经验借鉴。[4]

---

① https://portal. inmet. gov. br/uploads/notastecnicas/SP_BALAN%C3%87O－_INVERNO_ 2023-r-1-rr. pdf,查询日期,2024 年 11 月 2 日。

② https://www. researchgate. net/publication/378178451_ BOLETIM _ ANUAL _ DE _ PRECIP ITACAO_NO_BRASIL_2023,查询日期:2024 年 11 月 2 日。

③ https://www. researchgate. net/publication/378178451_ BOLETIM _ ANUAL _ DE _ PRECIP ITACAO_NO_BRASIL_2023,查询日期:2024 年 11 月 2 日。

④ https://tratabrasil. org. br/wp-content/uploads/2023/03/Press-release-ATUALIZADO-Ranking- do-Saneamento—2023. pdf,查询日期:2024 年 11 月 3 日。

Municipios com indicadores positivos	UF	（%）população com acesso à coleta de esgoto
São Paulo	SP	100
Santo André	SP	100
Osasco	SP	100
Diadema	SP	100
Piracicaba	SP	100

图 4-4　圣保罗州污水收集指标情况①

（4）城市河流与管理

在水资源分布方面,圣保罗州约86%的地区位于巴拉那河流域,水资源量总体较大,尤其西部含水层为城市供水和工业用水提供了重要来源,但部分流域水资源利用不均衡。在22个流域中,多数流域用水未达供应的50%,然而上铁特盆地河(Rio Alto Tietê)流域用水量已超水资源可供应量,需从由皮拉西卡巴河、卡皮瓦里河(Rio Capivari)和容迪亚伊河形成的流域调水。②

城市水资源污染影响了部分地区的水资源质量,进而影响水资源的可利用性。地下水过度开采问题严重,部分含水层为化石含水层,再生缓慢,且存在污染风险,目前尚无有效去污技术。针对这些情况,圣保罗州实施了一系列管理措施与规划。在法律层面,1991年建立了综合水资源管理系统(Sistema Integrado de Gerenciamento de Recursos Hídricos, SIGRH),1993年创建了圣保罗州水资源秘书处(Secretaria Estadual de Recursos Hídricos),逐步构建起水资源管理体系。管理机构方面,建立了圣保罗州水资源委员会(Conselho Estadual de Recursos Hídricos, CRH)、流域委员会(Comitês de Bacias Hidrográficas)等。圣保罗州水资源委员会负责制定和监督水资源政策实施,由政府、市政和民间社会代表组成;流域委员会负责区域水资源决

---

① https://tratabrasil. org. br/wp-content/uploads/2023/03/Press-release-ATUALIZADO-Ranking-do-Saneamento—2023. pdf,查询日期:2024年11月3日。

② https://www. scielo. br/j/cebape/a/KckKkSpvgRXkdGtFqwbdrZJ/,查询日期:2024年11月3日。

策,其组成遵循三方平等原则,全体会议是最高决策机构,下设执行秘书和相关工作单位,负责管理水资源相关项目和计划。财政上,设立了圣保罗州水资源基金(Fehidro Estadual de Recuirsos Hídricos,FEHIDRO)为水资源管理提供支持,资金来源包括圣保罗市政府预算、联邦能源利用补偿及未来的水资源使用收费,其资金结构创新,允许各流域委员会管理自有资源。

（二）环境管理机构

1. 组织结构

圣保罗州环境管理机构由州政府设立,隶属于环境部门,通常由环境专家、行政管理人员和政策制定者组成,他们共同协调和管理环境事务。

2. 职责和职能

圣保罗州环境管理机构的职责是制定和执行环境保护政策,确保该州的自然资源和环境得到合理的利用和保护,主要负责监督环境污染、土地利用、水资源管理、生物多样性保护等方面的工作,并制定相关的政策法规。

3. 自然资源管理

圣保罗州环境管理机构负责管理和保护圣保罗州的自然资源,包括森林、水域、土地等,通过制定合理的自然资源利用规划,推动可持续发展,保护生态系统的完整性和稳定性。

4. 环境监测和评估

圣保罗州环境管理机构负责监测和评估该州的环境状况,通过收集环境数据和实地调查,评估环境质量、生态系统健康状况以及潜在的环境风险,以提供支撑环境政策和相关决策的科学依据。

5. 环境教育和宣传

圣保罗州环境管理机构开展环境教育活动,推广可持续发展的理念和实践,向公众提供相关信息和资源,以此提高公众的环境意识和环境素养。

6. 环境规划和可持续发展

圣保罗州环境管理机构参与制定该州的环境规划和可持续发展战略,

与其他相关部门合作，制定环境政策、规划环境保护区域、促进环境友好型产业和能源的发展，以实现经济发展与环境保护的协调。

（三）环境污染治理

圣保罗州政府采取了多项措施以治理环境污染，其中最为重要的是加强对企业的环境监督和管理。政府通过建立环保法规和标准，对企业进行环境评估和监测，并对造成环境污染的企业进行处罚。同时，政府还通过财政、税收等手段，鼓励企业采取环保措施，提高企业环保意识。

不仅如此，政府还通过加强环境监测与信息披露、促进公众环保意识提升和加强环保宣传等措施，提高公众对环境污染的关注度。同时，还通过推广环保技术和生产方式，推动对污染治理技术的研发和推广，实现环境治理的科学化与规范化。这些措施的实施不仅促进了圣保罗州的可持续发展，同时也为全球环境治理和可持续发展做出了贡献。

五、民政

（一）管理机构

民政管理机构主要包括社会发展秘书处（Secretaria de Desenvolvimento Social）、地区社会援助与发展局（Diretorias Regionais de Assistência e Desenvolvimento Social，DRADS），以及州社会援助委员会（Conselho Estadual de Assistência Social）。

社会秘书发展处是巴西圣保罗州政府的核心机构之一，负责协调和实施社会发展政策，包括规划和政策的制定、展开社会援助，为弱势群体提供支持，同时还会承担社会计划和项目管理等职能。这个机构的内部结构层次分明，所设部门或单位各司其职，形成了一个完整的管理体系。

地区社会援助与发展局在解决地方性问题方面发挥着至关重要的作用。该委员会负责区域内的社会发展，协调和推动援助项目的落地与实施，其内部结构较为分散，涵盖多个区域和领域，具体包括区域发展规划、社会援助项目管理以及区域间的合作和协调。通过该委员会的工作，圣保罗州各个区域能够更加有效地推动援助项目的实施和社会发展。

圣保罗州社会援助委员会负责协调和监督社会援助政策的制定与实施，其内部结构相对集中，承担包括社会援助政策的制定、资源的管理分配和监督评估，以及国际合作和交流等职能。这个机构可以确保社会援助政策与国家发展战略相一致，并监督社会援助项目的实施和效果。

这些民政管理机构在制定政策、管理资源、协调项目以及促进国内外合作交流等方面均发挥重要的作用，推动实现社会公平、促进可持续发展，提高社会福利，同时保障服务质量及其覆盖范围。

（二）社会救助

圣保罗州构建了一个多层次的社会援助体系，包括现金补助、福利项目以及多样的服务设施，旨在确保社会中的弱势群体能够获取必要的经济支持和福利保障。这些措施不仅有助于低收入家庭、失业者、残疾人、孤儿和老年人等群体在经济上得到支持，还有助于完善社会保障体系，促进其实现进一步的发展。

在社区层面，该州积极设立了各类社会服务设施，包括托儿所、福利中心和庇护所等，这些设施为儿童、老年人、残疾人等提供日常照料、康复护理和紧急援助等服务。

教育和培训也是圣保罗州关注的两个重点。政府提供免费教育、职业培训和技能提升课程，以帮助贫困家庭和弱势群体获得就业机会，实现经济独立。

此外，圣保罗州还积极推行各种社会福利项目，以提升社会福祉和生活质量。这些项目覆盖健康保健、住房改善、饮水安全、食品补助以及儿童保护等多个领域，旨在满足居民的基本需求，提高社会整体福利水平。

（三）公益慈善

除了政府的社会救助措施，圣保罗州还鼓励和支持公益慈善组织的发展。这些组织通常是非政府组织或慈善基金会，通过筹集资金、组织志愿者和开展各种项目来为需要帮助的人群提供支持和服务。这些公益慈善组织在圣保罗州开展各种活动，包括提供食物和日常用品、提供医疗服务、进行教育资助和开展培训活动等，以帮助贫困家庭、流浪者、孤儿、残疾人和其他弱势群体改善生活条件，提供人道援助和基本的生活支持。

圣保罗州的公益慈善组织通常与政府部门、企业和社区合作，共同推动社会救助工作。政府提供资源和政策支持，企业提供资金和物资，社区提供场地和志愿者，由三方共同推动，以实现社会救助的最大效益。这种合作模式有助于整合社会资源，加强救助项目的覆盖范围和效果。

与此同时，圣保罗州还通过开展社会宣传和教育活动来提高公众对社会救助的意识和参与度。

政府、企业和社会各界的合作与参与，共同推动了圣保罗州公益慈善事业的发展和完善，这不仅满足了弱势群体的基本需求，为弱势群体提供关爱和支持，也促进了社会的凝聚和团结。

附　录

一、组织机构

（一）政府部门

1. 圣保罗州消防局（Corpo de Bombeiros da Polícia Militar do Estado de São Paulo）

简介：圣保罗州消防局的主要任务是在圣保罗州内执行民防活动、预防和灭火、搜查、救援和公共援助。它目前是巴西和拉丁美洲最大的消防局，同时也是巴西军队的辅助和预备役部队，是巴西公共安全和社会防御系统的组成部分。

网址：https://www.bombeiros.sp.gov.br。

2. 圣保罗州民事办公室(Casa Civil do Estado de São Paulo)

简介：圣保罗州民事办公室负责协调、规划和执行与政府行动整合相关的指导方针和政策；分析提案的可行性以及与政府指导方针的兼容性；事先核实政府行为的合法性；促进公共政策分析。旨在制定促进国家发展和提高人民生活质量的战略指导方针。

网址：https://www.casacivil.sp.gov.br。

3. 州协调社区安全委员会(Coordenadoria Estadual dos Conselhos Comunitários de Segurança)

简介：州协调社区安全委员会是负责维护社区安全与稳定的重要机构。该委员会由社区居民代表、相关政府部门及安全专家组成，旨在通过制定和执行有效的安全管理政策，确保社区内居民和财产的安全。此外，社区安全委员会还负责建立信息情报系统，搜集、传递、整理、统计和分析社区治安信息，为社区安全管理工作中的各项决策提供依据。通过这一系统，委员会能够及时了解社区内的安全状况，采取相应措施预防和处理各类安全问题。

网址：https://www.desenvolvimentosocial.sp.gov.br。

4. 社会发展秘书处(Secretaria de Desenvolvimento Social)

简介：社会发展秘书处负责制定与州公共行政、社会发展相关的政策。社会发展秘书处包括四个相关机构：州社会援助委员会、州儿童和青少年权利理事会（Conselho Estadual dos Direitos da Criança e do Adolescente, CONDECA）、州老年人理事会(Conselho Estadual do Idoso, CEI)和圣保罗州双重管理委员会(Comissão Intergestores Bipartite do Estado de São Paulo, CIB)。

网址：https://www.desenvolvimentosocial.sp.gov.br。

5. 圣保罗州城市发展和住房秘书处

简介：圣保罗州城市发展和住房秘书处负责制定和实施与城市规划和住房政策相关的战略和计划，旨在确保城市的和谐增长，优化资源配置，以及提供安全、舒适和可持续的居住环境。城市发展和住房秘书处的工作涉及多个方面，包括城市基础设施规划、土地使用管理、住房政策制定、住房保障体系建设等。通过科学规划和精细管理，促进城市的可持续发展，改善居民的生活质量,并推动城市经济、社会和环境的协调发展。

网址:https://www.seduh.df.gov.br。

6. 圣保罗州体育秘书处(Secretaria de Esportes)

简介:圣保罗州体育秘书处成立于1965年1月25日,前身为圣保罗州体育和旅游事务秘书处(Secretaria de Estado dos Negócios de Esporte e Turismo do Estado de São Paulo),根据2011年1月1日第56635号法令,更名为体育秘书处。该部门负责管理和实施本州的体育活动,包括制定政策,向州政府提出有关体育、休闲的指导方针;宣传和促进体育与休闲的发展;与公共和私营实体合作,直接或间接地制定和实施与体育、休闲有关或针对青年的计划、项目和活动;促进和鼓励与国内外类似组织和机构的交流与合作。

网站:https://www.esportes.sp.gov.br。

7. 圣保罗州战略项目特别秘书处(Secretaria Especial de Projetos Estratégicos do Estado de São Paulo)

简介:圣保罗州战略项目特别秘书处专注于策划、推动和实施重要的战略项目及政策,以支持该州的可持续发展、经济繁荣和社会进步。该组织与不同地区和不同层级的联邦公共行政机关以及私人实体进行沟通和协作,共同研究和确定促进国家发展、消除社会不平等的最有效战略,为构建民主法治国家奠定坚实基础。

网址:https://www.prefeitura.sp.gov.br/cidade/secretarias/governo/secretaria_executiva_de_projetos_estrategicos。

8. 圣保罗州公共安全秘书处(Secretaria de Estado de Segurança Pública de São Paulo)

简介:圣保罗州公共安全秘书处就公共政策提出研究和指导方针,旨在精准预防和打击暴力、犯罪,除了对现行立法提出建议之外,还负责监测公共安全行动、公共支出的目的和用途。

网址:http://www.ssp.df.gov.br。

9. 圣保罗州卫生秘书处(Secretaria de Estado da Saúde de São Paulo)

简介:圣保罗州卫生秘书处负责在统一卫生系统(Sistema Único de

Saúde，SUS)原则的指导下制定国家卫生政策及其指导方针,专注于公共卫生事务的管理与服务。该秘书处致力于提升全州居民的健康水平,通过制定和实施卫生政策、规划公共卫生项目、监督医疗服务质量,以及开展健康教育与预防活动等多种手段,实现疾病防控、医疗服务改善和健康促进的目标。

网址：https：//www.saopaulo.sp.gov.br。

10. 圣保罗州司法与公民事务秘书处（Secretaria de Justiça e Cidadania do Estado de São Paulo）

简介：圣保罗州司法与公民事务秘书处负责维护法律秩序、保护公民权益和促进公民参与。圣保罗州司法和公民秘书处负责维护法律秩序、保护公民权益和促进公民参与。该秘书处通过有效的司法管理、法律服务和公民教育,为圣保罗州的居民提供公正、平等和尊重的法治环境。它监督和管理司法系统,提供法律援助,同时积极推动公民参与和社区发展,以建设一个更加公正、包容和繁荣的社会。

网址：https://justica.sp.gov.br。

11. 圣保罗州监狱管理秘书处（Secretaria da Administração Penitenciária do Estado de São Paulo）

简介：圣保罗州监狱管理秘书处是圣保罗州政府监狱管理系统的核心机构,负责确保监狱安全、有序运营,维护囚犯人权,提供改造和教育服务,推动囚犯社会再融入。这些措施遵循《刑事执行法》(Lei de Execuções Penais),尊重人的尊严和权利。监狱政策由国家监狱司(Departamento Penitenciário Nacional)制定,由各州和市政当局执行。监狱管理和再社会化秘书处(Secretária da Administração Penitenciária e Ressocialização)促进国家与市政当局间的合作,以提供全面的服务。

网址：https：//www.seap.ba.gov.br/pt-br/content/sobre-seap。

12. 圣保罗州残疾人权利秘书处(Secretaria de Estado dos Direitos da Pessoa com Deficiência de São Paulo）

简介：圣保罗州残疾人权利秘书处是负责促进、保护和捍卫残疾人权益的机构。该机构致力于提高残疾人的生活质量,推动他们的社会参与,确保他们享有与其他公民同等的权利和机会。该机构的工作范围包括制定和实施相关政策、计划和项目,改善残疾人的教育、就业、医疗、康复、文化体育等方面的状况。它通过与政府部门、社会组织和私营部门的合作,推动资源的整合和优化配置,为残疾人提供全方位的支持和服务。

网址:https://www.pessoacomdeficiencia.sp.gov.br。

13. 妇女政策秘书处(Secretaria de Políticas para Mulheres)

简介:妇女政策秘书处致力于推动性别平等,消除源自父权制和社会的各种偏见与歧视。该机构自2003年创立以来,一直努力支持妇女参与巴西的社会、经济、政治和文化发展,以构建一个更公正、平等和民主的社会。其影响主要体现在三大领域:促进妇女劳动参与和经济自主;应对暴力侵害妇女行为;推动卫生、教育、文化、政治参与、性别平等和多样性等领域的妇女方案和行动。此外,它还开展具有民族性质的教育活动,并与国内外公共和私人组织合作实施项目和计划。

网址:https://www.mulher.sp.gov.br。

14. 圣保罗州公路警察局(Polícia Rodoviária do Estado de São Paulo)

简介:圣保罗州公路警察局负责整个圣保罗州公路网的公共交通治安并维护公共秩序。

网址:https://www4.policiamilitar.sp.gov.br/unidades/cprv。

15. 社区手工艺工作分秘书处(Subsecretaria do Trabalho Artesanal nas Comunidades)

简介:社区手工艺工作分秘书处与经济发展、科学、技术和创新秘书处(Secretaria de Desenvolvimento Econômico, Ciência, Tecnologia e Inovação, SDECTI)进行合作,是一个专注于促进社区手工艺工作发展的机构。该机构通过提供培训、资源和市场机会,帮助社区成员发展手工技能,并将其转化为可持续的生计方式。通过支持传统手工艺的传承与创新,该机构不仅助力了社区的经济发展,还促进了文化的传承与保护。同时,该机构也致力于加强社区与市场的联系,为手工产品拓展更广阔的销售渠道,提升社区成员的收入水平和生活质量。

网址：https：//www. saopaulo. sp. gov. br/orgaos-e-entidades/autarquias/ sutaco。

（二）公共机构

1. 圣保罗州学校供餐委员会

2. 圣保罗州教育委员会(Conselho Estadual de Educação)

3. 圣保罗州研究支持基金会(Fundação de Amparo à Pesquisa do Estado de São Paulo)

简介：圣保罗州研究支持基金会成立于1960年,该基金会支持圣保罗州的高等教育和科研发展,为研究人员提供资金、资源和指导,以推动创新知识的产生和应用。作为巴西科研领域的重要力量,基金会不仅支持各个学科领域的基础研究,还关注跨学科研究以及与社会、经济和环境问题紧密相关的研究项目。

网址：https：//www. fapesp. br。

4. 圣保罗社会保障办事处(São Paulo Previdência)

简介：圣保罗社会保障办事处目前已经全面接管了圣保罗州所有权力机构、部门和实体单位的行政退休及养老金管理事务,目的在于确保社会保障福利完全符合联邦立法为社会保障体系所设定的标准和要求。该机构在圣保罗州的社会保障体系中发挥着至关重要的作用,确保公务员和军事人员能够按时足额地领取到他们应得的养老金和退休金。

网址：https：//www. spprev. sp. gov. br。

5. 以色列阿尔伯特爱因斯坦医院(Hospital Israelita Albert Einstein)

简介：以色列阿尔伯特爱因斯坦医院成立于1955年6月4日,是由圣保罗市的犹太社区创建的。它是巴西最著名的卫生机构之一,以提供优质的护理服务、先进的医疗设备和专业的医疗团队而著称。机构内设有病理学等专业学科,致力于为患者提供全面的医疗服务。该机构重点关注高度复杂的医学领域,如心脏病学、肿瘤学、骨科、神经学和外科等。

网址：https：//www. einstein. br/Pages/Home. aspx。

（三）社会组织

1. 圣保罗州教育发展基金会（Fundação para o Desenvolvimento da Educação do Estado de São Paulo）

简介：圣保罗州教育发展基金会自 1987 年 6 月 23 日成立以来，一直负责执行圣保罗州教育秘书处制定的教育政策。其核心任务包括确保国家公共教育网络的顺畅运作，以及通过实施各种方案、项目和行动来提升教育质量。为实现这些目标，基金会除了着力推进基础设施建设，还关注教育质量的提升。它管理着学校绩效评估系统，通过定期评估来监控和改进学校的教学质量。

网址：https：//www. fde. sp. gov. br。

2. 圣保罗州补充养老金基金会（Fundação de Previdência Complementar do Estado de São Paulo, PREVCOM）

简介：圣保罗州补充养老金基金会是一个非营利实体，拥有行政、财务和人力资源管理自主权，主要负责管理圣保罗公务员的补充养老金计划。通过公务员每月缴纳工资的一定百分比来形成财务储备，目标是确保参保者的退休保险福利。

网址：https：//www. prevcom. com. br。

3. 州数据分析系统基金会（Fundação Sistema Estadual de Análise de Dados）

简介：州数据分析系统基金会是专注于收集、处理和分析圣保罗州公共数据的机构，旨在为政府决策提供高质量的数据分析和政策建议，以支持圣保罗州的可持续发展。

网址：https：//www. seade. gov. br。

（四）民意调查机构

1. 圣保罗投资与竞争力促进局（Agência Paulista de Promoção de Investimentos e Competitividade）

简介：圣保罗州投资与竞争力促进局主要负责推动该州的投资活动，

提升竞争力。通过为投资者提供一站式服务、市场情报、政策咨询和对接当地资源，吸引国内外企业到圣保罗州投资，同时支持当地企业的成长和创新，以提升整个州的经济竞争力和可持续发展水平。

网址：https：//www.investe.sp.gov.br。

2. FSB 调查研究所(Instituto FSB Pesquisa)

简介：FSB 调查研究所是巴西的一家知名市场研究公司，专门从事各种领域的社会经济研究和市场调查。该公司为政府机构、企业、非营利组织和其他客户提供准确、及时和深入的市场情报和数据分析。FSB 调查研究所的研究范围广泛，包括但不限于消费者行为、品牌形象、市场竞争力、行业趋势、政策影响等方面。它运用多种研究方法和技术，如问卷调查、面对面访谈、在线调查、数据分析等，以获取最全面和可靠的信息。

网址：https：//www.institutofsbpesquisa.com.br。

3. 巴西研究和咨询情报机构(Inteligência em Pesquisa e Consultoria Estratégica)

简介：巴西研究和咨询情报机构在市场研究、舆论分析、政治咨询以及情报收集等多个领域扮演着重要角色。该机构专注于深入洞察并理解各种观众、利益相关者以及市场的反应和意见。通过运用先进的研究方法和工具，将复杂的信息转化为具有战略价值的见解，进而支持用户在做出关键决策时能够参考充分、准确的数据和分析。在政治领域，该机构还能够提供关于公众意见、媒体舆论以及社会动态等方面的深入分析。这对于政治家、政策制定者以及利益集团来说至关重要，因为它能够帮助他们更好地了解民意，预测潜在的政治风险，并制定出更加精准的政策和战略。

网址：https：//www.ipec-inteligencia.com.br。

4. 巴拉那研究所(Instituto Paraná Pesquisas)

简介：巴拉那研究所在巴西市场深耕 32 年，是政治研究、民意研究和市场研究的参考机构。

网址：https：//www.paranapesquisas.com.br。

5. 薪资网(Salário)

简介：薪资网提供了巴西所有职业的薪水以及劳动力市场的统计数据。

网址：https：//www.salario.com.br。

（五）外国调查机构

1. 普华永道(Pricewaterhouse Coopers)

简介：普华永道是全球领先的专业服务机构之一，由普华会计师事务所和永道会计师事务所在 1998 年合并而成。作为全球最大的会计师事务所之一，普华永道在审计、税务咨询和企业管理服务等多个领域拥有丰富的经验和卓越的专业能力。该公司在全球 150 多个国家和地区设有分支机构，拥有超过 15.5 万名员工，致力于为客户提供高质量、全面性的专业服务。普华永道在业界享有很高的声誉，其服务涵盖了众多行业和领域，包括金融、能源、制造业、科技、医疗等。

网址：https：//www.pwc.com.br/pt。

2. 太比特咨询公司(Torabit Consulting Company)

简介：太比特咨询公司为全球信息通信领域技术和宽带社区提供分析、预测和战略咨询服务。它还提供海底电缆、地面光纤网络、卫星地面站、微波网络和其他服务。

网址：https：//www.terabitconsulting.com。

二、学术研究

（一）智库

1. 瓦加斯基金会数字图书馆(Biblioteca Digital FGV)

简介：瓦加斯基金会数字图书馆创建于 2008 年，旨在保护和提升热图利奥·瓦加斯基金会的科学成果在国内外的知名度。

网址：https：//sistema.bibliotecas.fgv.br/bibliotecas/biblioteca-digital。

2. 巴西分析与规划中心(Centro Brasileiro de Análise e Planejamento)

简介：巴西分析与规划中心自 1969 年成立以来，便成为巴西知识生产领域的重要力量。其研究领域广泛而深入，涵盖了发展、创新、可持续性、城市规划、社会流动性、不平等、人口学、健康、教育、社会运动、民主、暴力、人权、种族、性别、宗教以及毒品等多个方面。这些研究不仅为学术界提供了丰富的学术资源，同时也为公共机构、民间协会和企业的决策提供了重要的参考。

网址：https://www.cebraspe.org.br。

3. 圣保罗州社会医学和犯罪学研究所(Instituto de Medicina Social e de Criminologia de São Paulo)

简介：圣保罗州社会医学和犯罪学研究所的历史可追溯至 1970 年，自那时起，它便以法律医学和法医科学为核心任务，开始了其正式运作。其主要职责是为圣保罗州的相关当局提供法医检查服务，包括临床和精神病学的法律医学评估，以及遗传联系调查(如 DNA 测试)。

网址：https://imesc.sp.gov.br。

4. 阿道夫·卢茨研究所(Instituto Adolfo Lutz)

简介：阿道夫·卢茨研究所主要负责环境、流行病学和卫生监测工作。该机构在公共卫生领域拥有丰富的研究经验和专业知识，致力于保障人们的健康和安全。该研究所的主要工作内容包括疾病监测、疫情调查、公共卫生风险评估和应对策略制定等。通过收集和分析环境、食品、水源等样本，研究所能够及时发现和控制疾病传播的风险，为政府决策提供科学依据。此外，该机构还积极开展国际合作与交流，与世界各地的公共卫生机构和研究机构保持密切联系，共同应对全球公共卫生挑战。2020 年新冠疫情期间，该所与圣保罗大学和牛津大学合作，参与了巴西首例病毒的诊断和测序。

网址：https://www.ial.sp.gov.br。

5. 但丁·帕扎内塞心脏病研究所(Instituto Dante Pazzanese de Cardiologia)

简介：但丁·帕扎内塞心脏病研究所是巴西心血管领域的顶尖学术

和医疗中心。该研究所与圣保罗州政府和圣保罗大学紧密合作,专注于教学、研究和推广,位于圣保罗市,靠近伊比拉普埃拉公园,由但丁·帕扎内塞博士创立,并在阿迪布·贾特内(Adib Jatneh)博士的领导下成为多种外科技术的先驱,包括南半球首次使用支架进行血管重建。若泽·爱德华多·索萨(José Eduardo Souza)博士则在此基础上,开创了药物恢复技术的先河。

网址:https://www.dantepazzanese.org.br。

6. 赛洛科学电子图书馆(The Scientific Electronic Library Online)

简介:赛洛科学电子图书馆是一个在线平台,提供广泛的开放的科学文献资源。它汇集了来自世界各地的学术期刊、书籍、论文和其他科学研究成果,涵盖了多个学科领域。致力于促进科学知识的传播和共享,为全球科研人员和学者提供了一个便捷、高效的学术资源获取途径。

网址:https://old.scielo.br/scielo.php。

(二)高校机构

1. 圣保罗大学商学院(Faculdade de Economia, Administração, Contabilidade e Atuária da Universidade de São Paulo)

简介:圣保罗大学商学院专注于提供高质量的经济、管理、会计和精算方面的教育和研究。学院致力于培养具有创新思维、国际视野和卓越能力的专业人才,以应对日益复杂多变的全球经济环境。学院拥有一支由资深学者和行业专家组成的师资队伍,提供从本科到研究生的多层次教育项目,并与多家企业和机构建立了紧密的合作关系,为学生提供了丰富的实践机会和就业前景。

网址:https://www.fea.usp.br。

2. 圣保罗大学暴力研究中心(Núcleo de Estudos da Violência da Universidade de São Paulo)

简介:圣保罗大学暴力研究中心是圣保罗大学的研究中心之一,属于哲学、文学和人文科学学院(Faculdade de Filosofia, Letrase Ciências

Humanas）。1987 年以来，它研究的主要问题涉及巴西民主巩固过程中持续存在的暴力和侵犯人权之间的复杂关系，通过跨学科方法在暴力、民主和人权相关问题的讨论中开展研究，并培训研究人员。该中心成立 30 多年来，开发了一系列研究项目和推广课程。

网址：https：//nev. prp. usp. br。

（三）重要学者

1. 路易斯·安东尼奥·马查多·达席瓦尔（Luiz António Machado da Silva）

简介：生于 1941 年，逝于 2020 年 9 月 21 日。作为城市社会学和暴力研究的先驱，他致力于探究巴西社会深层次的问题，为学术界和社会带来了深刻的洞见。他在罗格斯大学获得了社会学博士学位（1979 年），并在国家博物馆获得了社会人类学硕士学位（1971 年）。

代表作品：《暴力社会：解读当代巴西城市犯罪》（*Sociabilidade violenta：por uma interpretação da criminalidade contemporânea no Brasil urbano 2004*）；《里约热内卢贫民窟——昨天和今天》（*Favelas Cariocas －Ontem e Hoje*）；《被围困的生活——里约热内卢贫民窟的暴力行动和日常生活》（*Vida Sob Cerco －Violência e Rotina nas Favelas do Rio de Janeiro*）

研究领域：主要关注巴西贫民窟、暴力、劳动和社会运动等核心社会问题，他运用社会理论和城市社会学的视角，对这些议题进行了深入而系统的研究，为巴西社会学的发展做出了卓越的贡献。

（四）学术期刊

1.《启示》（*Iluminuras*）

简介：《*Iluminuras*》是一本关于人类学和民族志研究的杂志。它发表关于社会、城市群体、传记、民族志收藏、社会冲突、世代、种族、艺术和现代城市社会等各种主题的文章。

网址：https：//seer. ufrgs. br/iluminuras。

2.《圣保罗视角》（*São Paulo em Perspectiva*）

简介：《圣保罗视角》自 1987 年 4 月创刊以来，每半年发行一次。其目的是通过传播论文、学术研究理论等，讨论与国家有关的主要社会经济议题，努力成为传播科学生产的工具，通过建设一个开放和民主的空间来确保思想的多元化，在这个空间中，关于同一主题的不同声音代表了各种意见潮流。

网址：https：//www. scielo. br/j/spp。

3.《社会学》（*Sociologias*）

简介：《社会学》是南里奥格兰德联邦大学（Federal University of Rio Grande do Sul，UFRGS）哲学与人文科学研究所（IFCH）关于社会学研究生课程的季刊，其目的是促进关于当代社会学主要问题（理论和方法论）的探讨。

网址：https：//seer. ufrgs. br/sociologias。

三、数据调查

（一）国家住户抽样调查（Pesquisa Nacional por Amostra de Domicílios，PNAD）

简介：国家住户抽样调查是巴西地理统计局自 1967 年开始每年进行的一次调查。该调查的主要目的是查明人口的一般特征，包括教育、工作、收入和住房方面的数据。此外，调查还根据国家的信息需要，定期提出其他问题，并通过各种指标来显示国家的社会经济状况。

网址：https：//dados. gov. br/dataset/pesquisa-nacional-por-amostra-de-domicilios-continua-anual-pnadc-a。

（谢小丽）

第五章

圣保罗州民族构成

一、民族历史沿革

圣保罗州是巴西人口大州,同时圣保罗市也是巴西第一大城市。圣保罗州拥有近五百年的殖民历史,许多国家及地区的移民来到巴西后的首站就是圣保罗州的桑托斯港。本版块挑选出了部分在圣保罗州重要的移民群体进行讲解,介绍这些民族在圣保罗州的历史。

(一)欧洲移民

1. 葡萄牙移民

因葡萄牙在巴西独立前长期作为其宗主国,故葡萄牙移民在圣保罗州乃至整个巴西都占据很大的比例。自然,葡萄牙文化也成为了巴西文化的重要组成部分。如今巴西的官方语言就是葡萄牙语,葡萄牙移民与巴西和圣保罗州的历史息息相关。

1532 年,葡萄牙贵族马蒂姆·阿方索(Martim Afonso)在圣保罗州沿海建立了巴西的第一座村庄圣维森特,并以圣维森特都督辖区总督的身份,在海岸上建立了其他村庄。几年后,葡萄牙殖民者翻越了马尔山脉,穿过保利斯塔诺高原(Planalto Paulistano),在内陆建立了新的村庄。

1553 年,探险家若昂·拉马略(João Ramalho)建立了位于沿海地区的圣安德烈达博尔达杜坎波村(Santo André da Borda do Campo),迎娶了印第安人图皮尼昆(Tupinikun)部落酋长的女儿,加强了殖民者和原住民间的联系。在当时,有许多葡萄牙殖民者和巴西印第安人通婚的现象,通婚后的殖民者作为殖民地社会和印第安社会联系的媒介,在两个社会中都有很高的威望。

在圣保罗城市的建立史中,葡萄牙移民起到了不可替代的作用。殖民者抵达圣保罗州后,耶稣会随之而来,并逐渐扩大在圣保罗州的影响力,极大地影响了如今圣保罗州的社会形态。

直到 19 世纪末,前往圣保罗州的大多数移民都是葡萄牙人。随着禁止向巴西进行奴隶贸易的《尤塞比奥·德·凯罗斯法》(*Lei Eusébio de Queirós*)①颁布,种植园主开始寻找奴隶的替代劳动力。同时,由于欧洲局势的动荡,大量葡萄牙移民涌入巴西寻求工作机会,使得在圣保罗州的葡萄牙移民数量快速增长。如今,圣保罗州的社会构成受葡萄牙移民影响较大,他们也因此成为了圣保罗州人口的重要组成部分。

2. 意大利移民

圣保罗州历史上接收了大量的意大利移民,意大利移民群体在圣保罗州占有重要地位。圣保罗州发达的咖啡种植业为移民提供了大量工作机会,加之圣保罗州政府对于移民持开放态度,促进了意大利移民迁入圣保罗州。

在圣保罗州,来自意大利北部的移民倾向于前往农村,而来自南部的移民则倾向于在城市寻找就业机会。鉴于此,在圣保罗市的南意大利人数量众多。

圣保罗市的意大利移民数量众多,同时他们有着重要的社会和经济地位。20 世纪时,圣保罗市最大的纺织工厂——科托尼菲西奥鲁道夫克雷斯皮工厂(Cotonifício Rodolfo Crespi)就是意大利移民的产业。1965 年,意大利大厦(Circolo Italiano)在圣保罗市的伊皮兰加路建成。这座高达 165 米②的建筑是圣保罗市最高的建筑物之一,显示出意大利移民在圣保罗市的影

---

① 1850 年,巴西政府制定了《尤塞比奥·德·凯罗斯法》,该名称取自时任巴西司法部长尤塞比奥·德·凯罗斯(Eusébio de Queirós)。该法禁止了巴西的黑人奴隶贸易,是巴西废奴运动历史上的里程碑之一。

② 数据来源于意大利大厦的官方网站,https://www.edificioitalia.com.br,查询日期:2024 年 1 月 28 日。

响力。

图 5-1　圣保罗州的意大利裔学校①

3. 德国移民

圣保罗州的德国移民历史最早可以追溯到 16 世纪,当时的德国移民随着大西洋贸易来到圣保罗州并定居于此。

大规模、成组织的德国移民潮则发生在 19 世纪。彼时的欧洲大陆社会矛盾凸显,许多欧洲人选择移民至美洲国家,以寻求阶级跃升的机会以及和平的生活环境。这一时期,除了少部分的教师、牧师、商人,许多德国移民都同大多数欧洲移民一样,在圣保罗州的咖啡种植园工作。

德国移民为圣保罗州带来了路德教。尽管并非所有德国移民都是路德教徒,其中也有很多移民信仰天主教和犹太教,但德国路德教会在该州的贡献仍非常重大,如路德教会的德国人建立的教堂、学校,为巴西的教育事业做出了杰出的贡献。

20 世纪,德国移民的数量持续增长。但在这一时期,德国移民主要定

---

① 图源来自圣保罗州移民博物馆(Museu da Imigração do Estado de São Paulo),网址:https://www. museudaimigracao. org. br,查询日期:2023 年 4 月 18 日。作为移民的教育中心,每个民族的移民都会建立属于自己民族文化的学校来保障自己的语言和文化得到传承。

居在城市中。并且德国移民不再以农民为主，而更多的是工人、教师。同时，由于 20 世纪德国复杂的政治环境，有许多政治逃犯或政治难民来到圣保罗州。比如，尽管巴西从未有过合法或秘密组织的纳粹党，但的确有德国纳粹党的党员来到了圣保罗州并成立了党支部。这个支部曾经有多名党员，是德国纳粹党在海外最大的支部，且由于它是一个外国组织，所以只有德国移民才能加入。

4. 西班牙移民

西班牙移民潮主要发生在 19 世纪和 20 世纪。大多数前往圣保罗州的西班牙移民都从事农业工作，尤其是咖啡种植园中的工作。

在殖民时期，特别是伊比利亚联盟（União Ibérica）①期间，大量西班牙移民选择定居在巴西圣保罗州。

来到巴西的西班牙移民主要是农民。圣保罗州分布着巴西绝大部分的西班牙社区，西班牙人定居后迅速融入圣保罗州当地社会。

（二）非洲移民

葡萄牙在非洲撒哈拉以南地区的活动远早于其在南美洲的活动。最初，葡萄牙人在非洲扩张的目标并非是奴隶贸易，而是寻找黄金。但随着 15 世纪末葡萄牙在佛得角、圣多美（São Tomé）和马德拉岛以及巴西引入甘蔗种植，一切都发生了变化。从那时起，葡萄牙出于劳动力匮乏的原因，更加频繁地在非洲购买奴隶来扩大甘蔗种植。

15 世纪上半叶，入境巴西的非洲人数量每年不足千人。不过，在接下来的十年中，由于贩运者效率的提高、奴隶供应的保障和价格的下降，使得非洲奴隶的数量大大增加。在殖民化最初的几十年里，巴西的主要劳动力是被奴役的土著人民。16 世纪下半叶，非洲奴隶成为巴西的主要劳动力。不过，在圣保罗州等地，土著奴隶一直到 18 世纪前都还是主要劳动力。

欧洲人使用布料、农具、火药、金属棒、朗姆酒和其他酒精饮料交换奴隶。

---

① 1580 年，西班牙国王腓力二世成为葡萄牙国王，两国成为共主联邦。1621 年，新任西班牙国王腓力四世试图将葡萄牙变为西班牙下属一个省份的尝试失败后，联盟解体。

在贩奴船上，他们挤在狭窄的船舱里，身体健康无法得到保障，死亡率很高。

巴西的非洲奴隶大多来自非洲南部，主要是安哥拉（Angola），而来自非洲东南部和贝宁湾（Golfo do Benim）的奴隶也颇多。在巴西，殖民者们将来自非洲不同地区的奴隶混合在一起，因非洲各民族拥有不同的语言和文化，这一行为会破坏奴隶们的团结性，避免可能对殖民者们带来的威胁。

奴隶贸易中，男性奴隶的数量更多，相比之下女性和儿童奴隶数量则非常少。非洲奴隶的死亡率非常高，尤其体现在奴隶们抵达巴西最初的几年内。许多奴隶对美洲的疾病缺乏免疫力，恶劣的航行条件使得奴隶们体质变差，更容易患上疾病。由于工作环境恶劣，非洲奴隶的平均寿命不到 50 岁。加之营养不良和身体素质差，婴儿死亡率甚至更高。这时，非洲奴隶的自然生长率呈现负增长。因此殖民者们只能更多地从非洲购买奴隶，使得奴隶贸易不断扩大。

在巴西存在着白人男子以土著和非洲血统的妇女为情人的现象，由此在巴西社会中产生了广泛的"克里奥尔人"（Crioulos）阶层。在奴隶制的背景下，肤色较浅的混血儿（白人与黑人的孩子）的地位高于黑人。由于新来的非洲人不知道如何说葡萄牙语，也不了解当地文化，因此备受欺压，通常在农业或采矿业中承担最繁重的任务。他们的地位不如以前抵达的黑人奴隶，原因在于相较之下后者已经适应了葡萄牙和巴西社会的文化。

奴隶劳动力存在于巴西的主要经济领域，其中包括制糖、采矿和咖啡种植等。在城市环境中，被奴役者还从事画家、泥瓦匠、裁缝、鞋匠、妇女、女佣、厨师等职业的工作。

19 世纪，巴西通过法律逐步废除奴隶制。1831 年，在英国的强大压力下，《费霍法》（Lei Feijó）① 通过，废除了对巴西的奴隶贸易。然而，这条法律被并没有得到有效施行。英国加大了对巴西废除人口贩运的压力，最终通过了《阿伯丁法案》（Bill Aberdeen），该法案授权英国逮捕任何涉嫌在大西洋运送奴隶的船只。1850 年，巴西议会再次通过《尤塞比奥·德·凯罗斯法》，废除了人口贩运。不仅如此，1871 年还通过了《自由子宫法》（Lei do

---

① 《费霍法》（Lei Feijó），颁布于 1831 年，从法律上在巴西全国境内废除了奴隶贸易。

Ventre Livre），该法授予被奴役妇女所生的孩子自由。最终，1888 年《黄金法》得到批准，自此巴西奴隶制最终废除。

（三）亚洲移民

1. 中东移民

巴西的阿拉伯移民始于 19 世纪末，20 世纪初，这种移民潮逐步发展并日渐强化。来到巴西的阿拉伯移民大多数是黎巴嫩人，其余的主要是叙利亚人，也有部分巴勒斯坦人和约旦人。

巴西帝国时期，皇帝佩德罗二世曾访问中东，对阿拉伯民族和文化表现出了浓厚的兴趣，也正是由于皇帝的支持，才有了第一波阿拉伯移民来到巴西。

许多叙利亚人和黎巴嫩人在 20 世纪通过桑托斯港入境巴西，其中不仅有穆斯林，还有众多阿拉伯基督徒。这些信徒在奥斯曼土耳其帝国的统治下受到宗教压迫，最终选择移民巴西。

抵达巴西的绝大多数阿拉伯移民都选择前往圣保罗州。由于他们在圣保罗州缺乏购买土地的资金，并且认为农村工作的经济前景不大，因此他们更加倾向于从事贸易。起初，他们往返于农村和城市的道路贩卖小商品，而后有阿拉伯移民选择在"三·二五路"开设小商店（armarinhos），使得此地迅速成为了较为发达的商人社区。

图 5-2　日本官方鼓励移民巴西的海报①

2. 日本移民

日本在明治维新早期面临严重的人口过剩问题，为舒缓人口压力，日本政府制定了一系列移民计划，以将本国居民转移至海外。19 世纪末 20 世纪初，咖啡种植业的发展使得圣保罗州对于廉价劳动力的需求极为迫切。

---

① 日本移民博物馆（Museu Histórico da Imigração Japonesa no Brasil）网站，https：//www.youtube.com/watch? v＝eSAoer5m2kI，查询日期：2023 年 4 月 12 日。

图 5-3　第一批日本移民所搭乘的笠户丸号

在双方政府的努力下,1908 年,第一批日本移民(共计 30 户人家)乘坐笠户丸号抵达巴西圣保罗州桑托斯港。

日本移民抵达后,通过日本政府与圣保罗州政府之间的官方协商,圣保罗州政府提供土地用于安置。初代日本移民主要分布于圣保罗州西南部,从事多种农业生产,具体包括种植水稻、茶叶、咖啡、甘蔗和养蚕等。

日本移民将自己的移民社区划分为多个小的自治区,每个区内成立一个协会,每周或每月对移民社区事项进行讨论,比如怎样开展农业生产、如何修缮交通等。这些日本移民的后代或长期居住在外国的日本人被称为"日经"(Nikkei),日本移民社区也因此被称为"日经社区"。日经社区保留了日本本岛的文化传统,社区内建造有大量日式建筑,故其社会中存在许多木匠。木匠也同时承担了圣保罗州本地建筑的相关建设工作,故其移民社区呈现出日式建筑风格和圣保罗州建筑风格的混合现象。

随着移民早期经济困难的结束,日本移民开始重视下一代的教育,在日裔社区内建立了多所学校。不过,因为日本早期移民的目的并非是长期定居,加之移民初期的种种困难,所以日裔社区学校以教授日语为主,并未招聘葡萄牙语教师。

　　作为日裔社区主要形态,农村的经济闭塞加剧了日裔社区的孤立。早期移民的孩子在日裔社区中并无使用葡萄牙语的必要,从而导致如今巴西的农村地区中相当部分的日裔巴西人仍不太会说葡萄牙语。

　　随后,通过与圣保罗州政府的合作,日裔社区引入了大量的葡萄牙语教师。这一时期的日裔移民学校开始开设葡萄牙语相关教学课程。与此同时,学校成为了日裔居民在圣保罗州的社交中心。通过学校,尤其是以附属于学校的各种体育俱乐部(以棒球为代表)为平台,日裔居民和本地巴西人逐渐建立起了联系。

　　早期的日裔社区保留了大量的封建传统,这一现象尤其体现在妇女权利上。日裔社区是一个高度父权的社会,妇女的地位始终处于丈夫之下,年轻男女不具有自由恋爱的权力。

图 5-4　日裔移民社区学校①

　　二战期间,日裔移民社区遭受了严重的打击,日裔居民出入巴西开始受到限制。这一限制主要表现为在公共场合禁止日裔巴西人聚集等。不过,与其他国家相比,这一限制仍较为宽松,使得巴西成为当时少数几个还接受

──────────

① 图片来自日本移民纪录片(*Documentário Imigração japonesa*)。最早的日裔学校的老师多为日本人,教授语言也为日语,巴西教师数量较少。

日本移民的西方国家。此时,由于日本军国主义政府的倒行逆施,许多日本移民返回日本的想法就此破碎,相当部分的日裔居民形成了对巴西人的民族认同,决定长期定居在巴西,不再返回日本。

二战后,日裔居民带着全新的身份在巴西境内开启了大迁徙。由于原日裔社区缺乏良好的交通和教育条件,许多早期日裔社区的居民和新日本移民都搬迁至大城市,比如圣保罗市、皮拉尤市(Piraju)、圣米格尔市(São Miguel)等。

20 世纪 80 年代,随着巴西劳动力成本的提高,许多日裔居民在当地找不到工作。那时的日本正处于"日本泡沫经济时代(1986—1991)",国内生产总值飞速增长,导致许多日裔巴西人从巴西返回日本以寻求工作,这一逆向移民被巴西日裔居民称之为"卡西迪现象"(Fenômeno de Cassidy)[1]。

在日裔居民社区的发展过程中,家庭始终是重要的联系纽带。在移民早期,日裔居民通过与本国亲属的书信往来吸引其来到巴西定居,二战后,则通过电话等方式与家人保持联系,吸引其前来巴西生活、就业。

（四）印第安人

巴西土著人包括许多不同的族裔群体,这些民族在 15 世纪葡萄牙殖民者到达巴西以前就居住在此地,是庞大的印第安人部族中的重要组成部分。在葡萄牙人抵达巴西时,土著人的生产方式主要是半游牧,他们以狩猎、捕鱼、采集为生,从事着刀耕火种的农业。在长期的历史发展中,圣保罗州的印第安人发展出了独特的文化。

如今,地处巴西东南部的圣保罗州,是东南部人口最多的州,却是巴西土著人口最少的地之一。据巴西地理统计局 2022 年数据显示,居住在圣保罗州的原住民仅有五万余人。[2]

---

① 卡西迪现象(Fenômeno de Cassidy),为日本移民纪录片(*Documentário Imigração japonesa*)中所出现的专用术语,特指 20 世纪 80 年代巴西的日裔人口反向移回日本这一现象。

② 数据来源于巴西国家地理与统计研究所网站,https://sidra.ibge.gov.br/tabela/9718♯resultado,查询日期:2023 年 12 月 10 日。

二、典型移民社区

本部分的主要内容是介绍具有代表性的移民社区。移民的聚居习惯使得在圣保罗州的外国移民们也形成了类似于唐人街的移民街道或社区。以这些社区为依托，移民和母国保持着文化联系，并在圣保罗州发挥着一定的影响力。

（一）日本移民社区

1. 自由区

自由区是位于圣保罗市中部地区的一个社区，它被称为圣保罗市最大的日本社区，也被认为是除日本以外世界上最大的日裔社区。1912 年，日本移民进入该社区。对于这些日本移民来说，廉价的地下室租金、短小的通勤距离都是选择自由区作为定居点的理由。

图 5-5　自由区①

部分日本移民从事商业，开设了许多商业场所，比如旅馆、商场、制作豆

---

① 该社区被认为是日本以外世界上最大的日裔社区。https://www.tripadvisor.com/，查询日期：2023.04.18。

腐(大豆奶酪)的作坊、制作日本点心的商铺以及其他公司,从而使得自由区形成了所谓"日裔街区"。1964 年,巴西日本文化和社会援助协会(Bunkyo)大楼在该社区落成。

如今,自由区已经成为圣保罗市日本移民最集中的定居点,同时也是日本文化在圣保罗市的主要传播中心。许多日本文化机构,如巴西日本移民博物馆、巴西日本各县协会联合会(Federação das Associações de Províncias do Japão no Brasil)、花道委员会(Comissão de Ikebana)等均位于此区。

(二) 德国移民社区

1. 圣阿马罗(Santo Amaro)

圣阿马罗是位于圣保罗市南部地区的一个行政区。1832 年至 1935 年,它曾是一个独立的自治市,如今已被并入圣保罗市,是圣保罗市西南地区重要的社区,同时也是圣保罗市内德国移民最集中的地区。

2. 查卡拉圣安东尼奥(Chácara Santo Antônio)

查卡拉圣安东尼奥是圣保罗市内的一个高档社区,位于巴西圣保罗市的圣阿马罗区,是重要的金融中心,德国移民在此集中居住。

20 世纪后半叶,大量德国移民入住该街区,他们大多数来自圣保罗市南部地区的其他社区。德国移民迁移之后带来了大量中小企业以及部分大型工业公司(如拜耳、巴斯夫、飞利浦和辉瑞)的入驻。

1997 年,巴西美国商会(AMCHAM Brasil)在该区设立。美国商会的巴西分会是该组织除了美国总部以外最大的分会,在巴西拥有约 5 000 个合作伙伴,包括来自不同领域的小型、中型和大型公司。

目前,由于土地和人力成本的增加,中小企业逐渐搬离该社区,大学、商业中心、商会总部等机构的数量逐渐增多。此外,该区存在一个非盈利性质的公共管理协会——查卡拉圣安东尼奥企业家协会(Associação de Empresários da Chácara Santo Antônio)。

3. 阿尔图达博阿维斯塔(Alto da Boa Vista)

阿尔图达博阿维斯塔是圣保罗市的一个高档社区,位于州首府南部的圣阿马罗区。该社区的名字来源于本地一个旧的电车站,该电车站一直使用到 1968 年。阿尔图达博阿维斯塔社区除了大量的德国移民，也有较多的英国移民。

（三）阿拉伯移民社区

1. 三·二五路

三·二五路是一条位于圣保罗市中心的公共道路。阿拉伯移民在沿路开设了许多商店和摊位，形成了一片商业繁荣的景象，该地区也被认为是拉丁美洲最大的购物中心。

（三）意大利移民社区

1. 比希加(Bixiga)

比希加是圣保罗市历史最悠久的街区之一。它位于贝拉维斯塔(Bela Vista)区的迪奥戈大街(Rua Diogo)、新朱柳大道(Avenida New Juliu)、西尔维亚街(Rua Sylvia)和路易斯安东尼奥旅大道(Avenida Brigadeiro Luís Antônio)相连通的地区。

图 5-6　三·二五路①

---

① https://www.melhoresdestinos.com.br/25-de-marco.html，查询日期：2023 年 4 月 18 日。

该社区是圣保罗市著名的文化和历史中心，主要居住着意大利移民，有不少的意大利餐厅。在这里，意大利传统文化和宗教信仰得到了保护和传播。

1926 年起，来自于意大利卡拉布里亚（Calábria）地区的传统民族节日——阿奇罗皮塔圣母节（Festa de Nossa Senhora Achiropita）成为该社区的重要节日。节日庆典在每年的八月举行，在节日庆典上，社区制作并售卖的意大利手工艺品以及意大利面、意大利奶酪和意大利红酒等意大利传统美食。

2. 摩卡（Mooca）

摩卡是圣保罗市的中上层阶级聚居社区，位于该市的东部。该社区居住着大量意大利移民，同时也被誉为是圣保罗市最安全、犯罪率最低的社区之一。

摩卡社区有着许多意大利移民的产业，包括工厂、商店等，其中最出名的是由巴西的纺织大亨鲁道夫·克雷斯皮（Rodolfo Crespi）所创建的科托尼菲西奥鲁道夫克雷斯皮公司，该公司曾是巴西最大的纺织工厂。不仅如此，这些意大利移民的产业也吸引了许多意大利移民前往摩卡寻找工作，使得该地意大利移民的数量不断增长。

同时，意大利移民的文化也流行于此。许多意大利移民所经营的饭店、甜品店都在该地食品业中占据重要地位，例如甜品店迪昆托（Di Cunto），披萨店圣佩德罗（São Pedro），披萨店安杰罗（Ângelo），饭店唐卡里尼（Don Carlini）和饭店费利佩科斯塔（Il tosto - Felipe Costa）等。

意大利移民影响着该地区的文化传统，例如该地每年 9 月举办的的圣热纳罗节（Festa de San Gennaro）就是意大利的传统节日。节日期间，该地会举办大规模的弥撒、游行等活动。社区还会设置售卖意大利纪念品和各种意大利美食与饮品的摊位。

此外，尤文图斯竞技俱乐部（Clube Atlético Juventus）也是意大利文化的象征之一。该足球俱乐部由科托尼菲西奥鲁道夫克雷斯皮公司的员工于1924 年创立。俱乐部的主要赞助人就是纺织大亨鲁道夫·克雷斯皮和他

的儿子阿德里亚诺·克雷斯皮（Adriano Crespi），他们是来自意大利北方的
移民。鲁道夫是意大利北方都灵市（Turim）①的尤文图斯足球队的支持者，
尤文图斯足球俱乐部的名字就来源于该足球队的队名。而他的儿子阿德里
亚诺则喜欢来自佛罗伦萨（Firenze）的佛罗伦萨队，所以尤文图斯竞技俱乐
部足球队的球衣采用了与佛罗伦萨队球衣颜色相同的淡紫色。

此外，圣保罗市著名的圣保罗州移民博物馆位于摩卡。该博物馆曾是
用来临时安置外来移民的旅馆之一，如今被改造为博物馆，用以展示圣保罗
州的移民历史。

三、与母国联系

本部分将挑选具有代表性的重要事件，来简述各国移民同其母国的联
系，同时大致分析这些联系给巴西以及圣保罗州带来的影响。

（一）政治联系

1. 二战后逃亡圣保罗州的纳粹逃犯

尽管大多数原本居住在圣保罗州的德国移民并不支持纳粹，但在二战
后却有三名新的德国纳粹分子逃到了圣保罗州，他们最终被判为战犯，对当
地德国移民的形象造成了一定的负面影响。

第一个是约瑟夫·门格勒（Josef Mengele），他是一名医生，二战期间曾
在奥斯威辛集中营中工作。他犯有严重的战争罪行，且作为医生参与了许
多非人道的医学实验。二战后，他逃亡到巴西，曾短暂地居住在帕拉那。
1970年至1979年，藏匿在圣保罗州。1979年，由于经济困难，加之身体原
因，门格勒离开了比林斯（Billings）大坝边缘的联排别墅，搬到了圣保罗州
的贝尔蒂奥加（Bertioga）海滩上的一所房子，不久后去世。

第二个是纳粹党卫军的中尉弗朗茨·斯坦格尔（Franz Stangl），二战期
间，他曾是索比堡集中营中的官员，数万名犹太人被他直接或间接杀害。二

---

① 都灵市是意大利北部皮埃蒙特区的重要工业城市。

战后,斯坦格尔携家眷逃往圣保罗州。随后,弗朗茨在圣贝尔纳多坎波(São Bernardo do Campo)的大众汽车工厂工作。被发现后,他被引渡到西德,并被判处终身监禁。

第三个是古斯塔夫·瓦格纳(Gustav Wagner)。他于1950年偷渡到巴西,藏匿在圣保罗市。后来,古斯塔夫·瓦格纳被索比堡集中营的幸存者认出。但巴西政府拒绝引渡他回德国。他一直在圣保罗市生活,直到1980年自杀去世。

2. 二战期间日本移民和母国的联系

在二战期间,日裔移民社区遭受了严重的打击。

起初,日裔居民始终怀揣着返回故土的梦想。他们离开日本前往巴西并非为了寻求更加美好的生活,而是想在外闯荡,未来好衣锦还乡。

不过,在二战爆发后,巴西站在了反法西斯同盟一边,出于对日裔居民外通敌国的担忧,巴西政府对日本移民实行了严苛的限制。日裔居民出入巴西遭到阻碍,巴西政府还限制其在公共场合聚集。

在这种限制下,日裔居民的"归国之梦"就此破碎。事实上,由于日本军国主义政府的倒行逆施,相当部分的日裔居民形成了对巴西身份的认同,决定长期定居在巴西而不再返回日本。

(二)经济联系

阿拉伯联合商会(Câmara de Comércio Árabe-Brasileira)是阿拉伯国家在巴西的商业代表处,常驻着22个以阿拉伯语作为官方语言的国家代表,总部位于圣保罗市的保利斯塔大道,在巴西阿拉伯社区中拥有较大影响力。该商会为双方开展业务提供了许多机会,举办了许多业务联系、市场研究、商业巡视和讲座等相关活动。

(三)文化联系

许多移民都在圣保罗州成立了本国的文化协会,在巴西发展、传播本国特色文化。

以日本移民为例，在其位于圣保罗市最大的移民街区自由区中，存在多个日本文化协会，比如裹千家茶叶协会（Associação de Chá Urassenke）、藤间歌舞伎舞蹈团（Cia. Fujima de Dança Kabuki）、花道委员会等。这些协会均代表日本的独特文化。

四、民族融合

（一）官方政策

从官方层面上，联邦政府与州政府都十分注重民族平等与民族融合，分别设置巴西地理统计局、巴西公民部、民族一体化部（Ministério da Integração Nacional，MI）来管理民族问题。在其政府网站上也设置了如全国印第安人基金会这类维护少数民族权益的组织机构的相关链接，可直接从政府官网进入访问。

（二）民间努力

巴西各个民族在民间都拥有维护自己权益的组织，如有色人种的黑卫兵（Guarda Negra）、联合黑人运动（Movimento Negro Unificado，MNU）、黑人艺术博物馆（Museu de Arte Negra，MAN），印第安人的印第安人博物馆协会之友（Amigos do Museu do Índio）等，这些在巴西相对弱势的民族在巴西国内建立组织进行维权和发声。

来自海外的其他移民，如日本人、意大利人、阿拉伯人也建立了与海外母国紧密联系的社会组织，其中包括巴西日本各县协会联合会、巴西日本文化和社会援助协会（Sociedade Brasileira de Cultura Japonesa e de Assistência Social，SBCJAS，又称 Bunkyo ）、海外意大利人委员会（Comitês dos Italianos no Exterior）和阿拉伯-巴西商会（Câmara de Comércio Árabe-Brasileira）等。总而言之，各民族均重视维护且通过各种渠道努力争取自己的合法权益。

附 录

一、机构组织

（一）政府部门

1. 巴西公民部

简介：巴西公民部于 2018 年 11 月由文化部、体育部和社会发展部共同联合组成。该部门主要负责制定国家社会发展政策、国家社会援助政策，以及向国家殖民化和土地改革研究提供帮助，以保护巴西殖民时期的文化。

网址：www.gov.br/cidadania/pt-br。

2. 融合与区域发展部（Ministério da Integração e do Desenvolvimento Regional，MIDR）

简介：融合与区域发展部成立于 2019 年 1 月，前身为成立于 1999 年的民族一体化部，主要负责制定区域经济一体化战略，推动区域发展和区域民族融合。

网址：https：//www.gov.br/mdr/pt-br。

3. 巴西地理统计局（IBGE）

简介：巴西地理统计局是一个巴西政府机构，成立于 1936 年，负责统计巴西国内的地理、人口和经济等领域的相关数据。目前在民族领域，该机构将巴西人民划分为五个民族进行统计，分别是白种人、棕种人、黑种人、黄种人和土著人种。除此之外，巴西地理统计局的网站上还有关于巴西人种族观念的调查网页。

网址：https：//www.ibge.gov.br。

（二）公共机构

1. 印第安人保护和本国工人本地化服务处（Serviço de Proteção aos Índios e Localização de Trabalhadores Nacionais，SPILTN）

简介：印第安人保护和本国工人本地化服务处成立于1910年，主要目标是保护土著人民免受非土著人民的迫害，并将他们融入国家社会。

网址：https：//pib. socioambiental. org。

2. 全国印第安人基金会（Funai）

简介：全国印第安人基金会是巴西政府的官方土著研究机构，隶属于司法和公共安全部（Ministério da Justiça e Segurança Pública），以协调和执行联邦政府的土著政策为使命，在全国范围内保护和争取土著人民的权利。

网址：https：//www. gov. br/funai/pt-br。

3. 印第安人博物馆（Museu do Índio）

简介：印第安人博物馆是隶属于全国印第安人基金会的科学和文化机构，位于里约热内卢市。旨在传播一个不带社会偏见、客观的土著形象，引起人们对土著(土著群体和土著保护事业)的关注。

网址：http：//www. museudoindio. gov. br。

4. 非洲-巴西博物馆（Museu Afro-Brasileiro）

简介：非洲-巴西博物馆隶属于圣保罗州文化部，位于圣保罗最著名的公园伊比拉普埃拉公园内的神父马诺埃尔达诺布雷加（Padre Manoel da Nóbrega）馆内，占地11 000平方米，收藏了18世纪以来的6000多件作品，包括绘画、雕塑、版画、照片、文件和由巴西及外国作家创作的民族学作品，该作品集涵盖了非洲和非洲裔巴西人文化世界的各个方面，包括宗教、工作、艺术、奴隶制等领域，记录巴西社会的发展过程和非洲对其的影响。

网址：http：//www. museuafrobrasil. org. br。

5. 圣保罗州移民博物馆

简介：圣保罗州移民博物馆是隶属于圣保罗州文化秘书处（Secretaria

de Estado da Cultura de São Paulo）的公共机构,因其对巴西和圣保罗州移民历史的重要性而被列入世界历史遗产名录,是圣保罗州最重要的景点和文化中心之一。

网址：https：//museudaimigracao. org. br。

6. 巴西日本文化和社会援助协会（Sociedade Brasileira de Cultura Japonesa e de Assistência Social,Bunkyo）

简介：1955 年 12 月 17 日,圣保罗日本文化和社会援助协会成立。其主要任务是代表日裔巴西社区,促进日本文化在巴西的保存和传播,并鼓励和支持相关举措。

网址：https：//www. bunkyo. org. br/br。

7. 日本国际交流基金会-圣保罗办事处（Fundação Japão em São Paulo）

简介：日本国际交流基金会是与日本外务省有联系的组织,成立于1972 年,旨在促进日本与其他国家之间的文化交流和相互理解。

该基金会的圣保罗办事处于 1975 年成立,从那时起,它一直是日本国际交流基金会与巴西之间的通信枢纽,开展各种活动。

网址：https：//www. fjsp. org. br。

8. 圣保罗日本-巴西慈善协会（Beneficência Nipo-Brasileira de São Paulo,Enkyo）

简介：1959 年 1 月 28 日,日本移民援助协会成立。1972 年,该协会更名为圣保罗日本-巴西慈善协会,旨在向所有需要者提供医疗和社会援助,使其不受任何形式的歧视。

网址：https：//www. enkyo. org. br。

9. 巴西日本各县协会联合会（KENREN）

简介：1965 年 9 月,在圣保罗举行的南美日经大会上,日裔巴西社区响应日本驻圣保罗总领事馆的号召,于 1966 年 4 月成立了巴西日本各县协会联合会。其主要活动包括为巴西日裔提供援助;建设纪念馆、纪念碑以纪念先驱移民;举办日本节。其主办的日本节从 2002 年开始,在圣保罗州得到正式认可,并成为日裔巴西社区最大的活动。

网址：https：//www. kenren. org. br。

10. 巴西日本商工会议所(Câmara de Comércio e Indústria Japonesa do Brasil)

简介：1926年，八家日本公司创建了日本贸易合作社，1962年更名为巴西日本商工会议所。其目标是加强同一活动领域的日裔企业家之间的来往，并为促进巴西和日本之间的贸易做出努力，制定政策。

网址：https：//camaradojapao. org. br/pt。

11. 日巴文化联盟(Aliança Cultural Brasil-Japão)

简介：日巴文化联盟成立于1956年，是一个非营利性协会，其宗旨是促进巴西和日本之间的文化交流。

该组织的主要举措有：推广日语、日本艺术及针对外国人的葡萄牙语等课程，在传播日本千禧一代文化方面处于领先地位。

网址：https：//site. aliancacultural. org. br。

12. 日本移民博物馆

简介：日本移民博物馆于1978年在圣保罗落成，此前在日本、巴西两国进行了广泛的筹款活动，该馆由巴西日本文化和社会援助协会管理。它收藏了超过97 000件属于日本移民的物品，例如各种文件、照片、报纸、缩微胶卷、书籍、杂志、电影、视频、LP光盘、绘画、家庭和工作用具以及和服等，这些藏品记录了日本移民在巴西的历史。

网址：https：//www. bunkyo. org. br/br/museu-historico。

(三) 科研机构

1. 非裔巴西文化研究所(Instituto de Pesquisas e Estudos Afro, IPEAFRO)

简介：非裔巴西文化研究所旨在与非洲裔人口合作，研究他们的历史，保护并加强他们的文化，尊重他们的特点，维护非洲裔群体和每个移民的尊严。其行动的重点是将种族间关系、非裔历史和文化等学科纳入巴西教育。

网址：https：//ipeafro. org. br。

（四）高校机构

1. 圣保罗大学考古与民族学博物馆(Museu de Arqueologia e Etnologia da Universidade de São Paulo, MAE -USP)

简介：圣保罗大学考古与民族学博物馆是圣保罗大学的下属机构，建立于 1989 年，主要负责考古学、民族学和博物馆学的研究与教育。博物馆收藏的文物约一百万件，分别来自巴西、古地中海、非洲等不同文明。博物馆致力于保护和传播其丰富的学术资源，还负责部分考古学和博物馆学的研究生项目，并通过与土著社群的合作，推动土著文化重建与展览创新。

网址：https://ea. fflch. usp. br/instituicoes/mae-usp。

（五）社会组织

1. 巴西人类学协会(Associação Brasileira de Antropologia，ABA)

简介：巴西人类学协会在处理与教育、社会行动和人类保护有关的公共政策问题上发挥着重要的作用，一直积极捍卫少数民族的权利，反对歧视和社会不公正。

网址：http://www. portal. abant. org. br。

2. 印第安人博物馆协会之友

简介：印第安人博物馆协会之友是一个非营利组织，旨在保持博物馆与民间社会之间的衔接，传播巴西土著文化，获取和保存巴西土著文化藏品，保护土著文化传统。

3. 黑卫兵

简介：黑卫兵是在巴西废除奴隶制后的几个月中出现的一个机构，由前奴隶组成，旨在捍卫黑人新获得的自由。

4. 废奴主义者联盟(Sociedade Brasileira contra a Escravidão，SBCE)

简介：废奴主义者联盟成立于 1883 年 5 月 9 日，旨在向巴西政府施压以结束奴隶制，以及联合全国各地的废奴主义俱乐部和社团，在该联盟的一次议会上发表了《里约热内卢废奴主义者联盟宣言》。

5. 黑人艺术博物馆

简介：黑人艺术博物馆最初是黑人实验剧院（Teatro Experimental do Negro，TEN）的一个项目，该项目是在阿卜迪亚斯·纳西门托（Abdias Nascimento）的领导下创立的。黑人艺术博物馆诞生于 1950 年，旨在打击审美种族主义并重视黑人艺术、文化和人口。

6. 联合黑人运动（Movimento Negro Unificado，MNU）

简介：联合黑人运动于 1978 年在圣保罗成立，是一个有关政治、文化和社会活动的团体，是巴西黑人斗争的先驱组织，为文化上的自我肯定和对非洲文化的鼓励而奋斗，为黑人运动的新成熟度和黑人文化的复兴做出了贡献。

网址：https：//mnu.org.br。

7. 黑人实验剧场（Teatro Experimental do Negro，TEN）

简介：黑人实验剧场由阿卜迪亚斯·纳西门托和妻子玛利亚·纳西门托（Maria Nascimento）创立，旨在通过戏剧保护黑人及黑人文化。黑人实验剧场专注于为黑人在表演艺术和巴西社会中的价值开辟新道路。在此剧场上演的很多戏剧，引发了人们对黑人在后奴隶制社会中的处境的批判性思考。

网址：https：//ipeafro.org.br/acoes/acervo-ipeafro/secao-ten。

8. 黑人社交俱乐部（Clubes Sociais Negros）

简介：黑人社交俱乐部建立于 20 世纪初，目的是为遭受社会排斥的黑人提供文化交流与社会交往的平台。该俱乐部不仅为黑人提供娱乐和教育机会，还促进了黑人群体的社会和政治参与，推动了黑人自我认同与自豪感的提升。

网址：https://clubessociaisnegros.com。

二、学术研究

（一）重要学者

1. 曼努埃拉·卡内曼·达库尼亚(Manuela Carneiro da Cunha)

简介：曼努埃拉·卡内曼·达库尼亚是葡萄牙裔巴西人类学家，是民族学和历史人类学研究的重要人物。她被公认为捍卫巴西土著人民权利的重要知识分子和活动家。她是圣保罗大学人类学系教授，也是巴西人类学协会主席。

代表作：《印第安人的权力》(Direito dos Índios)；《巴西印第安人的历史》(História dos Índios no Brasil)。

研究方向：民族学、印第安人史、后现代文学。

2. 弗洛雷斯坦·弗尔南德斯(Florestan Fernandes)

简介：巴西社会学家和政治家，劳工党党员，毕业于圣保罗大学哲学、科学和文学学院的社会科学专业。

代表作：《巴西的民族学和社会学》(A etnologia e a sociologia no Brasil)。

研究方向：社会学、民族学。

3. 赫伯特·巴尔杜斯(Herbert Baldus)

简介：德裔巴西民族学家。出生于德国，后定居于圣保罗，期间组织了一次对巴西南部进行探险的活动，并发表了几篇关于巴西和巴拉圭已知印第安人主题的文章。

代表作：《巴西民族学批判书目》(Bibliografia Crítica da Etnologia Brasileira)；《印第安人的传说故事》(Estórias e lendas dos índios)；《巴西民族论文集》(Ensaios de Etnologia Brasileira)。

研究方向：巴西民族学、巴西土著、考古研究。

4. 阿卜迪亚斯·多·纳西门托

简介：阿卜迪亚斯·多·纳西门托创立了黑人实验剧院和黑人艺术博物馆项目，被称为 20 世纪非洲世界最全才的知识分子。他也是诗人、作家、剧作家、视觉艺术家和泛非主义活动家,其画作在巴西和国外广泛展出。立志于打击种族主义,探索非洲文化遗产。

代表作:《巴西黑人地种族灭绝》(*O Genocídio do Negro Brasileiro*)、《巴西种族关系》(*O Genocídio do Negro Brasileiro*)。

研究方向:非裔巴西文化、巴西的种族主义、巴西艺术。

(二)主流期刊

1.《考古学和民族学博物馆杂志》(*Revista do Museu de Arqueologia e Etnologia*)

简介:《考古学和民族学博物馆杂志》由圣保罗大学杂志《门户》(Portal de Revistas USP)出版,是一本发表考古学、民族学和博物馆学论文的学术期刊(半年刊)。

网址:https：//www. revistas. usp. br。

2.《新的辩论》(*Novos Debates*)

简介:该刊是巴西人类学协会出版的半年刊,旨在创立一个平台,通过辩论,对当代人类学的发展进行广泛传播和批判性反思。

网址:http：//novosdebates. abant. org. br。

3.《活力》(*Vibrante*)

简介:《活力》是巴西人类学协会的期刊,旨在于世界范围内传播巴西人类学的研究成果,除葡语文章外,期刊还发表英语、法语和西班牙语文章。

网址:http：//www. vibrant. org. br。

4.《民族语言学笔记》(*Cadernos de Ethnolinguistics*)

简介:《民族语言学笔记》是一本专门从事语言科学和南美洲土著语言领域研究的电子期刊,由科特·尼穆恩达茹数字图书馆出版。

网址:http：//www. etnolinguistica. org/cadernos：home。

5.《巴西人类学语言学杂志》(*Revista Brasileira de Linguística Antropológica*, RBLA)

简介:《巴西人类学语言学杂志》是一本专门从事人类语言学和南美土

著语言领域研究的期刊，由巴西利亚大学土著语言和文学实验室出版。

网址：https：//periodicos. unb. br/index. php/ling/index。

三、电子资源

（一）数据库

1. 科特尼穆恩达茹数字图书馆（Biblioteca Digital Curt Nimuendajú）

简介：科特尼穆恩达茹数字图书馆主要收藏有关于南美洲土著语言和文化的资源。

网址：http：//www. etnolinguistica. org。

2. 巴西土住民族数字民族学收藏库（Acervo Digital Etnográfico dos Povos Indígenas no Brasil）

简介：该收藏库是巴西第一个经过系统化分类处理的数字民族学收藏库，并允许用户使用过滤器进行搜索。该库主要收藏和研究土著人民使用过的陶瓷、装饰品和乐器等。

网址：https：//acervo. museu. ufg. br/acervo-museu-antropologico/acervo-etnografico。

（二）影视资源

非洲思维频道（Canal Pensar Africanamente）

简介：非洲思维频道旨在制作和传播有关非洲和非裔历史、传统和血脉的内容和信息。创始于 2020 年，当时由于全球疫情的蔓延，迫切需要扩大行动以打击种族主义并在互联网上保护非洲黑人文化。

（程天圃）

第六章

圣保罗州家族举要

一、政治家族

在圣保罗州的历史上,涌现出了众多政治家族。他们通过长期的政治主导和家族组织的运作,成为该州政治和经济生活中的重要角色。然而,家族主义在一定程度上也会阻碍政治和经济的发展,容易导致不平等和腐败现象。为此,巴西政府一直在试图削弱政治家族的影响力,推动反腐败和反家族主义的改革。本部分将介绍一些具有代表性的圣保罗州政治家族及其成员信息和家族组织。

(一)阿尔克明家族(Família Alckmin)

阿尔克明家族是圣保罗州一个有影响力的政治家族,其成员在政治和公共服务领域表现活跃。

1. 灵魂人物

杰拉尔多·阿尔克明(Geraldo José Rodrigues Alckmin Filho,1952 年 11 月 7 日),该家族最著名的成员之一,是一名医生和政治家,毕业于陶巴特大学(Universidade de Taubaté)医学专业,1972 年加入巴西社会党(Partido Socialista Brasileiro,PSB)。同时,他担任大学教授,在七月九日大学(Universidade Nove de Julho)教授医学课程,是圣保罗医学院(Academia de Medicina de São Paulo)的教员。他是巴西社会民主党(Partido Socialista Democrático Brasileiro,PSDB)的创始人之一;并在 1991 年至 1994 年期间

担任巴西社会民主党主席。2001 年至 2006 年以及 2011 年至 2018 年期间,他还担任了圣保罗州州长,是圣保罗州自巴西民主化以来执政时间最长的政治家。2022 年 11 月 3 日,他被任命为巴西总统过渡办公室(Gabinete de Transição Presidencial do Brasil)①负责人,2023 年当选巴西第 26 任副总统。

2. 主要成员

玛丽亚・卢西亚・吉马良斯・里贝罗・阿尔克明(Maria Lúcia Guimarães Ribeiro Alckmin),更为人熟知的名字是卢・阿尔克明(Lu Alckmin),出生于 1951 年 7 月 12 日,是圣保罗州前第一夫人,在 2001 年至 2006 年与 2011 年至 2018 年期间担任圣保罗州社会基金会(Fundo Social de São Paulo)主席。在 2022 年的选举中,她的丈夫当选为巴西第 26 任副总统,她也就从 2023 年 1 月 1 日起成为巴西的第二夫人。

阿道夫・卡尔德隆・阿尔克明(Adolpho Carlos Julio Alckmin)是杰拉尔多・阿尔克明的祖父,曾在 20 世纪初期担任圣保罗州议员和圣保罗市市长。

何塞・杰拉尔多・罗德里格斯・德・阿尔克明(José Geraldo Rodrigues de Alckmin,1915 年 4 月 4 日—1978 年 11 月 6 日)是巴西法学家、地方法官和教师。他是政治家杰拉尔多・阿尔克明的叔叔,在军事独裁统治期间任最高法院院长。他于 1937 年毕业于圣保罗大学法学院法律系,于 1940 年加入司法部门。1957 年,他帮助建立了陶巴特大学陶巴特法学院(Faculdade de Direito de Taubaté),并在该机构担任教学工作。曾任圣贝尔纳多杜坎波法学院(Faculdade de Direito de São Bernardo do Campo)②民事

---

① 巴西总统过渡办公室又称巴西当选总统办公室,是一个过渡机构,其设立目的是让当选总统任命的团队成员与现任政府合作,保证新政府有机会从共和国新总统就职的第一天起就按照他的政府方案行事。

② 圣贝尔纳多杜坎波法学院(FDSBC),是一个非营利性市政机构,提供法律本科课程和研究生课程。该机构拥有 50 多年的活动经验,是巴西法律教育的典范,已培训了 14 000 多名在最多样化的法律领域工作的专业人员。

诉讼法教授和麦肯齐长老大学(Universidade Presbiteriana Mackenzie)①法学院民事司法专业负责人。

何塞·玛丽亚·阿尔克明(José Maria Alkmin,1901 年 6 月 11 日—1974 年 4 月 22 日),巴西政治家,巴西律师协会(Ordem dos Advogados do Brasil)②成员,政治家杰拉尔多·阿尔克明的叔叔。1964 年 4 月 15 日至 1967 年 3 月 15 日期间,他在巴西军事独裁政权的第一任总统温贝托·德阿伦卡尔·卡斯特洛·布兰科将军(1964—1985)的主导下担任巴西第 15 任副总统。1958 年 5 月 17 日,他被授予葡萄牙基督军事大十字勋章,1974 年 3 月因病住院,4 月 22 日在贝洛奥里藏特(Belo Horizonte)去世。

罗杰尔·阿尔克明(Rodrigo Alckmin),政治家杰拉尔多·阿尔克明之子,担任巴西国家经济和社会发展银行(Banco Nacional de Desenvolvimento Econômico e Social)的高管职位。

3. 社会活动

阿尔克明家族的社会活动主要集中在政治和公共服务领域,不曾涉足商业领域,其家族成员常在政治和公共事务中担任要职。除此之外,他们还致力于支持儿童教育和环境保护等社会公益事业和慈善事业,支持和参与多个社会组织和项目。

(1)事件

① 2018 年,阿尔克明家族成员克里斯蒂亚诺·萨宁·马丁斯(Cristiano Zanin Martins)在卢拉总统的腐败案中担任其律师。

② 热拉尔多·阿尔克明(Geraldo Alckmin)曾担任圣保罗州州长和巴西总统候选人,在 2018 年巴西总统选举中败选。

(2)企业

糖面包集团(Grupo Pão de Açúcar)成立于 1948 年,由家族成员阿比利奥·迪宁兹(Abílio Diniz)创办,是巴西最大的零售企业之一。拥有"糖面

---

① 麦肯齐长老大学是巴西的一所私立大学。该大学由麦肯齐长老会(Instituto Presbiteriano Mackenzie)管理,这是一个秉持教育目的的非营利性民间协会。

② 巴西律师协会是巴西律师的最高代表机构,负责规范该国的法律职业和开展律师考试。

包"(Pão de Açúcar)、"额外"(Extra)和"阿萨伊"(Assaí)等品牌,主要涵盖超市和便利店等业务领域。

（3）组织

① FHC 基金会(Fundação FHC)：该组织成立于 2005 年,由家族成员和政治家费尔南多·恩里克·卡多佐(Fernando Henrique Cardoso)创办,旨在促进巴西民主进程和社会发展,主要致力于研究、教育和公共政策领域的工作。

② 帕德雷·安奇耶塔基金会(Fundação Padre Anchieta)：该组织成立于 1967 年,由家族成员创办,是巴西圣保罗州政府下属的一个公共机构,致力于推动文化和教育的发展,拥有巴西文化电视台(TV Cultura)、巴西文化广播电台(Rádio Cultura Brasil)和调频文化(Cultura FM)等媒体资源。

③ 阿尔克明交通教育基金会(Fundação Adolpho Bósio de Educação no Transporte)：

该家族成立的一家非营利组织,旨在为巴西运输行业提供培训和教育支持。

④ 大都会保利斯塔列车公司(Companhia Paulista de Trens Metropolitanos, CPTM)：该公司成立于 1992 年,是巴西圣保罗州的一个公共交通机构,家族成员曾多次担任该公司领导职务,主要负责圣保罗都市区的铁路运输服务。

⑤ 巴西社会民主党：该政党成立于 1988 年,是巴西的一个中右翼政党,由家族成员和其他政治家创立,多次执政巴西圣保罗州和巴西联邦政府,杰拉尔多·阿尔克明是该党的创始人之一。

（二）阿尔瓦拉德家族(Família Alvarenga)

阿尔瓦拉德家族是巴西圣保罗州最具影响力的政治家族之一,以其对巴西社会的长期影响而闻名。该家族成员涉足政治、企业、媒体和文化等领域。

1. 灵魂人物

若昂·阿尔瓦伦加(João Alvarenga),家族创始人,拥有大量咖啡种植园并进行大规模的生产和贸易。

2. 主要成员

马里奥·阿尔瓦伦加(Mário Alvarenga),若昂·阿尔瓦朗的儿子,曾担任巴西外交官,在 20 世纪 30 年代和 40 年代担任过圣保罗州州长。

约瑟·阿尔瓦伦加(José Alvarenga),政治家,曾任圣保罗州众议员。他的政治生涯从 20 世纪 40 年代持续至 60 年代。

乔治·阿尔瓦伦加(George Alvarenga),商人和企业家,曾担任著名企业家安东尼奥·埃尔米里奥·德·莫雷斯(Antonio Ermirio de Moraes)的私人秘书。

罗伯托·阿尔瓦伦加(Roberto Alvarenga),政治家,曾任圣保罗州议会议员。他的政治生涯从 20 世纪 80 年代持续至 90 年代。

朱莉娅·阿尔瓦伦加(Julia Alvarenga),媒体公司高管,曾在家族企业道恩集团(Grupo Alvorada)担任高管职务。她也是巴西广播公司(Rede Globo)的前任副主席。

罗贝尔托·德·安德拉德·阿尔瓦伦加(Roberto de Andrade Alvarenga),阿尔瓦拉德家族的代表人物之一,是一位律师、政治家和企业家,曾任圣保罗州警察局局长、圣保罗州众议院议员,并参加圣保罗州州长竞选。

塞尔吉奥·阿尔瓦拉德(Sergio Alvarenga),商人、企业家,是家族企业道恩集团的创始人。该企业是圣保罗州最大的家族企业之一,涉及房地产、农业、金融和制造业等领域。

伊莎贝尔·阿尔瓦拉德(Isabel Alvarenga),记者和媒体公司高管,曾任巴西广播公司主席。她是圣保罗州新闻界的重要人物之一,长期担任圣保罗州主要报纸和杂志的编辑和专栏作家。

除此之外,阿尔瓦拉德家族还有其他知名成员,包括建筑师卡洛斯·阿尔贝托·安德拉德·阿尔瓦伦加(Carlos Alberto de Andrade Alvarenga)和医生何塞·卡洛斯·安德拉德·阿尔瓦伦加(José Carlos de Andrade Alvarenga)等。与此同时,该家族还活跃于文化领域,家族成员在巴西文化和艺术方面也有很高的声誉。其中，家族成员安东尼奥·阿尔瓦拉德（Antônio Alvarenga）是一位著名的文学评论家，他曾在多个文学杂志上发表文章，并出版了多部文学著作。

3. 社会活动

阿尔瓦伦加家族在巴西社会中的影响力主要来自于其在政治、商业和媒体领域的广泛参与。该家族成员多次担任圣保罗州议会、联邦众议院、参议院和总统府的职务，为巴西的政治和经济发展做出了重要贡献。此外，该家族还拥有多家企业和媒体公司，如道恩集团和巴西广播公司等，进一步扩大了家族的影响力。

（1）企业

① 阿尔瓦伦加建筑公司（Construtora Alvarenga）：成立于 1960 年，是一家在建筑和房地产领域有着数十年经验的公司，主要从事住宅和商业项目的设计和施工。该公司也是阿尔瓦拉德家族的核心企业之一。

② 德尔芬酒店（Delphin Hotel）：阿尔瓦拉德家族在旅游业领域也有不少投资，拥有多家酒店和度假村，其中最知名的就是德尔芬酒店，该酒店位于圣保罗南部的瓜鲁雅海滨（Guarujá），是巴西最著名的旅游胜地之一。

③ 旧金山集团（Grupo São Francisco）：阿尔瓦拉德家族在医疗健康领域的投资之一，拥有多家医院和医疗机构，其中最著名的是圣保罗市的旧金山医院（Hospital São Francisco）。

（2）组织

阿尔瓦拉德研究所（Instituto Alvarenga）：成立于 1990 年，是一家公益性组织，主要致力于推广文化、艺术和教育事业。该组织由阿尔瓦拉德家族成员创立，目前在圣保罗州拥有多个分支机构。

（三）阿尔维斯家族（Família Alves）

阿尔维斯家族（Família Alves）是巴西政治家族之一，尤其是在圣保罗州政坛占据重要地位。

1. 灵魂人物

米歇尔·特梅尔（Michel Temer），巴西律师、教师、作家和政治家，是巴西第 37 任总统，阿尔维斯家族的重要成员之一。他曾担任过多个政府要职，包括圣保罗州联邦众议员、联邦参议员和圣保罗州政府要员等。他于 2011 年 1 月 1 日至 2016 年 8 月 31 日期间担任巴西第 24 任副总统，之后又在 2016 年至 2018 年期间担任巴西总统。

2. 主要成员

弗朗西斯科·德·保拉·罗德里格斯·阿尔维斯（Francisco de Paula Rodrigues Alves，1848 年 7 月 7 日—1919 年 1 月 16 日），巴西律师、政治家。1887 年至 1888 年担任圣保罗省省长，1900 年至 1902 年担任圣保罗州第 5 任州长，1912 年至 1916 年担任圣保罗州第 9 任州长。他两次当选为巴西总统，成功度过了第一次总统任期（1902—1906），但在第二次任期（原计划从 1918 年持续到 1922 年）内去世。

安娜·罗德里格斯·阿尔维斯·达席尔瓦·佩雷拉（Ana Rodrigues Alves da Silva Pereira，1879 年 10 月 5 日—1958 年 11 月 5 日）和玛丽亚·罗德里格斯·阿尔维斯·达科斯塔·卡瓦略（Maria Rodrigues Alves da Costa Carvalho，1880 年 11 月 18 日—1957 年 1 月 29 日）两姐妹，是罗德里格斯·阿尔维斯的两个女儿。由于她们的母亲在分娩中去世，阿尔维斯姐妹在其父亲的总统任期内分别担任该国第一夫人的角色。

若阿金·奥雷利奥·巴雷托·纳布科·德·阿劳霍（Joaquim Aurélio Barreto Nabuco de Araújo，1849 年 8 月 19 日—1910 年 1 月 17 日），巴西政治家、外交官、历史学家、法学家、演说家和记者，毕业于伯南布哥联邦大学累西腓法学院（Faculdade de Direito do Recife da Universidade Federal de Pernambuco）。他是巴西文学院的创始人之一，巴西帝国（1822—1889）最伟大的外交官之一，也是演说家、诗人和收藏家。他是罗德里格斯·阿尔维斯在里约热内卢的多姆佩德罗二世学院（Colégio Pedro Ⅱ）学习时的同学。

马库斯·阿尔维斯（Marcus Alves），米歇尔·特梅尔的岳父，也是阿尔维斯家族的重要成员之一。他曾经在圣保罗州担任过多个政府职务，包括州政府官员和州众议院议员等。

乔西·安东尼奥·吉列尔梅·阿尔维斯（Josi Antonio Girelli Alves），曾在巴西政府中担任过联邦众议员、联邦参议员和巴西驻意大利大使等多个高级职务。

瓦尔德尼尔·若泽·阿尔维斯（Valdineir Jose Alves），曾担任圣保罗州众议员和联邦众议员等职务。

安东尼奥·卡洛斯·阿尔维斯（Antonio Carlos Alves），曾担任联邦众议员、圣保罗州议员和联邦参议员等职务。

费尔南多·阿尔维斯（Fernando Alves）是一位成功的企业家和投资者，拥有多家企业和丰厚资产。

朱利奥·阿尔维斯（Julio Alves）是圣保罗州著名的建筑师和城市规划师，曾参与设计和规划多个城市建筑和项目。

3. 社会活动

阿尔维斯家族在巴西政坛拥有广泛的政治和商业关系，他们掌握着圣保罗州政治和经济生活的重要部分。尽管该家族的成员曾经涉及一些贪腐丑闻，但他们仍然在巴西政坛中扮演着重要角色，并对圣保罗州乃至整个巴西的政治、经济和社会发展产生着重要的影响。

（1）事件

① 2017 年，阿尔维斯家族成员巴西总统米歇尔·特梅尔因腐败被起诉。据称，特梅尔在担任副总统期间涉嫌收受阿尔维斯家族控制的巴西国家石油公司（Petrobras）的回扣，该家族成员则被指控贿赂政治家以谋求商业利益。

② 2021 年，阿尔维斯家族成员阿尔瓦罗·阿尔维斯·德·法里亚（Alvaro Alves de Faria）因涉嫌参与洗钱和贩毒而被巴西警方逮捕。

（2）企业

① 阿尔维斯瑞贝鲁律师事务所（Alves Ribeiro Advogados Associados）：该律师事务所成立于 2008 年，是阿尔维斯家族旗下的一家律师事务所，提供各种法律服务，包括民事、商业和行政法律咨询。

② V 阿尔维斯房地产公司（V. Alves Empreendimentos Imobiliários）：阿尔维斯家族在房地产领域的公司，成立于 1992 年，主要从事土地开发、房地产投资和管理。

③ 阿尔维斯运输公司（Alves Transportes）：一家货运公司，成立于 1986年，提供物流和运输服务，包括道路运输、海上运输和航空运输等。

④ 阿尔沃拉达医院（Hospital Alvorada）：一家私人医院，成立于 1996年，拥有多个分院，提供各种医疗服务，包括急诊、手术、住院护理等。

（3）组织

① 阿尔沃拉达文化学院（Instituto Alvorada Cultural）：一家文化机构，成立于 1983 年，致力于促进巴西文化的发展和推广，主要活动包括音乐会、戏剧演出、艺术展览等。

② 阿尔瓦雷斯-本特多基金会（Fundação Alvares Penteado, FECAP）：一所高等教育机构，成立于 1902 年，提供各种学位课程，包括工商管理、会计、经济学、法律等，由阿尔维斯家族的创始人之一若昂·阿尔瓦雷斯·彭泰多（João Alvares Penteado）所创办。

③ 保守党（Partido Conservador），成立于 1837 年，是巴西帝国时期的主要政党之一。保守党在政治上支持帝制和保守主义观念，与自由党（Partido Liberal）形成对立。在巴西帝国时期，保守党和自由党交替执政，两党之间的政治斗争是当时政治生活的主要特征之一。

（四）卢拉家族（Família Lula）

卢拉家族是巴西最具影响力的政治家族之一，由巴西总统路易斯·伊纳西奥·卢拉·达席尔瓦（Luiz Inácio Lula da Silva）及其家人组成。

1. 灵魂人物

路易斯·伊纳西奥·卢拉·达席尔瓦（曾用名 Luiz Inácio da Silva，1945 年 10 月 27 日出生），更为人熟知的名字是卢拉（Lula），巴西历史上最受欢迎的政治家之一，幼时和家人一起从伯南布哥州移民到圣保罗，曾是一名冶金学家和金属工会会员。他参加了劳工党（Partido dos Trabalhadores，

PT），在 2003 年 1 月 1 日至 2011 年 1 月 1 日期间担任巴西第 35 任总统，并在 2022 年总统选举中再次当选，于 2023 年 1 月 1 日宣誓就任共和国第 39 任总统。在过去的两个任期内，他推动巴西社会和经济实现转型，人均 GDP 增长了两倍。不仅如此，他在外交政策中也发挥了重要作用，具体涉及伊朗核计划、全球变暖、南方共同市场和金砖国家有关的事务。

2. 主要成员

玛丽莎·莱蒂西亚·卢拉·达席尔瓦（Marisa Letícia Lula da Silva，1950 年 4 月 7 日—2017 年 2 月 3 日）是卢拉的第二任妻子，曾是巴西第一夫人（2003 年 1 月 1 日至 2011 年 1 月 1 日）。玛丽莎的政治生涯从与卢拉一起争取妇女加入该地区的工会运动开始。她积极参与党派活动，在 1980 年 2 月 10 日劳工党成立时剪裁和缝制了该党第一面旗帜，2017 年 2 月 3 日因病去世。

罗桑格拉·卢拉·达席尔瓦（Rosângela Lula da Silva，1966 年 8 月 27 日），是隶属于劳工党的巴西社会学家。罗桑杰拉·达席尔瓦于 17 岁时加入劳工党，是卢拉的第三任妻子，2023 年起成为巴西第一夫人。

马科斯·克劳迪奥·卢拉·达席瓦尔（Marcos Cláudio Lula da Silva）是卢拉的养子，劳工党成员。2008 年，马科斯试图参与圣保罗圣贝尔纳多·杜坎波市的议员竞选。然而，因 1988 年《宪法》规定国家元首二级以下的亲属不能参选，致使他的候选人资格被高级选举法院（Tribunal Superior Eleitoral，TSE）驳回。

法比奥·路易斯·卢拉·达席尔瓦（Fábio Luís Lula da Silva）是卢拉的儿子，一名巴西生物学家和商人，在卢拉就任 ABC 金属工人工会（Sindicato dos Metalúrgicos do ABC）主席前不久出生。他毕业于保利斯塔大学生物科学专业，是圣保罗动物园公园的监督员。

费尔南达·卢拉·达席瓦尔（Fernanda Lula da Silva）是卢拉的女儿，社会活动家和非政府组织成员，一名反贫困和社会正义活动的倡导者。作为卢拉家族的成员，她一直在支持并参与卢拉的政治事业。

3. 社会活动

卢拉家族在经济领域涉足多个行业，包括建筑、媒体、化工和金融等。

（1）事件

① 2005 年发生的石油贿赂案：该年，巴西石油公司的前高管向卢拉的劳工党和其他政党提供了数十亿雷亚尔的回扣。这起腐败案涉及许多政界人士和企业家，包括卢拉本人的顾问以及家族成员。然而，卢拉及其家族成员一直坚称与这起案件没有任何关联。

② 2016 年发生的腐败案件：该年，卢拉被指控收受建筑公司奥德布雷希特（Odebrecht）的贿赂，以换取政治影响力，2018 年卢拉被判入狱 12 年，但在 2021 年 3 月最高法院宣布其无罪释放。

③ 2019 年卢拉家族成员被逮捕：该年，卢拉的儿子路易斯·克劳迪奥（Luís Cláudio）被指控通过自己的媒体公司收受了一些企业家的资金，并将这些资金用于其父亲的选举活动，被警方逮捕。卢拉的另一个儿子费尔南多·路易斯（Fernando Luís）也因涉嫌参与腐败案件而被调查。

④ 卢拉家族成员涉及 2021 年疫苗贿赂案：该年，卢拉的妻子玛丽莎·莱蒂西亚·卢拉·达席尔瓦（Marisa Letícia Lula da Silva）的侄子亚历山大·特谢拉（Alexandre Teixeira）被控涉嫌在巴西的 COVID-19 疫苗采购过程中收受一家制药公司的贿赂，以换取其疫苗在巴西的销售权。虽然卢拉家族成员并没有直接涉及此案，但此案仍然引起了媒体对卢拉家族的关注。

（2）企业（包括与该家族关系密切的企业）

① 巴西石油公司：巴西最大的国有石油公司之一，卢拉曾在 1990 年代担任该公司董事会成员，政府也推出了一系列措施来促进该公司的发展。

② 巴西国家经济和社会发展银行（Banco Nacional de Desenvolvimento Econômico e Social，BNDES）：巴西的国家开发银行，卢拉政府通过该银行推出了一系列的经济发展计划和工业政策。

③ JR 建设开发有限公司（Construtora e Incorporadora JR Limitada）：一家建筑和房地产开发公司，成立于 1987 年，由卢拉的儿子马科斯·卢拉创立。

④ LILS 讲座、活动和出版有限公司（LILS Palestras, Eventos e Publicações Ltda.）：卢拉的个人公司，成立于 2011 年，业务包括组织演讲、筹办活动和制作出版物等。

（3）组织

① 卢拉研究所（Instituto Lula）：非政府组织，成立于 2011 年，旨在改善贫困，维系社会公正，并促进教育、文化和社会领域的发展。该组织因涉嫌贪污和洗钱而被调查和定罪，激起了公众的广泛批评。

② 劳工党：卢拉家族所属的政党，成立于 1980 年，是巴西最大的左翼政党之一。

③ 巴西工人统一中央工会（Central Única dos Trabalhadores，CUT）：巴西最大的工会联盟，成立于 1983 年，卢拉曾担任该组织主席。

④ 儿童无国界组织（Childhood Without Borders）：非政府组织，旨在保护儿童基本权益，卢拉家族成员参与了该组织的活动。

总的来说，卢拉家族在政治、经济和社会领域都表现出了广泛的影响力和活跃度，是巴西的重要家族之一。

二、经济家族

（一）巴蒂斯塔家族（Família Batista）

巴蒂斯塔家族是圣保罗州的一个著名家族，以其在肉类生产和加工领域的业务而闻名于世。该家族的核心企业 JBS 集团（JBS S. A.）是全球最大的肉类加工企业之一，也是巴西最大的企业之一。

1. 灵魂人物

若泽·巴蒂斯塔·索布里尼奥（José Batista Sobrinho，又名 Zé Mineiro，出生于 1933 年 12 月 13 日），是巴蒂斯塔家族的创始人。1953 年，他在戈亚斯州内陆的阿纳波利斯市（Anápolis）创立了 JBS 集团，曾用名为"米涅拉肉食屋"（Casa de Carnes Mineira）。

2. 主要成员

若泽·巴蒂斯塔·尤尼奥尔（José Batista Júnior），1960 年 2 月 12 日生于阿纳波利斯市，是巴西商人和政治家。他是 JBS 集团创始人若泽·巴蒂斯塔·索布里尼奥的儿子,于 2014 年加入巴西民主运动党(Partido do Movimento Democrático Brasileiro, PMDB)。自 1984 年加入 JBS 集团以来,他一直积极参与家族企业的经营,并成功领导 JBS 集团成为全球肉类加工行业的引领者之一。

韦斯利·巴蒂斯塔(Wesley Batista),1970 年出生,是若泽·巴蒂斯塔·索布里尼奥的次子。他是 JBS 集团的前首席执行官,曾负责 JBS 集团在全球范围内的业务扩张和并购,使该企业成为全球最大的肉类加工企业之一。此外,他还曾负责企业在美国市场的业务,2011 年返回巴西。2016年,他被《福布斯》杂志评为巴西 70 大亿万富翁之一。然而,2017 年因涉及贪污和内幕交易被捕。

乔斯利·巴蒂斯塔(Joesley Batista),1972 年出生,是韦斯利·巴蒂斯塔的弟弟,也是 JBS 集团的前高管。他曾担任 JBS 集团的董事长和首席执行官,并参与了许多大型并购交易。然而,他也因涉嫌贪污和其他非法行为被捕,并于 2019 年被判处监禁。

蒂西亚娜·塔纳茹拉·维拉·博阿斯·巴蒂斯特(Ticiana Tanajura Villa Boas Batista,更广为人知的名字是 Ticiana Villa Boas),1980 年 11 月 22 日出生,是乔斯利·巴蒂斯塔的妻子,巴西记者和电视节目主持人。她的职业生涯始于 2005 年,当时她是旗手网(Rede Bandeirantes)的记者。2006 年,她被调往圣保罗,2007 年与巴西记者莱昂·尼科拉·洛博(Leão Nicola Lobo)一起接管了电子杂志《非常流行》(Atualíssima)。曾获 2009 年"女性新闻奖杯"最佳新闻主播的奖项。

除了这些家族成员,巴蒂斯塔家族还有其他的亲属和后代参与家族企业和社会事务。其中,何塞·巴蒂斯塔·索布里尼奥的女儿安娜·保拉(Ana Paula)和儿子何塞·巴蒂斯塔·菲尔霍(José Batista Filho)都担任了 JBS 集团的高管。此外,该家族的成员还积极参与了巴西的慈善事业和文化活动,为社会和文化事业做出了贡献。

3. 社会活动

除了肉类加工业,巴蒂斯塔家族还在其他领域进行了投资和发展。例如,他们在能源、基础设施和房地产领域有一定的投资和业务布局。同时,该家族的成员还积极参与慈善事业,为巴西社会和文化发展做出了贡献。

巴蒂斯塔家族在巴西社会和经济领域具有很高的知名度和影响力,是巴西最成功的家族之一。

(1)事件

2017 年 3 月,巴西联邦警察发起了一次名为"打击变质肉行动"(Operação Carne Fraca)的调查行动,旨在揭露巴西肉类行业的腐败问题。该调查行动揭示了巴蒂斯塔家族旗下的 JBS 集团涉及贿赂、非法支付政治资金等丑闻,引起了广泛的关注,该事件导致了 JBS 集团股价暴跌。

在腐败丑闻发生后不久,JBS 集团爆发了财务危机。2017 年 5 月,该公司宣布其在巴西和全球的资产总额约为 51.3 亿美元,高于此前公布的 40 亿美元。这一消息引发了投资者和分析师的质疑,导致 JBS 集团股价大幅下跌。随后,该公司宣布出售其在阿根廷、乌拉圭和巴拉圭的业务,集中精力以解决所面临的财务问题。

(2)企业

① JBS 集团:世界上最大的肉类加工企业之一,总部位于圣保罗州。该公司主要从事生产、加工和销售肉类产品,包括牛肉、猪肉和家禽肉。JBS 集团在全球范围内拥有多个品牌和子公司,包括美国的皮尔格林(Pilgrim's Pride)、澳大利亚的 JBS Australia 和欧洲家禽商莫伊园公司(Moy Park)等。

② 埃尔多拉多巴西纸浆公司(Eldorado Brasil Celulose S. A.):一家生产纸浆的公司,总部位于圣保罗市雅瓜拉村(Vila Jaguara),拥有巨大的纸浆生产能力和现代化的生产设施。

③ 巴西数字银行(Banco Original S. A):一家巴西的数字银行,提供金融服务和产品,包括贷款发放、储蓄账户开设、投资保险等。

(3)组织

① 多丽娜·诺维尔盲人基金会(Fundação Dorina Nowill para Cegos):一家慈善组织,致力于为盲人提供教育、职业培训和生活技能等服务和支持。

② Uniemp 研究所(Instituto Uniemp):一个教育组织,旨在提高巴西

年轻人的教育水平和专业技能。

总的来说,巴蒂斯塔家族是巴西最富有的家族之一,他们的家族企业和组织涉及多个领域,包括肉类加工、纸浆生产、数字银行和慈善活动等。

(二) 若昂·多利亚家族(Família João Doria)

多利亚家族是圣保罗州的一个显赫家族,他们经营着多个企业,业务覆盖零售、房地产、制造业和金融服务等。

1. 灵魂人物

该家族的创始人是佩德罗·维里亚托·帕里格特·德·苏萨·多利亚(Pedro Viriato Parigot de Souza Doria),他自 20 世纪初开始投资房地产和咖啡种植,并逐渐将家族的事业扩展到其他领域。他的儿子若泽·维森特·德·苏萨·多利亚(José Vicente de Souza Doria)继承了家族事业,并扩展了家族的金融和制造业版图。此外,他还在 1983 年担任了巴西圣保罗市的市长,成为该家族历史上首次担任市长职务的成员。

2. 主要成员

若昂·阿里皮诺·达·科斯塔·多利亚·朱尼奥(João Agripino da Costa Doria Júnior),出生于 1957 年,政治家、企业家和作家。他曾任圣保罗市市长和圣保罗州州长,在巴西政坛中拥有广泛的影响力。在商业方面,他曾担任多个公司包括威士忌生产商和媒体公司的高级职位。同时,他也是商业领袖团体(Grupo LIDE①)的创始人之一。

若昂·多利亚·内托(João Doria Neto),1962 年出生,是多利亚家族的第三代成员,也是多利亚集团的创始人之一。他曾在巴西商界担任多个高级职位,包括城市银行(Banco Cidade)的管理层职务,并在圣保罗州投资促进局(Investe SP)担任董事会成员。

弗朗西斯科·多利亚(Francisco Doria),出生于 1959 年,是多利亚集团的总裁和董事长。他曾在巴西和欧洲的多个公司如意大利的咖啡品牌意利

---

① LIDE 汇集了 1600 多家巴西国内和跨国公司,占巴西个人 GDP 的 52%。该组织的既定目标是促进和鼓励商业关系,并组织私人对教育可持续性和社会计划的支持。

(Illycaffè)和法国的制药公司赛诺菲(Sanofi)担任高管职务。

安娜·玛丽亚·多利亚(Ana Maria Doria),出生于1962年。她是巴西一家知名律师事务所的合伙人,专注于商业和公司法领域。同时,她还是一位社会活动家,致力于改善妇女和弱势群体的生活质量。

亚历山大·多利亚(Alexandre Doria),出生于1975年,是多利亚家族的第四代成员之一。他在巴西和美国拥有多家公司,业务覆盖金融、娱乐和地产等多个行业。同时,他也是多利亚集团的董事。

3. 社会活动

多利亚家族在圣保罗州的社会活动领域具有广泛的影响力。他们以经营企业和参与政治活动而闻名,并积极参与社会慈善事业。

在经济领域,多利亚家族拥有自己的企业集团,包括多利亚集团和商业领袖团体等。这些企业在多个领域运营,如房地产开发、金融、媒体和教育等。

在政治领域,多利亚家族的成员经常参加选举,并在政府中担任高级职务。家族成员曾经担任过圣保罗市市长、州长、众议员和参议员,对巴西政治发展起到了积极的作用。

此外,多利亚家族还非常重视慈善事业。他们通过多利亚基金会等慈善机构,为弱势群体和需要帮助的人们提供支持和帮助。不仅如此,在巴西圣保罗州的一些社区中,他们还为当地居民建设了医疗中心、学校和社区中心等公共设施,保障居民基本生活条件。

(1)事件

① 2005年,家族成员和政治家若昂·阿里皮诺·达·科斯塔·多利亚·朱尼奥当选圣保罗市市长。

② 2017年,若昂·阿里皮诺·达·科斯塔·多利亚·朱尼奥宣布辞去市长职务,参加巴西总统选举。

③ 2018年,若昂·阿里皮诺·达·科斯塔·多利亚·朱尼奥在巴西总统选举中败选,随后当选圣保罗州州长。

④ 2021年,若昂·阿里皮诺·达·科斯塔·多利亚·朱尼奥宣布参加

巴西总统选举。

（2）企业

① 多利亚国际有限公司（Doria International Inc.）：一家位于美国迈阿密的房地产开发公司，主要经营住宅、商业和酒店开发。

② 多利亚集团：该集团旗下涉及金融、传媒和医疗保健等多个领域，包括多利亚资产管理公司（Doria Administração de Bens）、多利亚房地产开发公司（Doria Desenvolvimento Imobiliário）、多利亚金融投资公司（Doria Investimentos）、多利亚出版社（Doria Editora）、多利亚妇产医院（Doria Hospital e Maternidade）等。

③ 多利亚联合咨询公司（Doria Associados Comunicação e Marketing）：一家专注于政治咨询、品牌营销与战略传播的公司，主要为政治候选人、政党、企业及公共机构提供全方位的咨询服务、品牌推广、市场传播、选战策划等服务。

（3）组织

① 商业领袖团体：一家由若昂·阿里皮诺·达·科斯塔·多利亚·朱尼奥创立的商业领袖组织，旨在促进巴西商业的创新和发展。

② Endeavor 创业研究院（Instituto Empreender Endeavor）：一家由若昂·阿里皮诺·达·科斯塔·多利亚·朱尼奥创立的非营利组织，旨在帮助创业者发展其业务和提升管理能力。

（三）弗里亚斯家族（Família Frias）

弗里亚斯家族是巴西最重要的商业和媒体家族之一，长期在媒体、互联网、银行、房地产等领域占据重要地位。这个家族与巴西媒体行业紧密相关，同时也在科技、金融、艺术等多个领域有着深远的影响。

1. 灵魂人物

奥克塔维奥·弗里亚斯·德·奥利维拉（Octávio Frias de Oliveira），巴西记者、编辑和商人。他曾担任总部位于圣保罗市的页报集团（Grupo Folha）主席和总编辑，也是巴西航空公司里约格朗德航空（Empresa de

Viação Aérea Rio Grandense，Varig）的副主席。不仅如此，他还是著名的艺术收藏家和文化使者，为巴西的文化事业做出了重要贡献。1962 年 8 月，被他收购的《圣保罗页报》（Folhade S. paulo）与卡洛斯·卡尔代拉·菲略（Carlos Caldeira Filho）建立合作伙伴关系，成为该国最具影响力的媒体之一。

2. 主要成员

奥塔维奥·弗里亚斯·德·奥利维拉·菲略（Otavio Frias de Oliveira Filho），巴西著名记者、编辑和出版人。他是巴西最大报纸之一《圣保罗页报》的新闻总编，毕业于圣保罗大学法学院，并在社会科学领域完成了研究生课程。他在新闻编辑、战略方向和管理方面的贡献，奠定了《圣保罗页报》在巴西媒体中的重要地位。2018 年，他因病在圣保罗逝世，享年 61 岁。

路易斯·弗里亚斯（Luiz Frias）是奥克塔维奥·弗里亚斯·德·奥利维拉的儿子，1964 年出生，任页报集团和环球在线（Universo Online，UOL Inc.）的董事会主席，也是奥塔维奥·弗里亚斯·德·奥利维拉·菲略的弟弟。他毕业于圣保罗大学经济学专业，拥有英国剑桥大学和法国巴黎大学（也称为索邦大学）的硕士学位。自 20 世纪 80 年代起加入家族媒体事业，负责数字化转型和推动现代化进程。他在平安支付（PagSeguro）的支付业务中发挥了关键作用，该业务成功上市后大幅提升了弗里亚斯家族的财富。他以创新和长远战略闻名，是巴西传媒和技术产业的标志性人物之一，同时也是家族企业持续成功的重要推手。

玛丽亚·克里斯蒂娜·弗里亚斯（Maria Cristina Frias），现任《圣保罗页报》经济专栏主编。她是巴西知名记者，毕业于圣保罗天主教大学（Pontifícia Universidade Católica de São Paulo，PUC‒SP），并拥有 Insper 教育与研究学院（Insper Instituto de Ensino e Pesquisa）的金融学研究生学历。她自 1980 年代起加入家族媒体事业，接替父亲奥塔维奥·弗里亚斯·德·奥利维拉·菲略在报社的部分职责。2007 年，她与家族成员继承了集团。此外，随着平安支付的成功，她的财富和影响力显著提升，2024 年首次入选巴西福布斯亿万富豪榜。

3. 社会活动

弗里亚斯家族在社会活动中表现出了强烈的公益精神，致力于推动各个社会领域的发展。该家族通过旗下的《圣保罗页报》及页报集团，促进社会议题的讨论，尤其是巴西的民主化进程和新闻自由。路易斯·弗里亚斯领导的环球在线也为巴西数字化转型和互联网普及做出了贡献。此外，家族成员积极参与慈善事业，如支持教育、文化和环境保护项目。家族成员通过媒体平台不断强调社会责任，以推动巴西社会的平等与发展。

（1）事件

2019年9月，《圣保罗页报》报道了巴西总统雅伊尔·博尔索纳罗（Jair Bolsonaro）的妻子米歇尔·博尔索纳罗（Michelle Bolsonaro）在过去15年里收受了一家慈善机构6 000雷亚尔的支票。该慈善机构是由一名受博尔索纳罗家族信任的前政治助手所掌管。这篇报道引起了广泛关注，并被认为是对博尔索纳罗政府的一次重要挑战。

随后，博尔索纳罗政府对《圣保罗页报》采取了报复措施，禁止政府机构订阅该报，这一行为受到广泛批评，被视为政府对媒体自由和言论自由的限制。

（2）企业

弗里亚斯家族的主要家族企业是《圣保罗页报》，该报是巴西历史上最具影响力和最畅销的报纸之一。该报纸创立于1921年，以其独立和极具批判性的报道而闻名，被认为是巴西最权威的报纸之一。

除了《圣保罗页报》，弗里亚斯家族还经营着一些其他企业，如面板数据公司（Painel）和内克斯创新基金会（Nexo）。此外，弗里亚斯家族还涉足了音乐产业，他们拥有巴西最著名的比斯科依托·菲诺音乐公司（Biscoito Fino）。

（3）组织

在相关组织方面，弗里亚斯家族的页报集团还拥有并管理其他一些报纸和出版物，如《经济价值报》（*Valor Econômico*）和《页报社》（*Agência Folha*）等。页报集团在数字媒体和社交媒体领域也拥有较强的实力，拥有针对不同受众的平台和应用程序。

此外，弗里亚斯家族也积极参与社会和文化事务。他们成立了圣保罗页报文化基金会(Fundação Cultural Folha de S. Paulo),支持巴西文化和艺术的发展。弗里亚斯家族还设立了巴西最大的奖学金基金之一,旨在资助巴西年轻人接受高等教育。

(四) 萨阿德家族(Família Saad)

萨阿德家族是巴西圣保罗州一大知名家族,以其在媒体和传媒领域的业务而著称。该家族的创始人是若昂·乔治·萨阿德(João Jorge Saad),他在 1947 年创办了一个小型广播电台,并逐渐将其发展成为现如今的旗手通信集团(Grupo Bandeirantes de Comunicação),拥有并管理多个广播电台、电视台、新闻网站和其他传媒平台。

1. 灵魂人物

若昂·乔治·萨阿德,著名的商人和传媒大亨,萨阿德家族的创始人。他于 1919 年出生在黎巴嫩,5 岁时移居巴西圣保罗。他于 1947 年创办的广播电台很快成为当地最受欢迎的媒体之一,并且逐渐扩大了业务范围。1998 年,萨阿德被费尔南多·恩里克·卡多佐总统授予特别指挥官级军事功绩勋章。

2. 主要成员

若昂·卡洛斯·萨阿德(João Carlos Saad),又名约翰尼·萨阿德(Johnny Saad),若昂·乔治·萨阿德的儿子,是旗手通信集团的主席和首席执行官。他自 1999 年起担任这个职位,并成功地将公司从一个广播电台扩展为一个多元化的传媒集团。同时,他还是巴西广播电视协会(Associação Brasileira de Emissoras de Rádio e Televisão, ABERT)的主席,该协会是巴西广播电视业的主要行业组织之一。

安德烈·萨阿德(André Saad)是若昂·卡洛斯·萨阿德的弟弟,担任旗手通信集团的副主席和执行董事。他在该公司的业务扩展和发展方面发挥了重要作用。

3. 社会活动

萨阿德家族在社会活动领域也非常活跃,特别是在巴西圣保罗州地区。

该家族通过萨阿德基金会(Fundação Saad)向许多社区项目提供支持,业务覆盖教育、文化、健康和环境保护等领域。此外,该家族还支持许多文化和艺术活动,并且在慈善事业和社会公益方面做出了许多贡献。

(1)事件

2006年,萨阿德家族企业遭遇了一场严重的危机。当时,企业陷入了巨额债务,且由于未能按时还款,银行开始冻结他们的资金。在这种情况下,萨阿德家族成员开始利用企业内部的账户来进行欺诈性交易和洗钱,试图将企业的资金转移到海外,以逃避债务。

同年7月5日,巴西联邦警察在对萨阿德家族成员进行的一次突击搜查中,发现了大量的银行存单和现金,共计2亿雷亚尔(约合1亿美元)。此后,萨阿德家族成员被捕,包括企业的首席执行官、首席财物官和其他高管。他们被指控犯有欺诈、洗钱和挪用公款等罪名。

随后,萨阿德家族企业陷入破产,不得不通过拍卖他们的企业和资产以偿还债务。不仅如此,萨阿德家族成员也因涉嫌犯罪而接受了审判,一些成员被判入狱,另一些则被处以罚款。

这场危机不仅摧毁了萨阿德家族企业,也影响了巴西整个企业界的声誉。该事件揭示了许多公司高管之间的腐败和欺诈行为,引发了社会对巴西企业治理和透明度的关注,并推动了相关改革。

(2)企业

萨阿德家族拥有多个企业,主要涉及零售、航空、房地产和金融等行业。其中,最著名的企业是位于圣保罗州的家电零售商冷点(Ponto Frio)。

冷点成立于1946年,是巴西最大的家电零售商之一,拥有超过500家门店和约15 000名员工。

此外,萨阿德家族还涉足航空业。他们拥有圣保罗航空运输公司(Viação Aérea São Paulo,Vasp),该公司总部位于圣保罗市,是巴西最大的私人航空公司之一。另外,他们还在房地产和金融领域拥有多家相关企业,如萨阿德股份公司(Saad Participações)等。

(3)组织

萨阿德家族还与多个慈善组织有关联,包括萨阿德基金会和萨阿德慈善信托(Saad Charitable Trust)等,这些组织致力于向贫困和有需要的群体提供支持与帮助。

（五）萨夫拉家族（Família Safra）

萨夫拉家族是巴西圣保罗州最富有、最成功的家族之一。家族成员是著名的银行家和企业家,在巴西乃至世界范围内都拥有广泛的业务和投资。

1. 灵魂人物

约瑟夫·萨夫拉(Joseph Safra),1938 年出生于黎巴嫩贝鲁特(Beirute),在家族银行萨夫拉银行工作,曾是世界上最富有的人之一。他在1999 年成立了独立的萨夫拉集团(Grupo Safra),以管理他的个人财富。

2. 主要成员

莫伊斯·萨夫拉(Moise Safra),1934 年出生于黎巴嫩,是约瑟夫·萨夫拉的兄弟。两兄弟共同经营家族银行,并在全球范围内拥有广泛的商业利益。莫伊斯·萨夫拉曾在纽约创办了一家银行,同时还在不动产和其他行业进行了投资。

埃德蒙德·萨夫拉(Edmond Safra),1932 年出生于黎巴嫩,是约瑟夫·萨夫拉的兄弟。他是国际银行业和慈善家领域的巨头,曾担任世界各地许多银行和金融机构的董事会成员。

雅各布·萨夫拉(Jacob Safra),1891 年出生于黎巴嫩,是约瑟夫·萨夫拉的父亲。他创立了家族银行,并通过在巴西、美国和瑞士等地的业务拓展了家族企业的版图。

大卫·萨夫拉(David Safra)是约瑟夫·萨夫拉的儿子。他是萨夫拉集团的副总裁,管理家族企业在房地产、酒店和其他行业的投资。

3. 社会活动

萨夫拉家族在经济、金融和慈善事业方面都有显著的成就与影响力。他们的家族企业在全球范围内拥有广泛的业务和投资,包括银行、不动产、酒店、投资管理和其他业务。除了商业活动,萨夫拉家族还通过慈善事业为社会做出了贡献,例如在巴西和黎巴嫩建立了医疗机构和慈善组织,为各种教育和文化项目提供资助。

（1）事件

① 恐怖袭击事件：1999 年 11 月，萨夫拉家族旗下的银行萨夫拉银行遭遇了一起恐怖袭击，一名员工死亡。

② 家族继承权之争：萨夫拉家族在家族企业管理和继承权方面曾经发生过多次内部争斗。1999 年，家族领袖埃德蒙德·萨夫拉去世后，他的兄弟约瑟夫·萨夫拉和其他家族成员之间爆发了一场继承权之争。这场争斗最终在 2006 年得到解决，约瑟夫·萨夫拉自此成为家族企业的唯一继承人。

③ 投资和扩张：萨夫拉家族通过其公司萨夫拉集团在全球范围内开展投资和业务扩张。他们涉足各种不同的行业，包括金融、房地产、医疗保健、能源和技术等领域。该集团还拥有许多重要的资产，如巴西的萨夫拉银行和萨夫拉萨拉辛银行(J. Safra Sarasin)。其中，萨夫拉萨拉辛银行是瑞士的一家私人银行，也是资产管理和投资管理领域的领军企业之一。

（2）企业

萨夫拉集团是萨夫拉家族旗下的主要企业集团，总部位于巴西圣保罗州，是巴西最大的私人银行之一。该集团旗下拥有多家子公司和品牌，涉及银行、投资管理、资产管理、房地产、零售、医疗保健、能源等多个领域。

萨夫拉银行是萨夫拉集团的核心业务，为高净值客户和企业提供贷款、存款、投资等多种银行业务，在巴西、瑞士、卢森堡、摩纳哥、美国、英国等多个国家均设有分支机构。

除了银行业务，萨夫拉集团还拥有萨夫拉资产管理公司（Safra Asset Management)、萨夫拉萨拉辛银行等资产管理和投资管理公司。萨夫拉资产管理公司在全球范围内负责管理多元化的投资组合，包括股票、债券、房地产等资产类别。

（3）组织

萨夫拉家族还拥有多个非营利组织，如埃德蒙吉·萨夫拉慈善基金会（Fundação Edmond Safra)和约瑟夫·萨夫拉慈善基金会（Fundação Joseph Safra)。这些基金会致力于支持医疗保健、教育、文化和社会福利等领域的项目和活动。此外,该家族还拥有大量房地产资产,如纽约市的银行大厦(Bank Building)和瑞士再保险大厦(Edifício Swiss Re)等。

总的来说,萨夫拉家族是一个全球化的企业集团,涵盖多个领域和国家。他们的企业和组织在各个领域中都具有广泛的影响力和实力。

(六) 莫雷拉·萨勒斯家族(Família Moreira Salles)

莫雷拉·萨勒斯家族是巴西圣保罗州著名的经济家族之一,在银行、投资和文化领域拥有广泛的影响力。以下是该家族的一些重要成员及其生平经历。

1. 灵魂人物

沃尔特·莫雷拉·萨勒斯·儒尼奥尔(Walter Moreira Salles Júnior,1956 年出生),莫雷拉·萨勒斯家族的领袖人物之一,是一位著名的巴西银行家和投资家,也是伊塔乌联合银行(Itaú Unibanco)和加维亚投资公司(Gavea Investimentos)的创始人之一。同时,他还是位著名的电影导演和制片人,他的代表作包括《中央车站》(*Central do Brasil*)和《千禧午夜》(*O Primeiro Dia*)等。

2. 主要成员

佩德罗·莫雷拉·萨雷斯(Pedro Moreira Salles),出生于 1959 年,是沃尔特·莫雷拉·萨勒斯的弟弟,也是该家族的重要成员之一。他是伊塔乌联合银行的联合主席和首席执行官,同时也是加维亚投资公司的创始合伙人。

若昂·莫雷拉·萨勒斯(João Moreira Salles),出生于 1962 年,是沃尔特·莫雷拉·萨勒斯的弟弟。他是纪录片制片人、电影制片人和《皮奥伊》(*Piauí*)杂志创始人。

费尔南多·莫雷拉·萨勒斯(Fernando Moreira Salles),出生于 1949 年。他曾是伊塔乌联合银行的董事长,也是家族在文化领域的重要代表。同时,他还是巴西著名的现代艺术收藏家,拥有大量珍贵的巴西和拉丁美洲艺术品。

佩德罗·莫雷拉·萨勒斯·菲略(Pedro Moreira Salles Filho),出生于

1990年,是佩德罗·莫雷拉·萨雷斯的儿子,也是该家族的新一代成员之一。他对金融和文化领域都表现出极大的兴趣,曾在伊塔乌联合银行和加维亚投资公司实习,同时也是一位独立电影制片人。

3. 社会活动

莫雷拉·萨勒斯家族以其对文化和艺术事业的贡献而闻名,他们拥有巴西最大的私人文化基金会莫雷拉·萨勒斯研究所(Moreira Salles Institute),该基金会致力于巴西文化遗产的保护和传承工作。此外,该家族在金融和投资领域也有着较大的影响力,是巴西经济领域的重要力量之一。

(1)事件

① 1985年圣保罗现代美术馆的建立:该家族的成员沃尔特·莫雷拉·萨雷斯是圣保罗现代美术馆的创始人之一。该美术馆于1985年正式开放,是巴西最重要的现代和当代艺术馆之一。

② 1990年代初的经济危机:这场经济危机,导致许多企业和家庭陷入困境。莫雷拉·萨勒斯家族积极参与了巴西经济的恢复和发展,并通过伊塔乌联合银行的金融支持和文化投资等方式,在巴西社会中发挥了重要作用。

③ 2012年家族企业的发展:伊塔乌联合银行于2012年收购了智利商业银行(CorpBanca),成为拉丁美洲最大的银行之一。此外,该家族成员还通过家族基金会支持巴西文化和教育等领域的发展。

(2)企业

莫雷拉·萨勒斯家族的主要企业是伊塔乌联合银行,这是巴西最大的私人银行之一,由该家族于1945年创立。该企业经过多年的发展,逐步成为巴西最具影响力的公司之一,在巴西和拉丁美洲的金融业中占据着重要地位。

(3)组织

此外,莫雷拉·萨勒斯家族还有一些重要的文化和教育组织:

① 莫雷拉·萨勒斯研究所:专门研究巴西文化和艺术的非营利组织,由家族成员沃尔特·莫雷拉·萨勒斯于1992年创建。该组织通过展览、出

版物、电影和音乐等方式,推广巴西文化和艺术,帮助世界了解巴西的独特魅力。

② 莫雷拉·萨勒斯基金会(Fundação Moreira Salles):致力于促进巴西文化和教育的非营利组织,由家族成员佩德罗·莫雷拉·萨勒斯于 1989 年创立。该基金会为巴西博物馆、艺术展览、文学和音乐等领域的文化活动提供支持,为巴西的文化和艺术事业做出了贡献。

总的来说,莫雷拉·萨勒斯家族在金融和文化领域都有很深的影响力,他们通过家族企业伊塔乌联合银行和文化组织的投资与支持,为巴西乃至拉丁美洲的经济和文化发展做出了重要的贡献。

三、体育家族

(一) 索克拉底·莱伊家族(Família Sócrates e Raí)

索克拉底·莱伊家族是巴西圣保罗州崭露头角的足球家族,其中最著名的两位成员分别是索克拉底(Sócrates)和莱伊·索萨·维埃拉·德·奥利维拉(Raí Souza Vieira de Oliveira)。

1. 灵魂人物

索克拉底(1954—2011),著名的巴西足球运动员,曾经在巴西国家队中担任队长,在 1982 年和 1986 年两届世界杯足球赛上代表巴西队出战。他在 1982 年世界杯上表现出色,被誉为世界杯历史上最出色的球员之一。此外,索克拉底还是一位医生和政治家,曾参与巴西的民主运动和反对军政府的示威活动。

莱伊·索萨·维埃拉·德·奥利维拉,出生于 1965 年,是一位退役的巴西足球运动员,曾效力于法甲豪门巴黎圣日耳曼足球俱乐部(Paris Saint-Germain F. C.)和巴西国家队(Seleção Brasileira),是 1994 年和 1998 年两届世界杯足球赛的冠军成员。他是一位优秀的中场球员,拥有出色的技术,在球场上经常扮演组织和创造进攻机会的角色。足球生涯之外,莱伊还非常关注社会公益事业,并在退役后成立了一家名为"莱伊 10"(RAí10)的慈善基金会,致力于为巴西贫困地区的青少年提供帮助。

2. 主要成员

除了索克拉底和莱伊外,索克拉底·莱伊家族中还有其他足球运动员,例如巴西足球名宿曼努埃尔·弗朗西斯科·多斯·桑托斯(Manuel Francisco dos Santos)、莱伊的侄子加布里埃尔·维尼修斯·梅尼诺(Gabriel Vinicius Menino)等。他们都曾在足球领域中取得了不俗的成就,为巴西足球事业做出了杰出的贡献。

3. 社会活动

索克拉底和莱伊是索克拉底·莱伊家族的两个著名人物,他们都以优秀的足球技巧和社会活动家的身份而出名。这个家族在足球领域根基深厚,有着广泛的影响力,同时也涉足巴西的文化、艺术和商业等领域。

(1) 事件

① 科林蒂安斯民主运动(Movimento Democrático Corinthians,1982—1984):这场运动的目标是将球队的管理和决策权交给球员和球迷。索克拉底是该运动的领导人之一,在其中发挥了重要的作用。这一球队采用民主方式进行管理的实践被认为是足球领域的一项创新。

② 1982年世界杯:索克拉底在该届世界杯中代表巴西国家队出战,并担任队长。他在比赛中表现出色,进球数和助攻数都很高。虽然如此,最终巴西还是在比赛中被淘汰出局。

③ 1992年圣保罗足球俱乐部的胜利:莱伊在这个赛季帮助圣保罗足球俱乐部赢得了圣保罗州锦标赛和南美自由杯。这些胜利使莱伊成为圣保罗足球俱乐部历史上的传奇人物之一。

④ 1994年世界杯:莱伊在该届世界杯中代表巴西国家队出战,并在决赛中为球队攻入了关键进球,帮助巴西赢得了世界杯冠军。

(2) 组织

索克拉底在运动员生涯结束后,曾经担任过巴西职业运动员协会(Associação Brasileira de Atletas Profissionais)的主席,致力于维护足球职业运动员的权益和福利,同时也在社会活动和政治领域积极发声。

此外，莱伊还创立了一个名为"莱伊基金会"（Fundação Raí）的组织，旨在通过足球和教育为巴西贫困地区的儿童和青少年提供帮助。

（二）塞尼家族（Família Ceni）

塞尼家族是巴西圣保罗著名的足球家族，以其成员在足球领域的杰出表现而出名。

1. 灵魂人物

罗杰里奥·塞尼（Rogerio Ceni），出生于 1973 年，是该家族的代表性人物之一。他是巴西足球历史上最成功的门将之一，曾效力于圣保罗足球俱乐部长达 23 年之久，期间出场超过 1 200 次，多次帮助球队夺得冠军。此外，他还是有史以来进球最多的门将之一。

2. 主要成员

阿雷西·塞尼（Aloisio Ceni），出生于 1977 年，是罗杰·塞尼的表弟。他是一名前锋，曾在圣保罗足球俱乐部、桑托斯足球俱乐部（Santos Futebol Clube）和克鲁塞罗足球俱乐部（Cruzeiro Esporte Clube）效力。他在场上表现出色，曾经多次为球队踢入关键进球。

巴伊亚·塞尼（Baiano Ceni），出生于 1973 年，是罗杰·塞尼的表弟。他是一名前锋，曾在圣保罗足球俱乐部、弗拉门戈足球俱乐部（Clube de Regatas do Flamengo）和巴伊亚体育俱乐部（Esporte Clube Bahia）效力。他在场上表现出色，曾多次为球队打入关键进球。

马塞洛·罗杰里奥·塞尼（Marcelo Rogério Ceni），出生于 1971 年，是罗杰里奥·塞尼的哥哥。他是一名足球门将，曾在圣保罗足球俱乐部、科林蒂安保利斯塔体育俱乐部（Sport Club Corinthians Paulista）和圣塔卡琳娜海军俱乐部（Clube Náutico Marcílio Dias）效力。他在场上表现出色，是一名技术娴熟的球员，拥有出色的传球和控球能力。

3. 社会活动

塞尼家族的社会活动聚焦在足球运动领域。该家族的多位成员是著名的足球运动员,他们在巴西和世界范围内享有很高的知名度和声誉。塞尼家族的成员在足球界发挥着重要的作用,其中有些成员还投身于足球教练这一职业和相关管理领域。除了足球活动,该家族成员也积极参与慈善事业和社会公益活动,为巴西社会的发展和进步做出了重要贡献。

（1）事件

罗杰·塞尼在 2005 年参加了一项名为"赤脚足球"（Futebol de Pé Descalço）的活动,这是一项旨在呼吁支持和关注贫困地区足球文化的慈善活动。

（2）公司

圣保罗足球俱乐部:塞尼家族的标志性俱乐部,罗杰·塞尼曾经是圣保罗足球俱乐部的门将,并在那里赢得了多个荣誉。该俱乐部成立于 1930 年,是巴西最成功的足球俱乐部之一。

（3）组织

① 巴西足球运动员协会:职业足球运动员的工会组织,成立于 1941 年。罗杰·塞尼曾经是该组织的一员,并在 2006 年当选为协会主席。

② 巴西足球博物馆:位于圣保罗市中心,建于 1978 年,是一个关于巴西足球历史的博物馆。罗杰·塞尼曾经在该博物馆工作。

（三）马里尼奥家族（Fanília Marinho）

马里尼奥家族是巴西圣保罗最著名的家族之一,也是该地区最富有和最具影响力的家族之一,该家族在经济、体育、媒体等领域都有着广泛的投资。

1. 灵魂人物

安德烈·马里尼奥（André Marinho）是马里尼奥家族的领袖,也是巴西著名的政治家和商人。他曾是巴西众议院的一名议员,并在巴西政坛上担任多个职务。此外,他还是圣保罗州的一名成功的房地产开发商,拥有包括公寓、商业地产和酒店在内的多个房地产项目。

2. 主要成员

卡洛斯·马里尼奥（Carlos Marinho）是马里尼奥家族的成员之一,也是巴西著名的足球运动员。他曾经效力于巴西著名的科林蒂安保利斯塔俱乐部，并代表巴西国家队参加了多场国际比赛。

马里奥·马里尼奥（Mário Marinho）是马里尼奥家族的成员之一，也是巴西圣保罗著名的体育评论员和媒体人士。他曾经担任巴西电视台的体育节目主持人，评论过多场国际足球比赛，并在圣保罗体育媒体界具有广泛的影响力。

3. 社会活动

马里尼奥家族的企业和组织涵盖了多个领域，对巴西圣保罗州的经济和社会发展做出了积极的贡献。

（1）事件

① 2004 年马里奥·马里尼奥遇刺事件：2004 年 7 月 30 日，马里尼奥家族成员、知名记者和主持人马里奥·马里尼奥在家中遭遇枪击，经抢救无效，不幸离世。该事件引起了巨大的轰动，调查人员曾经怀疑是因为他在电视节目中批评了当地政治家而遭到了报复。虽然多年过去了，该案件却仍未有最终的定论。

② 2020 年新冠疫情期间的捐赠行为：2020 年，巴西爆发了新冠疫情，马里尼奥家族积极参与了抗击疫情的行动。他们向当地医院捐赠了大量医疗设备和物资，并提供了多个场馆作为隔离中心和治疗中心。此举得到了当地政府和社会各界的高度赞扬和认可。

（2）企业

① 马里尼奥房地产开发公司（Marinho Empreendimentos Imobiliários）：马里尼奥家族拥有的房地产开发公司，专注于圣保罗州地区的高端房地产开发。该公司的项目包括高档公寓、写字楼和商业地产等。

② 科林蒂安保利斯塔体育俱乐部：巴西著名足球俱乐部，也是巴西历史上最成功的足球俱乐部之一。该俱乐部成立于 1910 年，马里尼奥家族是其主要股东之一。通过对该俱乐部的投资和支持，马里尼奥家族在国内和国际足球界都拥有广泛的影响力。

③ 青年之声广播电台（Rádio Jovem Pan）：马里尼奥家族拥有的一家广

播电台,成立于 1944 年,是巴西最受欢迎的广播电台之一。该电台以新闻、体育和娱乐节目为主,马里尼奥家族成员马里奥·马里尼奥曾经在该电台担任过主持人和评论员。

④ 环球集团(Grupo Globo):巴西最大的媒体集团之一,拥有众多的电视、广播和印刷媒体,包括全国最畅销的报纸《环球报》(Globo)。该集团成立于 1925 年,由马里尼奥家族的祖先依维努·马里尼奥(Irineu Marinho)创立。如今,该集团已成为巴西最大的媒体企业之一,对巴西媒体界和政治经济产生了深远影响。

(3) 组织

主要是罗伯托马里尼奥基金会(Fundação Roberto Marinho):非营利性文化机构,旨在推广巴西文化和教育事业。该机构成立于 1977 年,以马里尼奥家族创始人罗伯托·马里尼奥的名字命名,由他的子女和家族成员共同运营。

马里尼奥家族还涉足了其他领域,比如媒体、文化、慈善事业等。他们的企业和组织在巴西圣保罗地区都具有广泛的影响力,对该地区的经济和社会发展做出了重要贡献。

四、文化艺术家族

(一) 安德拉德家族(Família Andrade)

安德拉德家族是巴西文化与艺术领域极具影响力的家族,他们在文学、绘画、现代艺术、电影与社会活动等多个领域均做出了杰出贡献。这个家族不仅深刻影响了巴西现代主义运动,还与多个领域的文化艺术团体、组织和社会活动紧密相关。

1. 灵魂人物

何塞·奥斯瓦尔德·德索萨·安德拉德(José Oswald de Sousa de Andrade),1890 年出生,杰出的诗人、作家、散文家、剧作家和律师,1954 年去世。他是巴西现代主义运动的重要推动者。他主导了 1922 年的圣保罗现代艺术周，该活动对巴西现代艺术和文学产生了深远的影响。他提出了著名的"食人主义宣言"（Manifesto Antropófago），主张反叛西方文化并重新创造本土文化。

2. 主要成员

赫库拉诺·马科斯·英格列斯·德·索萨（Herculano Marcos Inglês de Sousa），何塞·奥斯瓦尔德·德索萨·安德拉德的舅舅，1853 年出生，巴西著名的作家、律师、教授、记者和政治家，被誉为巴西自然主义文学的奠基人。他的小说《受伤的上校》（*O Coronel Sangrado*）是巴西自然主义文学的开端。他是巴西文学学院（Academia Brasileira de Letras）的创始成员之一。

塔尔西拉·德·阿吉亚尔·杜·阿马拉尔（Tarsila de Aguiar do Amaral），何塞·奥斯瓦尔德·德索萨·安德拉德的第一任妻子，1886 年出生，巴西画家、素描家、雕塑家、插画家和专栏作家，1973 年逝世于圣保罗。她是巴西现代主义艺术的标志性人物，在 1928 至 1929 年间参与了"食人运动"，被认为是拉丁美洲最重要的现代主义艺术家之一。她的经典画作《阿巴普鲁》，成了巴西现代艺术运动的重要象征。

帕特里夏·赫达·加尔旺（Patrícia Rehder Galvão），何塞·奥斯瓦尔德·德索萨·安德拉德的第二任妻子，1910 年出生，巴西作家、诗人、漫画家、记者和巴西共产主义活动家，1962 年去世。她在现代主义运动中具有重要地位，是巴西文化与政治交汇的标志性人物之一。

鲁达·波罗诺米纳雷·加尔旺·德·安德拉德（Rudá Poronominare Galvão de Andrade），何塞·奥斯瓦尔德·德索萨·安德拉德与帕特里夏·赫达·加尔旺的儿子，1930 年出生，著名的巴西电影导演和作家。他在圣保罗大学通信与艺术学院（Escola de Comunicações e Artes da Universidade de São Paulo，ECA－USP）创建了电影系，并在此任教十年。他在 1970 年与朋友弗朗西斯科·路易斯·阿尔梅达·萨莱斯（Francisco Luís Almeida Sales）共同建立了圣保罗影像与声音博物馆（Museu da Imagem e do Som，MIS），并担任馆长至 1981 年。他因心脏病于 2009 年 1 月 27 日去世，享年

78岁。

3. 社会活动

① 推动巴西文化艺术发展：鲁达·波罗诺米纳雷·加尔旺·德·安德拉德致力于促进巴西的电影与视觉艺术发展。他创建并发展了巴西电影资料馆(Cinemateca Brasileira)，这是巴西收藏、保存历史电影资源的重要中心。通过该机构，他不仅完善了巴西电影资源的保存，还为年轻艺术家提供了重要的展示平台，从而丰富了巴西的文化艺术氛围。

② 社会救助与文化传播：鲁达·波罗诺米纳雷·加尔旺·德·安德拉德与其他文化精英如保罗·埃米利奥·萨莱斯·戈麦斯(Paulo Emílio Salles Gomes)一起，共同建立了圣保罗影像与声音博物馆。该博物馆不仅是艺术与视觉文化的重要展示窗口，也成为抵抗独裁时期非商业性艺术展览的关键平台。其家族成员通过博物馆项目，将更多历史艺术展品和非商业性电影引入大众视野，推动巴西民众与文化艺术之间的紧密联系。

安德拉德家族不仅在巴西文化、文学、现代艺术等领域发挥了重要作用，还通过社会活动、民主抗争与文化项目为巴西社会、政治制度、电影保存与艺术发展做出了重要贡献。

（二）卡帕奇尼家族(Família Capachini)

卡帕奇尼家族是圣保罗州的一个意大利后裔家族，他们的祖先于20世纪初移民到巴西。该家族最早以家族企业经营为主，后来逐渐发展成为一个涵盖文化、艺术、教育等多个领域的家族组织。他们积极推动巴西文化艺术事业的发展，同时也投身于社会公益事业。

1. 灵魂人物

阿瑟·莱维·卡帕奇尼(Asser Levy Capachini)，出生于1922年，卡帕奇尼家族的创始人之一，是一位成功的商人和工业家，创建了多家企业，包括皮革加工厂、制鞋厂和房地产公司。

2. 主要成员

费利克斯·卡帕奇尼(Feliks Capachini)，阿瑟·莱维的儿子，是一位成功的企业家和慈善家，继承了家族企业，并继续扩大了其业务范围，同时也致力于慈善事业，支持了许多社区和慈善组织。

伊沃·卡帕奇尼(Ivo Capachini)，费利克斯的儿子，是一位知名的建筑师和艺术家，他的作品被广泛展示，并在巴西和国际上获得了多个奖项和荣誉。

卡洛斯·卡帕奇尼(Carlos Capachini)，伊沃的儿子，是一位知名的演员和导演，他曾在多部电视剧和电影中担任主演，并获得了多个奖项和荣誉。

3. 社会活动

① 积极参与慈善活动：家族成员捐款捐物以支持社区建设和弱势群体。例如，家族成员卡洛斯·卡帕奇尼曾为孤儿院和养老院捐赠食品和药品，帮助贫困儿童获得教育和医疗等。

② 广泛参与教育领域：家族成员资助学校建设，捐赠图书和科研设备等，为年轻一代提供更好的教育资源。家族成员亚历山德拉·卡帕奇尼(Alessandra Capachini)曾在一所私立学校担任校董，积极参与学校教育改革和提高教育质量的工作。

③ 深入参与文化艺术领域：他们积极支持各种文化活动和艺术展览，为文化机构和艺术家提供资助。家族成员朱莉安娜·卡帕奇尼(Giuliana Capachini)曾在一家艺术展览公司工作，并为多个艺术展览提供支持和赞助。

④ 助力体育事业的发展：家族成员资助体育项目，支持年轻人的体育梦想，并积极参与体育组织和比赛。家族成员费利佩·卡帕奇尼(Felipe Capachini)曾在一家体育组织工作，并负责组织和协调多项体育比赛和活动。

⑤ 投入文化社区建设与慈善事业：家族成员丹尼尔·卡帕奇尼(Daniel Capochini)曾创建了一个名为"文化街"(Rua Cultural)的组织，旨在推广圣保罗市的文化艺术活动，特别是推广街头文化艺术。他们在圣保罗市中心的街道上进行了表演和展示，还与年轻人和社区组织合作以提高社区的文化和艺术水平。

卡帕奇尼家族广泛参与社会活动，通过资助、支持和积极参与各项公益事业,为社区和弱势群体提供帮助和支持,为社会的进步和发展做出了重要贡献。

附　录

其他重要家族

(一) 伊格尔家族(Família Igel)

1. 成员关系

埃内斯托·伊格尔(Ernesto Igel,1893 年 11 月 27 日—1966 年 1 月 24 日),巴西商人,出生于奥地利。他是巴西家用燃气有限公司(Gáz a Domicilio Ltda)公司的创始人,该公司是巴西第一家厨房燃气分销公司。

佩里·伊格尔(Pery Igel,1921 年 11 月 27 日—1998 年 9 月 24 日),巴西商人,乌尔特拉集团(Group Ultra)的第二任总裁。

安娜·玛丽亚·利维·比莱拉·伊格尔(Ana Maria Levy Billela Igel),佩里·伊格尔的遗孀,也是乌特拉集团的控制者之一。

2. 家族企业——乌尔特拉集团(Grupo Ultra)

简介:乌尔特拉集团是一家巴西公司,起源于巴西家用燃气公司,总部位于圣保罗,通过依皮兰加石油产品股份公司(Ipiranga Produtos de Petróleo S. A.)和圣保罗燃气公司(Companhia de Gás de São Paulo —Comgás)在燃料和天然气配送部门开展业务。根据《经济价值报》(*Valor Econômico*)报纸的年鉴《价值 1000》,乌尔特拉集团是巴西最大的公司之一,2020 年净收入为 812 亿雷亚尔。根据《财富》杂志 2019 年发布的排名,该公司跻身世界 500 强。

网址:http://www.ultra.com.br。

（二）弗朗萨·戈麦斯家族（Família França Gomes）

1. 成员关系

马尔西奥·路易斯·弗朗萨·戈麦斯（Márcio Luiz França Gomes，1963年6月23日出生），巴西政治家和律师，是巴西社会党（PSB）成员。他于2015年至2018年担任圣保罗州副州长，2018年至2019年担任州长。

露西亚·弗朗萨·戈麦斯（Lúcia França Gomes，1962年1月28日出生），巴西教授，巴西社会党（PSB）成员。她曾是圣保罗州的第一夫人，也是圣保罗社会基金的主席。2022年，她被巴西社会党宣布为圣保罗州副州长候选人。

凯奥·弗朗萨·德·戈韦亚·戈麦斯（Caio França de Gouvea Gomes，1988年8月1日出生），更为人熟知的名字是凯奥·弗朗萨（Caio França），是巴西律师和政治家，巴西社会党成员，是2014年圣保罗州选举中最年轻的州议员。他是露西亚·弗朗萨教授和马尔西奥·路易斯·弗朗萨·戈麦斯的儿子。

2. 相关组织

巴西社会党，成立于1947年。它是一个中左翼政党，主张民主社会主义和社会民主主义。巴西社会党在许多州和市级政府中有政治影响力。

网址：https://divulgacandcontas.tse.jus.br。

（三）夸德罗斯家族（Família Quadros）

1. 成员关系

雅尼奥·达席尔瓦·夸德罗斯（Jânio da Silva Quadros，1917年1月25日—1992年2月16日），巴西律师、教授、文学家和政治家。他在1950年代担任圣保罗市市长和圣保罗州州长。1961年1月31日至1961年8月25日，他担任巴西第22任总统。1985年，他再次当选圣保罗市市长，于1986年1月1日就职。

埃洛阿·杜·瓦莱·夸德罗斯（Eloá do Valle Quadros，1923年6月13

日),达席尔瓦·夸德罗斯的妻子,曾为巴西第一夫人。1990 年 11 月 22 日去世,享年 67 岁。

迪尔斯·玛丽亚(Dirce Maria,1943 年 12 月 28 日—2014 年 8 月 28 日)是巴西共和国前总统达席尔瓦·夸德罗斯的独生女。于 1988 年成为巴西社会民主党的创始人之一。同年下半年由于被指控为"归化的美国人"而无法继续留在巴西议会。

内伊·阿明塔斯·德·巴罗斯·布拉加(Ney Aminthas de Barros Braga,1917 年 7 月 25 日—2000 年 10 月 16 日),巴西军人和政治家。他曾任库里提巴市市长、国会议员、参议员和巴拉那州州长。他还出任过农业部长、教育部长和伊泰普两国公司(Itaipu Binacional)主席,是达席尔瓦·夸德罗斯的同学。

2. 相关组织

伊泰普两国公司,巴西和巴拉圭政府合作建立的跨国企业,成立于 1973 年。该公司负责管理伊泰普水电站,这是世界上最大的水电站之一,位于巴西和巴拉圭的边境上。伊泰普水电站是巴西和巴拉圭两国重要的能源供应来源,也是世界上最大的跨国水电项目之一。

网址:https://cpdoc.fgv.br。

(裴尹琦)

第七章

圣保罗州媒体简介

一、媒体概况

作为巴西最富有的联邦州之一，圣保罗州以其强大的经济实力和文化活动而闻名于世。圣保罗州的媒体在巴西甚至整个拉丁美洲地区都具有显著的影响力，无论是在政治、经济还是文化领域，圣保罗州的媒体一直致力于关注公众意见和社会发展，巴西众多的报纸、电视台、广播和数字媒体公司的总部都位于圣保罗州，其新闻报道和专业评论经常引起全国乃至国际社会的关注，为圣保罗州媒体产业的繁荣做出了重要贡献。

巴西媒体主要有两个特点，即垂直集中（Concentração Vertical）和横向集中（Concentração Horizontal）。

垂直集中指媒体生产和分销的不同阶段的整合，进而削减了独立生产者的工作。在巴西的媒体市场中，垂直集中具体表现为电视网络自行制作、宣传、营销和分发其大部分节目；横向集中指的则是在同一地区或行业内产生的垄断现象。在巴西的媒体市场中，横向集中表现为少数几家主要媒体企业垄断了大部分的付费和免费电视广告预算。这种横向集中限制了媒体市场中的竞争，但同时也阻碍了媒体多样性的发展。巴西媒体早期就展现出集中的趋势，这种集中趋势带来了一系列问题并引起了巴西国内外的广泛关注[1]。

---

[1] 联合国教科文组织也对巴西过时的电信法典表示担忧，该法典已经不再能满足巴西对媒体领域的期望，也未能建立独立的监管机构来管理媒体。很多巴西媒体也认为，政府应该采取行动，建立一个独立的监管机构，以确保媒体的公正性和言论自由，确保媒体在巴西社会中发挥积极的作用。

　　一方面,巴西媒体的垂直集中表现得非常明显。与其他国家不同,巴西的电视网络通常会拥有制作团队,并通过自家的报纸、杂志、广播电台和网站来传播节目。另一方面,横向集中也是巴西媒体的普遍现象。电视付费和免费广告的大部分投资都流向几家主要媒体技术公司,比如在巴西负责电信业务的天空宽带服务有限公司(Sky Serviços de Banda Larga Ltda, Sky)和巴西有线电视网(NET)。2002年,这两家公司占据了巴西付费电视市场61%的份额,该年度所有广告预算的58.37%投资于电视平台。[①] 除此之外,交叉所有权(propriedade cruzada)也是巴西媒体的一大特点,具体来说,同一集团拥有不同媒体类型的所有权,如广播、电视和纸质媒体。除了拥有广播电台、电视台和主要报纸,垄断集团还拥有多个互联网门户网站。这种交叉所有权使得媒体集团能够迅速地传播他们所捍卫的观点,从而加强了其在舆论上的影响力。

二、媒体发展历史

　　圣保罗州媒体的发展历史最早可以追溯到19世纪末。从早期的印刷媒体到现代的数字媒体,圣保罗州媒体在这一领域中不断取得阶段性的突破,同时还孵化出极具发展潜力的创新成果。

　　圣保罗媒体行业起步的标志为《圣徒论坛报纸》(A Tribuna de Santos)的发行。这份报纸于1894年在圣保罗州创办,并逐渐成为主流日报,为后来圣保罗州的媒体发展奠定了基础。

　　随着时间的推移,圣保罗州的媒体不断发展壮大。20世纪初,该州媒体陆续发行了一系列重要的报纸,其中包括《页报早报》(Folha da Manhã)、《页报午报》(Folha da Tarde)和《页报晚报》(Folha da Noite),它们都是源自《圣保罗页报》[②],并以"为巴西服务的一份报纸"(Um Jornal a Serviço do

---

　　① https://www1.folha.uol.com.br/fsp/ilustrad/fq1003200303.htm.
　　②《圣保罗页报》是巴西发行量最大的报纸,也是南美洲发行量最大的报纸,是一家有近百年历史的品牌报纸,其立场较为自由、激进,接近市民心理,标题醒目,有较多的连续报导,发行量一度达到100万份。《圣保罗页报》的主要版面包括:政治、经济、社会、体育、文化及圣保罗地区新闻等,另外在每个城市都有地方版。该报紧跟高科技发展潮流,在巴西最早使用彩色胶印,也是第一家使用电脑排版并建立数据库的报纸。

Brasil)为座右铭。这些报纸在圣保罗的媒体格局中发挥了重要的作用。

广播电台在圣保罗的媒体发展中也起到了重要的作用。早在 20 世纪 20 年代,圣保罗州就已经有广播俱乐部成立,随后又出现了圣保罗教育频

图 7-1　《页报晚报》①

①　https：//www1. folha. uol. com. br/webstories/cultura/2021/02/a-historia-da-folha-de-spaulo/,查询日期：2023 年 5 月 21 日。

道（Rádio Educadora de Limeira，又称利美拉教育频道），接着又有了音像广播台（Rádio Record）和南克鲁塞罗电台（Rádio Cruzeiro do Sul）①。这些广播电台与那些由文化精英创办的广播电台不同，它们不仅追求文化传播，还注重娱乐和休闲。

直到 1950 年，圣保罗州才开始有电视台的相关设备。从此，圣保罗州媒体的发展进入了电视时代。

伴随互联网的兴起，圣保罗州的新闻公司也开始逐渐涉足网络媒体领域，比如州立集团（Grupo Estado）从 20 世纪 90 年代开始逐步引入标准化模式发展网络媒体，这为圣保罗州互联网时代的媒体发展奠定了基础。

在网络媒体领域，《巴西日报》（Jornal do Brasil）是第一家开设在线报纸的品牌，其次是《圣保罗州报》（Estado de São Paulo）和《环球报》（Globo）。这些报纸在互联网上实时更新新闻内容，及时为读者提供最新信息。

三、主要媒体集团

圣保罗州媒体界涌现出许多引人注目的媒体集团，它们在多个领域展现出卓越的实力，同时发挥着较大的影响力。圣保罗州主要的媒体集团包括西尔维奥桑托斯集团（Grupo Silvio Santos，GSS 或 SS）、四月集团（Grupo Abril）、页报集团、目标集团（Grupo Objetivo）。同时还有音像集团（Grupo Record）、旗手通信集团、州立集团（Grupo Estado）和朱玟潘集团（Grupo Jovem Pan）等。这些集团在各自领域都取得了卓越的成就，起到了一定的引领作用，为巴西的商业和传媒业做出了重要贡献。

（一）西尔维奥桑托斯集团

西尔维奥桑托斯集团是一家引人注目的媒体集团，它旗下拥有 38 家公司，其中最著名的是在巴西国内拥有多家电视台的巴西电视系统（Sistema

---

① 南克鲁塞罗又名皮拉蒂宁加广播台（Rádio Piratininga），是一家巴西广播电台，总部位于圣保罗州。该电台于 1932 年成立，但在 1974 年 4 月 30 日被军政府关闭。

Brasileiro de Televisão，SBT）。其创始人兼所有者是堪称业界精英的西尔维奥·桑托斯（Silvio Santos）[1]。他的商业头脑和创新精神为集团的成功奠定了坚实基础。作为一个庞大而多元化的集团，西尔维奥桑托斯集团拥有多家公司和电视台，同时，该集团还拥有与华纳兄弟合作的电影制片厂，致力于制作和发行精彩的电影作品。不仅如此，西尔维奥桑托斯集团还涉足音乐产业，旗下的 SBT 音乐（SBT Music）与环球音乐集团和华纳音乐集团均有合作。

　　SBT 国际（SBT Internacional）是该集团旗下的广播公司，在欧洲、美国和非洲均设有频道节目。此外，SBT 认证（SBT Licensing）作为西尔维奥桑托斯集团的品牌授权商，销售各种产品，包括各种各样的 DVD 和 CD，甚至

图 7-2　西尔维奥·桑托斯集团创始人及其旗下品牌[2]

　　① 西尔维奥·桑托斯是一名巴西企业家、媒体大亨和电视节目主持人。他拥有包括国内第二大电视网（巴西电视系统）在内的多项资产。2021 年《观察周刊》（*Veja*）的数据显示，他的净资产达到 170 亿雷亚尔。其主持的《西尔维奥·桑托斯秀》始于 1963 年，并延续至今。

　　② https：//brazil. mom-gmr. org/br/proprietarios/empresas/detail/company//grupo-silvio-santos-1，查询日期：2023 年 5 月 21 日。

还有健康美容产品和家居用品,为广大听众提供了多样化的选择。

为了满足不同受众的需求,SBT 还建立了新闻门户、体育网站和游戏网站,分别提供新闻、体育和游戏相关的内容。这些网站为用户提供了丰富的娱乐和信息资源,突出了西尔维奥桑托斯集团在媒体领域的多元化特点和创新能力。

西尔维奥桑托斯集团凭借其广泛的业务领域和多元化的媒体平台为巴西媒体行业注入了新的活力。作为一家具有重要影响力的媒体集团,它不断为观众们带来新鲜而引人入胜的内容体验。

(二)四月集团

四月集团是巴西圣保罗州的一家媒体集团,它发行《观察周刊》(*Veja*)等杂志,并涉足物流和分销行业,以其多元化的媒体品牌和广泛的业务领域而闻名。

该集团前身是四月出版社(Editora Abril),由意大利裔巴西商人和记者维克托·西维塔(Victor Civita)[1]于 1950 年创立。该集团主要从事出版业务,同时也涉足媒体之外的其他领域,拥有包括巴西音乐电视(MTV Brasil)在内的多个重要媒体品牌。此外,该集团还在建筑和设计领域有着倍受瞩目的装修品牌佳室珂(CASACOR)。

与此同时,四月集团还在教育领域拥有重要的出版商,如阿蒂卡斯和斯基皮奥内出版社(Editoras Ática e Scipione)、安格鲁教育系统(Sistema Anglo de Ensino)[3]等。

图 7-3　四月集团标志[2]

---

① 维克托·西维塔是一名意大利裔巴西记者。在 1938 年种族法通过后,他的家人从意大利移民到纽约。1949 年,西维塔将他的家人迁居到巴西,随后在圣保罗建立了四月出版社,最终发展成为巴西最大的媒体集团之———四月集团。

② https://brazil. mom-gmr. org/en/owners/companies/detail/company/company/show/grupo-abril,查询日期:2023 年 5 月 21 日。

③ 安格鲁教育系统在 1894 年由葡萄牙教育家安东尼奥·格雷罗(Antônio Guerreiro)在圣保罗建立,于 2010 年被四月集团收购。

作为一家综合性集团，四月集团通过全快送（Total Express）、迪纳普（Dinap）、翠劳格（Treelog）等公司从事分销和物流业务，在快递、物流和供应链领域占据重要地位。此外，集团还设有许多子公司，专注于定制内容并利用大数据为广告商带来效益。

凭借其广泛的业务领域和创新实践，四月集团在巴西媒体行业中扮演着重要的角色，为读者和客户提供高质量的媒体产品和服务。在媒体领域，四月集团引领市场，拥有 90 份出版物、14 个网站①，还拥有多个杂志品牌，如《克劳迪娅》（*Claudia*）、《历史历险记》（*Aventuras na História*）等。不仅如此，四月集团还拥有四月网（Abril. com）等数字平台。

（三）页报集团

页报集团是巴西一个由多家公司组成的媒体集团，该集团以《圣保罗页报》为代表，长期在巴西报纸中保持着发行量最大的地位，同时也负责安全付（Pagseguro）等媒体之外的业务。

该集团由奥克塔维奥·弗里亚斯·德·奥利维拉②创立。该集团拥有巴西发行量最大的报纸——《圣保罗页报》。页报集团的收入表现过惊人的增长，如从 2010 年的 27 亿雷亚尔增至 2016 年的近 40 亿雷亚尔③。这一成就不仅彰显了集团的商业实力，也表明其在媒体市场中的引领地位。这其中，安全付利润在该集团总利润中占比最高，其 2019 年的利润超过 10 亿雷亚尔⑤，为集团注入了巨大的经济动力。

图 7-4　《圣保罗页报》标志④

除了《圣保罗页报》外，页报集团还发行报纸《今日圣保罗》（Agora São Paulo），进一步扩展了其在传统媒体领域的版图。此外，该集团还拥有一系

---

① https：//pt. wikipedia. org/wiki/Grupo_Abril，查询日期：2023 年 12 月 1 日。
② 奥克塔维奥·弗里亚斯·德·奥利维拉，巴西商人，因将《圣保罗页报》收购并将其发展成为巴西最具影响力的媒体组织之一而受到认可。该报成为页报集团发展的基石。
③ https：//pt. wikipedia. org/wiki/Grupo_Folha，查询日期：2023 年 12 月 1 日。
④ https：//www. ashoka. org/en-us/partner/folha-de-spaulo，查询日期：2023 年 5 月 23 日。
⑤ https：//pt. wikipedia. org/wiki/Grupo_Folha，查询日期：2023 年 12 月 1 日。

列的分销和印刷业务部门,包括页报快递(Transfolha)、普路劳出版印刷公司(Plural Editora e Gráfica)和圣保罗物流配送公司(São Paulo Distribuição e Logística,SPDL)。该集团凭借其广泛的业务范围,在媒体行业中发挥重要的作用,并提供高质量的印刷和高效率的配送服务。

页报集团还涉足互联网和数字媒体领域。早在 1995 年,该集团就推出了巴西首份线上实时报纸,为读者提供了耳目一新的在线阅读体验。随后,页报集团在 1996 年创办了互联网服务提供商——环球在线(Universo Online,UOL),进一步拓展了其在数字媒体领域的业务。此外,该集团还于 2012 年引入了付费服务,以满足那些追求更丰富内容的读者的需求,为其持续创新和发展奠定了基础。

图 7-5　页报集团创始人及旗下品牌①

页报集团以其雄厚的实力、卓越的业绩和广泛的业务范围,在巴西媒体行业中占据着重要地位。该集团旗下的《圣保罗页报》以及其他出版物不断

① https：//brazil. mom-gmr. org/br/proprietarios/empresas/detail/company/company/show/grupo-folha,查询日期：2023 年 5 月 22 日。

为读者提供多元化的内容体验。

（四）目标集团

目标集团由富有教育经验的教育家若昂·卡洛斯·迪格尼奥（João Carlos Di Genio）①创办，是巴西一家著名的媒体和教育集团。作为巴西教育领域的领军企业，该集团涉足教育事业的各个方面，为巴西学生提供个性化、高质量的完整教育服务。

该集团旗下拥有众多教育机构和媒体平台，具体包括目标教育中心（Centro Educacional Objetivo）、目标大学（Faculdades Objetivo）、保利斯塔大学（Universidade Paulista，UNIP）、巴西电视信息网络（Rede Brasileira de Informação，RBI TV）、巴西电视信息电视台（Canal Brasileiro da Informação，CBI）、Mix 广播电台（Mix FM）和特里亚农广播电台（Rádio Trianon）等。这些机构和平台在各自的领域中发挥着重要作用，对巴西的教育和媒体行业产生了深远的影响。

作为赞助商，目标集团向圣保罗创新目标教学统一协会（Associação Unificada Paulista de Ensino Renovado Objetivo，ASSUPERO）提供支持。该协会是巴西教育领域的重要机构，致力于提供优质的教育，以培养具有竞争力和创新精神的学生。不仅如此，该集团还与其他高

图 7-6　目标集团标志②

等教育机构通过项目开展合作，如梦想驿站（Aqui Você Pode）和智慧殿堂（Sua Faculdade）项目，以此共同推动教育事业的发展。这些项目旨在鼓励和支持更多的巴西人接受高等教育，帮助他们实现个人和事业的成功。

目标集团以其在巴西教育和媒体领域的卓越表现，成为拉丁美洲最

---

① 若昂·卡洛斯·迪格尼奥是著名的医生和教育家。他创办并掌控该国最大的教育控股公司，包括"目标系统"（涵盖小学、中学和预科学校）和设有 60 多个校区并遍布巴西全境的"保利斯塔大学"。

② https：//brazil. mom-gmr. org/br/proprietarios/empresas/detail/company/company/show/grupo-objetivo-grupo-mix-de-comunicacao，查询日期：2023 年 5 月 22 日。

大的私立教育机构之一。凭借其广泛的教育资源和合作关系网络,目标集团为巴西学生提供了优质的教育机会,同时推进巴西教育的普及与发展。

图 7-7　目标集团创始人及其旗下品牌①

（五）音像集团

音像集团是巴西备受瞩目的媒体集团,以其多元化的传媒方式而闻名。该集团凭借音像电视台、音像新闻台和音像家庭台（Rede Família）等媒体平台构筑了庞大而广泛的传播网络。

作为音像集团的旗舰品牌,音像电视台拥有 15 个自营电视台和 96 个分支机构,是巴西最大的电视公司②,自 1953 年 9 月 27 日开播起就逐渐成为了文化和信息传播的重要平台。与此同时,音像新闻台和国际电视台也

---

① https：//brazil. mom-gmr. org/br/proprietarios/empresas/detail/company/company/show/grupo-objetivo-grupo-mix-de-comunicacao,查询日期：2023 年 5 月 23 日。

② https：//en. wikipedia. org/wiki/Record_（television_network）,查询日期：2023 年 12 月 1 日。

向观众传递着全球最新资讯,其精心策划的新闻节目生动多样,通过独特的节目内容向世界各地的观众展现着丰富多彩的巴西文化,同时也引领巴西人去真正地了解世界。

　　音像集团不仅在巴西国内,还在莫桑比克的海外媒体行业中有着重要地位,其业务范围涵盖了广播、电视和数字领域。米拉玛电视台(TV Miramar)是该集团在莫桑比克的转播平台,同时也是音像集团旗下在莫桑比克最大的海外广播公司。

图 7-8　音像集团标志①

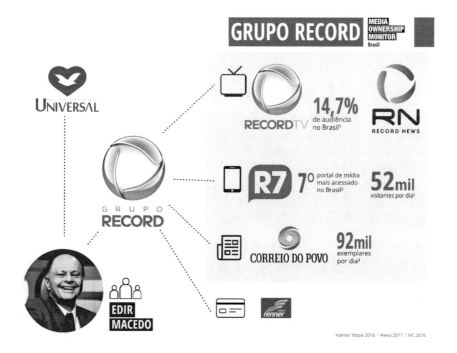

图 7-9　音像集团创始人及其旗下品牌②

　　① https://pt. wikipedia. org/wiki/Grupo_Record,查询日期:2023 年 5 月 23 日。

　　② https://brazil. mom-gmr. org/br/proprietarios/empresas/detail/company/company/show/grupo-record,查询日期:2023 年 5 月 24 日。

此外，在数字媒体领域，音像集团拥有备受欢迎的新闻门户网站 R7，自 2009 年推出以来，该网站以其丰富多样的新闻报道、深入的评论分析和深刻的专题报道成为广大网民获取最新资讯的优先选择。

（六）旗手通信集团

旗手通信集团是巴西一家历史悠久的媒体集团，以其著名的旗手广播台（Rádio Bandeirantes）为代表。该集团的业务涵盖了电视、广播和付费电视频道等多个传媒渠道。集团的前身是旗手广播（Rádio Bandeirantes），它于 1937 年 5 月 6 日由萨阿德家族成员、媒体企业家若昂·乔治·萨阿德（João Jorge Saad）创立。作为巴西媒体行业的重要参与者，旗手通信集团目前拥有多个媒体业务板块，涉及多个传媒领域。

在电视领域，该集团旗下拥有两个免费电视网络，持续为广大观众提供丰富的节目内容，同时还经营了一个免费卫星频道，通过卫星传输技术将电视节目投放到全球各地。此外，旗手通信集团还运营有四个付费电视频道，其中

图 7-10　旗手通信集团标志①

包括旗手新闻台（BandNews TV），旨在为观众提供更精彩的专业内容。旗手新闻台专注于提供各类新闻节目，包括政治、经济、文化、体育和科学等多个领域的内容。此外，它还与同为该集团旗下的付费频道——生机土地卫视（Terra Viva TV）共同制作农业相关的新闻节目。

在广播领域，该集团拥有五个无线电网络，覆盖不同地区，并将丰富多样的节目内容以贴近生活的形式传递给听众。

不仅如此，旗手通信集团还涉足传统媒体以外的其他领域。具体而言，该集团负责出版物的印刷以及唱片公司、数字媒体公司和媒体发行公司的运营，基本覆盖了各个传媒平台。同时，旗手通信集团还与国外市场展开合作，比如巴拉圭的国际频段（Band Internacional），为集团提供了更多发展机

---

① https：//brazil. mom-gmr. org/br/proprietarios/empresas/detail/company/company/show/grupo-bandeirantes，查询日期：2023 年 5 月 24 日。

遇并提高了其国际影响力。

　　为了实现更大的发展目标,旗手通信集团积极采取合并、收购和合资等措施,其中包括收购里约热内卢的巴西流行音乐广播(FM Música Popular Brasileira,MPB FM),以进一步提升集团在广播领域的影响力。此外,他们还与环球在线建立了合作,进一步提高其互联网业务的服务质量。

　　作为巴西媒体行业的重要参与者,旗手通信集团在多个媒体领域具有强大的影响力,并通过不断的创新和业务范围的持续拓展,成为深受广大观众喜爱的媒体品牌。

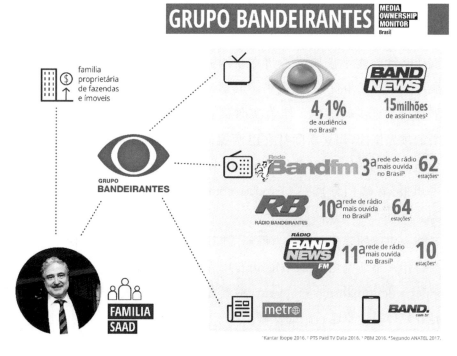

图 7-11　旗手通信集团创始人及其旗下品牌①

---

　　① https://www.google.com/url? sa = i&url = https%3A%2F%2Fbrazil.mom-gmr.org%2Fbr%2Fproprietarios%2Fempresas%2Fdetail%2Fcompany%2Fcompany%2Fshow%2Fgrupo-bandeirantes%2F&psig = AOvVaw1FMzp97cQhp7cUMOrUk2KT&ust = 1685020541952000&source = images&cd = vfe&ved = 0CBEQjRxqFwoTCPiF7-iEjv8CFQAAAAAdAAAAABAI,查询日期:2023 年 5 月 24 日。

（七）州立集团

　　州立集团是一家成立较早且具有较高曝光率的媒体集团，由梅斯基塔家族创立。作为巴西的重要媒体机构，该集团旗下拥有多家知名媒体品牌，其中包括《圣保罗州报》、州立新闻社（Agência Estado）、埃尔多拉多电台（Eldorado FM）和埃尔多拉多唱片公司（Gravadora Eldorado），其中最为著名的是《圣保罗州报》。该报纸于 1875 年创办，被认为是圣保罗市最古老的报纸，记录并见证了巴西历史的演变进程。

图 7-12　州立集团标志①

　　州立新闻社是州立集团的重要组成部分，该新闻社于 1970 年成立，并于 1991 年收购了广播电信公司②（Broadcast Teleinformática）。这次战略性收购不仅加强了州立新闻社在新闻服务领域的竞争优势，也提高了其适应市场发展和技术进步的能力。作为实时信息查询领域的领先机构，州立新闻社在巴西媒体界具有重要地位。2000 年，州立集团与《圣保罗州报》和《午报》（Jornal da Tarde）合并网站，共同打造了《圣保罗州报》在线门户网站（Estadao. com. br），为用户提供实时信息查询服务。

　　州立集团的表现和影响力得到了广泛认可。2004 年，《圣保罗州报》总监鲁伊·梅斯基塔（Ruy Mesquita）③荣获巴西企业新闻协会（Associação Brasileira de Jornalismo Empresarial）颁发的年度传播人物奖，这显示出巴西对他在媒体行业卓越贡献的认可。

　　州立集团不仅在新闻领域具有重要地位，在其他领域也有一定的活跃度。早在 1934 年，该集团就提议建立圣保罗大学，这为巴西的学术发展做出了重要贡献。州立集团还设立州立多元文化奖（Prêmio Multicultural

---

① https://brazil. mom-gmr. org/en/owners/companies/detail/company/company/show/grupo-oesp-estado/，查询日期：2023 年 5 月 24 日。

② 广播电信公司是一个向金融市场提供股票和大宗商品报价的公司。

③ 鲁伊·梅斯基塔出生于巴西圣保罗，是一位记者，曾任《圣保罗州报》报社的社长。

Estadão),每年表彰最佳文化代表人物,进一步弘扬文化价值。此外,州立集团还注重对圣保罗州文化历史藏品保护,这些珍贵的收藏已经有超过百年的历史,并与整个巴西紧密联系在一起,展示了巴西丰富的文化遗产。

图 7-13 州立集团创始人及其旗下品牌①

(八) 朱玫潘集团

朱玫潘集团是一家媒体集团,前身是 1942 年成立的泛美电台(Rádio Panamericana)。1944 年,胡里奥·科西(Julio Cosi)和奥杜瓦尔多·维安那(Oduvaldo Vianna)两位作家创立了朱玫潘集团,并将其卖给了马查多·德·卡瓦略家族成员保罗·马查多·德·卡瓦略。从那时起,这一集团开始了它的辉煌历程。现如今,该集团在巴西媒体界扮演着重要的角色。

20 世纪 60 年代,集团决定更名为"Jovem Pan",由保罗的儿子安东尼

---

① https：//brazil. mom-gmr. org/br/proprietarios/empresas/detail/company/company/show/grupo-oesp-estado,查询日期：2023 年 5 月 24 日。

奥·奥古斯托·阿马拉尔·德·卡瓦略（Antônio Augusto Amaral de Carvalho）[1]管理。他为广播公司拓展了新闻和体育节目业务。此后的几十年里，朱玟潘集团在广播行业内迅速崛起，成为巴西最大的广播网络之一。

朱玟潘集团拥有百余个自营和附属电视台，其中就包括著名的朱玟潘电台（Jovem Pan FM）。朱玟潘电台致力于为年轻观众提供音乐节目。

图 7-14　朱玟潘集团标志[2]

不过，朱玟潘集团并不止步于广播领域。2021 年，该集团推出了付费电视频道——朱玟潘新闻卫视（TV Jovem Pan News）。此前，其频道的节目主要以广播的形式播出，而新闻卫视的出现，将电台制作的内容带到了电视屏幕上，从而进一步扩大了集团的影响力，使其在巴西的媒体市场上更受欢迎。

图 7-15　朱玟潘集团创始人及其旗下品牌[3]

① 安东尼奥·奥古斯托·阿马拉尔·德·卡瓦略，更为人所熟知的名字是图塔（Tuta），他是一位巴西记者和企业家。

② https://pt.wikipedia.org/wiki/Grupo_Jovem_Pan，查询日期：2023 年 5 月 24 日。

③ https://brazil.mom-gmr.org/br/proprietarios/empresas/detail/company/company/show/grupo-jovem-pan，查询日期：2023 年 5 月 24 日。

　　朱玟潘集团的子机构分布在包括首府圣保罗、普雷图河畔圣若泽、巴西利亚和戈亚斯阿瓜斯林达(Águas Lindas de Goiás)在内的各个城市。

四、媒体代表

(一)重要电影

　　圣保罗州是巴西电影的重要发源地之一,许多代表作品在这片土地上诞生。比如,《卢拉,巴西之子》(Lula, o Filho do Brasil)讲述了巴西总统卢拉的真实生活经历;《23 号男孩,在巴西失去童年》(Menino 23, Infâncias Perdidas no Brasil)以纪录片的形式展现了被纳粹主义迫害的幸存者的艰辛经历,并最终获得奥斯卡最佳纪录片长片提名;喜剧电影《如何成为学校最差的学生》(Como se Tornar o Pior Aluno da Escola),讲述了两位学生的冒险旅程,表达他们对校规的不满和对个性的追求;浪漫喜剧电影《一见如故》(De Onde Eu Te Vejo)和以混合形式展现的新奇电影《昨天天堂有奇事》(Ontem Havia Coisas Estranhas no Céu);等等。

1.《卢拉,巴西之子》

　　《卢拉,巴西之子》于 2010 年上映,是一部巴西传记片。这部电影由同名传记改编而成,其内容源自巴西总统路易斯·伊纳西奥·卢拉·达席尔瓦的真实生活经历。

　　该片原著作者为德尼斯·帕拉纳(Denise Paraná)[①],她在学术研究中发现,卢拉的个人经历与巴西历史的多个重要时期紧密相连,于是对卢拉及其亲近的人进行了深入的采访。她发现卢拉的许多经历犹如故事情节一般,由此有了写作的灵感与素材。

　　电影向观众展示了卢拉如何成为一位伟大政治家和领袖的过程,以及他对巴西社会和政治格局的重要影响,带领观众深入了解了这位巴西之子。

---

　　① 德尼斯·帕拉纳是一位巴西记者和作家,出生于巴西圣保罗州的首府圣保罗市。她在圣保罗大学获得人文科学博士学位,并在剑桥大学进行了博士后学习。

图 7-16 《卢拉,巴西之子》宣传海报①   图 7-17 《23 号男孩,在巴西失去童年》宣传海报②

2.《23 号男孩,在巴西失去童年》

《23 号男孩,在巴西失去童年》于 2016 年上映,是一部巴西纪录片。该片片名源自于一位被巴西纳粹主义奴役的幸存者在童年时期的代号。2017年,该片获得了"奥斯卡最佳纪录片长片"提名。

该纪录片源自历史学家悉尼·阿吉拉尔·菲尔霍(Sidney Aguilar Filho)的研究,讲述了 20 世纪 30 年代巴西纳粹分子从里约热内卢的孤儿院带走 50 名黑人男孩并奴役他们的故事。

这部纪录片让观众了解到主人公们在童年时期的残酷经历以及该时期巴西社会的黑暗面。作品揭示了历史真相,带领观众们反思过去,以期建立一个更加公正和谐的社会。

3.《如何成为学校最差的学生》

《如何成为学校最差的学生》2017 年 10 月 12 日在影院首映,是一部根据达尼洛·真蒂利③(Danilo Gentili Jr.)的同名书籍改编的巴西喜剧电影。

---

① https://pt.wikipedia.org/wiki/Lula,_o_Filho_do_Brasil_(filme),查询日期:2023 年 5 月 25 日。

② https://pt.wikipedia.org/wiki/Menino_23,查询日期:2023 年 5 月 25 日。

③ 达尼洛·真蒂利是一名巴西喜剧演员、电视主持人、作家、动漫制作人以及商人。2008 年,主持电视节目《不顾一切》(Custe o Que Custar)一举成名。

　　故事情节围绕着贝尔南多（Bernardo）和佩德罗（Pedro）这两位学生所面临的困境展开叙述。他们发现在学校，自己得遵守规则，取得好成绩，但同时内心又不甘于被校规束缚，因此展开秘密计划，制造混乱。

　　这部电影通过幽默的方式向观众展示了在面对当今严苛的教育体制和自我个性表达之间的矛盾时，学生们的无奈与挣扎。

　　不过，该片也受到争议。圣保罗检察官办公室调查该片并认为它在传播过程中不符合《儿童和青少年法令》（*Estatuto da Criança e do Adolescente*，ECA）的规定。此外，该片还遭到博索纳罗主义（Bolsonarismo）议员的指责，被称为是煽动恋童癖的作品。

4.《一见如故》

　　《一见如故》于 2016 年 4 月 7 日上映，是一部巴西浪漫喜剧电影。

图 7-18　《一见如故》宣传海报①

　　故事围绕着安娜露西亚（Ana Lúcia）和法比奥（Fábio）破裂的婚姻展开。为了能更接近他们的女儿马努（Manu），法比奥租了隔壁大楼的公寓。恐惧新生活的安娜露西亚遇到迷人的 50 岁自行车手马塞洛（Marcelo），决定重新开始她的生活。电影通过描绘他们分离后寻求新生活的故事，展示了他们在婚姻破裂之后依然保有对爱情的追求。

---

　　① https://minhavisaodocinema.com.br/2019/05/01/critica-de-onde-eu-te-vejo-2016-de-luiz，查询日期：2023 年 5 月 25 日。

5.《昨日天堂有奇事》

《昨日天堂有奇事》于 2020 年上映,是一部科幻剧情片。这部电影以独特的混合叙事模式,将导演自己家庭的真实日常生活搬上了大荧幕。

电影讲述了主角一家人因父亲失业而陷入困境,从而被迫搬到圣保罗内陆的一座老房子里开始新生活的故事。在经历数次争吵、经济问题和祖母生病之后,这个家庭依然选择了坚定地前行,努力应对生活中的各种挑战。

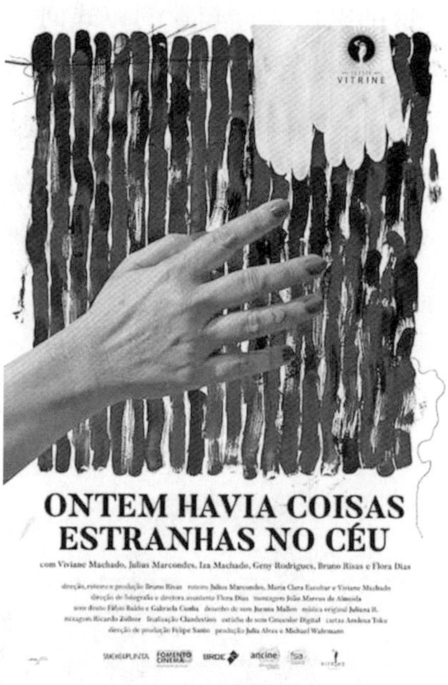

某天母亲突然被天空中的奇怪物体绑架,面临这一突发事件,家人却选择以平常心态继续生活。该情节虽然让部分观众们感到困惑,但是电影总体上被认为是有趣的,同时也给曾经在拍摄地生活的观众带来回忆。[②]

图 7-19 《昨日天堂有奇事》宣传海报[①]

《昨日天堂有奇事》生动地展现了家庭生活中的挑战和坚持。导演用九年的时间精心打磨这部作品。故事的灵感来自于导演在多年前记录的家庭影像。在九年的制作过程中,尽管他的家人最初并不支持这个想法,但是他们最终选择接受,并共同见证了这部电影的诞生。该电影不仅展示了家人面对逆境时的勇气和坚毅,同时也传递出平凡生活中的美好和意义,给予观众启示和感悟。

(二) 代表歌曲

1. 圣保罗州州歌

圣保罗州作为巴西最大的州之一,拥有自己的州歌——《旗颂》(*Hino*

---

dos Bandeirantes）。这首歌在圣保罗州具有特殊的意义和极其重要的地位。

1974 年 7 月 10 日，圣保罗州通过第 337 号法律正式制定了州歌，并废除了之前的法律条款。该法律确定，吉列尔梅·代·阿尔梅达创作的歌词为州歌的官方歌词①。

然而，圣保罗州州歌并没有官方的音乐配曲，目前最广为流传和受欢迎的版本是由斯帕尔塔科·罗西（Spártaco Rossi）②、塞尔吉奥·德·瓦斯孔塞洛斯·科雷亚（Sérgio de Vasconcellos Corrêa）③等人共同创作的版本。

这首歌曲作为该州的官方象征，承载着丰富的历史和文化内涵，是圣保罗州独特的文化遗产，向世人展示了该州的独特魅力和荣耀。人们能够通过音乐和歌词表达自豪，抒发对圣保罗州的热爱之情。

2. 流行音乐

在流行音乐领域内，圣保罗州的摇滚音乐发展繁荣。其主要摇滚乐队包括泰塔斯④、火神安格拉（Angra）⑤、干湿乐队（Secos&Molhados）⑥、还有我已厌倦性感（Cansei de Ser Sexy，CSS）⑦、黑女乐队（Os Mulheres Negras）⑧，以及早在 1976 年建立的圣保罗摇滚乐队——预谋刹车（Premeditando o Breque，又名 Premê）⑨，下文将介绍三张来自这支乐队的代表专辑，这些专辑表达了音乐中蕴藏的深刻思想。

《圣保罗，圣保罗》（*São Paulo，São Paulo*）于 1983 年由预谋刹车乐队以单曲形式发行，参考了弗兰克·辛纳屈（Frank Sinatra）的《纽约纽约》（*New York New York*），以幽默的方式描绘了圣保罗这座城市。该专辑同名歌曲

---

① 州歌及中文歌词来源：http://anthems.lidicity.com/j/spl.html，查询日期：2023 年 8 月 11 日。

② 斯帕尔塔科·罗西是一位巴西指挥家和作曲家。

③ 塞尔吉奥·德·瓦斯孔塞洛斯·科雷亚是一位巴西作曲家、作家、教授和音乐博士。

④ 1981 年成立，涵盖多种风格如流行、另类摇滚、新浪潮、朋克等。

⑤ 1991 年成立，被认为是巴西国宝级前卫新古典速度金属乐团。

⑥ 1971 年成立，因首两张录音室专辑而知名。

⑦ 2003 年成立于巴西圣保罗，以幽默名"Cansei de Ser Sexy"而闻名，据称，这句话曾出自碧昂斯之口。

⑧ 1985 年成立于圣保罗，以其不拘一格的音乐风格和幽默歌词赢得赞誉。

⑨ 1976 年成立，对圣保罗州音乐界产生深远影响，由南太平洋大学学生创建。

成为该乐队代表作之一,且凭借乐队精彩的演绎深受广大听众喜爱,成功地捕捉了圣保罗这座城市的魅力和个性。因此,这首歌曾在民意调查中被选为圣保罗市的象征歌曲。这首歌的成功也奠定了该乐队在巴西音乐界的地位,并推动了他们音乐事业的发展。

《圣保罗,圣保罗》迅速在各大广播平台获得了成功,从此,预谋刹车乐队开始在多个电视节目中表演。他们通过精彩的演绎和独特的风格,使这首歌成为了该乐队的标志性作品。

图 7-20　《圣保罗,圣保罗》被收录到专辑《几乎美丽》(*Quase Lindo*)中①

该乐队于 1997 年发行的专辑《影音馆》(*Vivo*)中收录了《圣保罗,圣保罗》的现场版,进一步展现了乐队的舞台表现力和音乐魅力。此外,乐队的歌曲也被收录在电视剧《热带小路》(*Vereda Tropical*)的原声带中,为剧集增添了独特的音乐色彩。

《大事物》(*Grande Coisa*)是预谋刹车乐队于 1986 年发行的第四张专

---

① https://soundcloud.com/friandes/preme-sao-paulo-sao-paulo,查询日期:2023 年 5 月 26 日。

辑。专辑中的曲目《大事物》通过讲述一场足球比赛，借不同国家的"球员"来讽刺巴西政治。

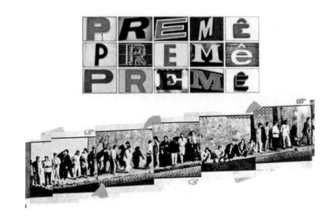

图 7-21　《大事物》专辑封面①

这张专辑通过丰富的歌曲内容，以批评、讽刺的表现形式展现了乐队独特的音乐风格以及对社会议题的关注。

《凡人之乐》（*Alegria dos Homens*）是预谋刹车的第五张专辑，这是乐队在与原公司合同结束后发行的首张专辑，标志着乐队的回归。他们选择在乐队自己的工作室内录制这张专辑，以便更加专注地制作每首曲目。

这张专辑致敬了纳尔逊·卡瓦奎尼奥（Nelson Cavaquinho）、保罗·万佐里尼（Paulo Vanzolini）和阿多尼兰·巴博萨（Adoniran Barbosa）等著名的桑巴和流行音乐家。他们重新录制了这些音乐家制作的部分曲目，其中包括《在莫罗达卡萨维罗德②》（No Morro da Casa Verde）。

---

① https：//www. albumoftheyear. org/album/319869-premeditando-o-breque-grande-coisa. php，查询日期：2023 年 5 月 26 日。

② 莫罗达卡萨维罗德全称莫罗达卡萨维罗德休闲文化社会桑巴舞学校（Grêmio Recreativo Cultural Social Escola de Samba Morro da Casa Verde），是位于圣保罗市的桑巴舞学校，成立于 1962 年 4 月 6 日。

五、媒体研究

（一）研究学者

圣保罗州作为巴西重要的媒体研究中心，培育出了一批杰出的学者。他们专注于深入研究不同领域的媒体现象和文化影响，为人们对媒体现象的疑问提供了更为深刻的解释。

其中，阿夫拉尼奥·门德斯·卡塔尼（Afranio Mendes Catani）和阿尔米尔·安东尼奥·罗沙（Almir Antonio Rosa）这两位学者在高等教育政策、文化社会学研究领域中做出了重要贡献。卡塔尼的代表作《另一边的阴影：马里斯泰拉电影公司与 1950 年代圣保罗工业电影》（A Sombra da Outra：a Cinematográfica Maristela e o Cinema Industrial Paulista nos Anos 50）展现了他对电影的深入洞察力，而罗沙则专注于数字媒体技术研究，他的著作《日本数字电视的可能性-"不安的电视"-令我不安的技术》（Possibilidades da TV Digital no Japão-"Inquietude TV"-a Técnica que me inquieta）和《数字电视？开始播放！就在巴西》（TV Digital？Entrando no AR！Agora no Brasil）展示了他对数字媒体技术的深刻理解。

在数字视频与视觉艺术研究领域，学者吉尔伯托·多斯桑托斯·普拉多（Gilberto dos Santos Prado）和阿米尔卡·扎尼·内托（Amilcar Zani Netto）占有重要地位。普拉多的著作《跨学科对话：艺术与研究》（Diálogos Transdisciplinares：Arte e Pesquisa）和《远程信息处理艺术：从准时交流到多用户虚拟环境》（Arte Telemática：dos Intercâmbios Pontuais aos Ambientes Virtuais Multiusuário）揭示了其对数字信息艺术的深入研究。内托的研究则涵盖了对拉丁美洲的声音和图像研究、传播与艺术研究，其代表作《尤妮斯·卡图达的创作在巴西政治和音乐背景中的地位》（A Composição de Eunice Katunda no Contexto Político e Musical Brasileiro）为人们对巴西音乐文化与政治的理解提供了重要线索。

在电影分析与传播理论以及音乐与声音技术研究领域，安娜·玛丽亚·巴洛格(Anna Maria Balogh)和费尔南多·恩里克·德·奥利维拉·伊亚泽塔(Fernando Henrique de Oliveira Iazzetta)这两位学者贡献显著。巴洛格的著作《形象诗学与电视：巴西虚构节目的开场与闭幕片段》(*Poética da Imagem e TV：Vinhetas de Abertura e Encerramento em Programas Ficcionais Brasileiros*)主要聚焦于巴西虚构节目中开场和闭幕片段的"图像诗学"研究，揭示了两个不同媒介之间的关系和变化；而伊亚泽塔的著作《关于音乐与媒体的思考》(*Considerações de Música e Mídia*)则展示了他对音乐的独特洞察和研究。

在拉丁美洲电影艺术传播研究领域，巴西圣保罗州的代表人物为玛丽利亚·达席尔瓦·佛朗哥(Marilia da Silva Franco)。她的著作《新拉美新电影中的纪录片》(*O Documentário no Nuevo Cine Latinoamericano*)和《有线大学电视频道》(*Canais Universários de TV a Cabo*)深入探讨了拉丁美洲电影的社会及文化影响，以及巴西大学有线电视频道的发展和重要性，特别关注了这些频道在教育传播中的作用，它们对大学社区的影响，以及它们对更广泛的媒体格局的贡献。

这些学者的卓越学术能力和深入洞察力，丰富了人们对圣保罗州的媒体通俗文化和社会现象的理解。他们的研究为人们更好地在各个领域认识媒体艺术与科学之间的复杂关系提供了依据，并开辟了相关领域的学术发展新方向。

（二）研究机构

圣保罗州拥有多个重要的媒体研究机构，为该地区的传媒产业贡献了科研成果，为该地区的教育提供支持，更为重要的是，为该地区数字媒体产业的繁荣和发展做出了积极的贡献。

其中，圣保罗州媒体中心(Centro de Mídias SP)是知名的传播平台。它由圣保罗州政府赞助，通过数字技术为圣保罗州的师生提供开放的数字平台，使其能够获取专家精心制作的课程资源。学生和教育工作者可以通过圣保罗州媒体中心的应用程序、社交媒体以及教育电视数字频道(初中部、高中部和成人教育)实时观看这些课程，并且还可以在其资料库中查阅学习资料。

在媒体研究与创新领域，圣保罗州拥有艺术、媒体和数字技术实验室（Laboratório de Arte，Mídia e Tecnologias Digitais，LabArteMídia）。该实验室隶属于圣保罗大学影视与广播电视系（Escola de Comunicação e Artes，ECA-USP）[①]。同时，作为影视与广播电视系的研究生项目——"视听媒体与过程研究"的重要组成部分，该实验室也在视听艺术领域发挥着重要作用，并得到了巴西国家科学与技术发展基金会（Conselho Nacional de Desenvolvimento Científico e Tecnológico，CNPq）的认证。艺术、媒体和数字技术实验室在研究和创新方面具备极高的水平和权威性，为圣保罗州的媒体研究领域注入了新的动力。

此外，巴西数字电视系统论坛（SBTVD）也是位于圣保罗州的媒体技术研究领域的重要机构。该组织是一个公私合营的非盈利组织，致力于解决巴西数字电视部署方面的技术问题，于 2007 年正式投入商业运营。该论坛的成员来自电视行业的各个领域，包括广播公司、接收器和发射器制造商、大学、软件产业和监管政府机构等。巴西数字电视系统论坛通过推动数字电视技术的发展与普及，在媒体领域发挥了关键作用。

另一家同样关注着媒体技术的研究机构是成立于 1988 年的巴西电视工程学会（Sociedade Brasileira de Engenharia de Televisão，SET），其总部位于圣保罗。该学会是一个由来自工程技术、运营、研究、教育机构和各个企业的专业人员组成的非营利性技术科学协会，其目标是传播与音频和视频电子媒体相关的技术、运营方法和科学知识。同时，该学会出版了多本重要刊物，包括《巴西电视工程学会杂志》（Revista da SET）、《巴西电视工程学会新闻》（SET News）、《国际媒体与企业研究期刊》（SET International Journal of Broadcast Engineering，SET IJBE）、《巴西电视工程学会会议论文集》（SET EXPO Proceedings，SETEP）等。这些刊物为电视技术领域的研究和发展做出了积极贡献，为圣保罗州的媒体产业提供了技术理论支持。

---

① 圣保罗大学影视与广播电视系有着 50 多年的历史，凭借其在传播、艺术和信息领域的卓越成就而成为业界标杆，同时以其本科和研究生课程的高质量而著称。

附　录

一、主流媒体

（一）西尔维奥桑托斯集团

简介：西尔维奥桑托斯集团于 1959 年成立，是一家引人注目的商业和媒体集团。其创始人兼所有者是西尔维奥·桑托斯（Silvio Santos）。该集团也可缩略为 GSS 或 SS。西尔维奥桑托斯集团拥有许多电视台以及与华纳兄弟有合作的电影制片厂，致力于制作和发行精彩的电影作品。同时还涉足音乐产业。

网址：https：//gruposilviosantos.com.br。

1. SBT 音乐

简介：该唱片公司于 1999 年 8 月由 SBT 与 EMI（现为环球音乐）和华纳音乐共同创建。

2. SBT 国际

简介：SBT 国际是一个付费电视频道，面向居住在国外的巴西人。该频道首先面向欧洲广播，并于 2020 年 8 月中旬在美国开始国际广播。

（二）四月集团

简介：四月集团是巴西圣保罗州的一家媒体集团，其前身是由意大利裔巴西商人和记者维克托·西维塔（Victor Civita）于 1950 年创立的四月出版社。该集团主要从事出版业务，同时也涉足媒体之外的各种领域，以其多元化的媒体品牌和业务而闻名。

网址：https：//grupoabril.com.br。

1. 巴西音乐电视

简介：巴西音乐电视是一家致力于服务年轻观众的电视网络平台。它成立于1990年，由四月集团和美国MTV频道所有者合资成立。

网址：https：//www.mtv.pt。

2.《观察周刊》(*Veja*)

简介：《观察周刊》于每周三出版。该杂志于1968年创建，讨论全球范围内的政治、经济和文化问题。

网址：https：//veja.abril.com.br。

3.《克劳蒂亚》(*Claudia*)

简介：《克劳蒂亚》是一本针对女性读者的杂志，自1961年10月起发行。该杂志有所创新，提出了女权主义主张。然而，从20世纪80年代开始，该杂志放弃了这一编辑路线，开始关注职业、家庭生活、家庭、时尚和烹饪等主题。

网址：https：//claudia.abril.com.br。

4.《历史历险记》

简介：《历史历险记》是一个专门讲述历史故事的网站和杂志，致力于历史的普及。该杂志提供关于世界历史包括巴西历史的主要事件、人物、地点以及大量的历史趣闻。

网址：https：//aventurasnahistoria.uol.com.br。

（三）页报集团

简介：页报集团是一个媒体集团，由奥克塔维奥·弗里亚斯·德·奥利维拉创立。该集团拥有巴西发行量最大的报纸——《圣保罗页报》。

网址：http：//www1.folha.uol.com.br/institucional。

1.《今日圣保罗》(*Agora São Paulo*)

简介：《今日圣保罗》是于1999年开始在圣保罗州出版的巴西报纸。该报纸隶属于页报集团，是圣保罗州流行报纸中的佼佼者，也是圣保罗州报摊上最畅销的报纸。

网址：http：//www.agora.uol.com.br。

2.《圣保罗页报》

简介：《圣保罗页报》是页报集团所属报纸，成立于1921年，是巴西发行量最大的付费日报，为弗里亚斯家族所有，被该集团描述为"巴西最具影响力的报纸"和"巴西最畅销的全国性日报"。该报纸专注于提供批判性、多元化且独立的新闻报道，以促进巴西的民主发展，并推动社会公平。

网址：https：//www.folha.uol.com.br。

3. 环球在线

简介：环球在线是页报集团的互联网内容、产品和服务公司。根据康姆斯克（Comscore）的数据，该公司在巴西互联网上运营跨平台资产的公司中排名第三，仅次于谷歌（谷歌巴西、谷歌美国和 YouTube）和 Meta（Facebook 和 Instagram），领先于环球集团。同样根据康姆斯克的数据，环球在线是巴西最大的门户网站，每月有超过1.08亿的独立访问者，每月访问量为74亿个页面。

网址：http：//www.uol.com.br。

4. 特兰福尔哈公司（Transfolha）

简介：特兰福尔哈成立于1988年，隶属于页报集团，负责编辑产品（报纸和杂志）和电子商务领域订单的运输和分销。它在巴西1 000多个城市开展业务，为集团和第三方提供服务。2016年，该机构分发了超过450万份报纸、60万份杂志，并通过在线平台销售了130万件产品。

网址：http：//www.transfolha.com.br。

5. 普路劳公司（Plural）

简介：普路劳公司成立于1996年，位于圣保罗州桑塔纳德帕尔奈巴，是一家出版和印刷公司，隶属于页报集团。

网址：https：//www.plural.com.br/historico.php。

6. 页报数据公司（Datafolha）

简介：页报数据公司成立于1983年，是页报集团的研究机构。截至

2016 年 2 月，它进行了 6 000 多次调查，总计超过 900 万次访谈。其总部设在巴西圣保罗州。

网址：http：//datafolha.folha.uol.com.br。

7. 安全付

简介：安全付是一家巴西公司，提供全面的在线支付解决方案。该公司为用户提供了一系列的金融服务和支付服务，包括资金转账、账单支付、手机充值，以及为小型和中型零售商提供的电子商务平台。

网址：https：//pagseguro.uol.com.br。

8. 页报快递(Transfolha)

简介：页报快递是一家提供综合物流服务的公司，专注于满足 B2C 和 B2B 市场的需求。它以高影响力的解决方案和广泛的服务能力而闻名，致力于提供卓越的服务，以满足客户需求。

网址：https：//transfolha.folha.com.br。

9. 普路劳出版印刷公司

简介：普路劳出版印刷公司是拉丁美洲最大的胶印印刷企业，专注于提供高质量的图书、杂志、目录、商业印刷品、安全印刷品、试卷和测试的印刷服务。该公司拥有先进的印刷和后期处理技术，致力于为客户提供全面的解决方案。

网址：https：//www.plural.com.br。

10. 圣保罗物流配送公司

简介：圣保罗物流配送公司专注于提供全国范围内的物流和分销服务。该公司每天在圣保罗大区完成超过 20 万次的配送，并在巴西其他地区实施更多的配送服务。

网址：https：//spdl.com.br。

（四）目标集团

简介：目标集团是巴西一家著名的媒体和教育集团，由商人若昂·卡洛斯·迪格尼奥所创办。作为巴西教育领域的领军企业，该集团在教育事业的各个领域都有涉足,为巴西的学生提供了完整的教育服务。

网址:https://objetivo.br。

1. 巴西电视信息网络

简介:巴西电视信息网络,简称 RBI TV,总部位于圣保罗市,隶属于目标集团。该电视网络于 2014 年成立。

网址:https://www.rbitv.com.br。

2. 巴西电视信息电视台

简介:巴西电视信息电视台,简称 CBI,总部位于圣保罗市。巴西电视信息电视台于 1995 年推出,自 2022 年 5 月起,该电视台开始播放神国普世教会的节目。该电台凭借其播放的流行音乐,深受年轻人喜欢。

3. Mix 广播电台

简介:Mix 广播电台是巴西广播网络,成立于 2004 年,前身是 Mix 圣保罗广播电台(Mix FM São Paulo)。自 1995 年起播出,并于 1997 年开始以现在的名称运营。

网址:https://radiomixfm.com.br。

4. 特里亚农广播电台

简介:特里亚农广播电台于 1953 年成立,属于目标集团。

网址:https://radiotrianon.com.br。

5. 目标教育中心

简介:目标教育中心是一所涵盖幼儿教育到大学预科教育的综合性教育机构,致力于通过尊重学生个性、鼓励创造性学习,并为大学入学考试提供高效辅导,为学生提供高质量的教育服务。

网址:https://www.objetivo.br。

(五)音像集团

简介:音像集团于 1989 年成立,是巴西备受瞩目的媒体集团,以其多元化的传媒方式而闻名。旗下拥有音像新闻台、音像国际电视台(Record

Internacional)等媒体平台,构筑了一个庞大而广泛的传媒网络。

网址:https://www.r7.com。

1. 音像新闻台

简介:音像新闻台于2007年9月27日晚上8点首播,主要致力于电视新闻传播,隶属于音像集团。

网址:https://noticias.r7.com/record-news。

2. R7

简介:R7是一家巴西互联网门户网站,创建于2009年,目前属于音像集团。2017年,已成为拉丁美洲第五大公司。

网址:https://www.r7.com。

3. 音像广播台

简介:音像广播台成立于1928年,是一家位于圣保罗州的巴西广播电台。该电台拥有悠久的历史,目前主要播放流行音乐和娱乐节目。

网址:http://radiorecordsp.com。

4. 音像电视台

简介:音像电视台是巴西的一家主要电视网络,提供广泛的节目,包括新闻、电视剧、真人秀、体育赛事和娱乐节目。它是巴西最大的电视网络之一,以其高质量的制作和多样化的节目内容而闻名。

网址:https://recordtv.r7.com。

5. 音像家庭台

简介:音像家庭台是一家巴西电视网络,提供包括新闻、娱乐和体育等内容的多样化节目。

网址:https://www.rftvoficial.com.br。

6. 米拉玛电视台

简介:米拉玛电视台是一家位于莫桑比克的电视台,隶属于音像集团。它提供多样化的节目内容,包括娱乐、新闻、体育和电视剧。

网址:https://miramar.co.mz。

（六）旗手通信集团

简介：旗手通信集团于 1937 年 5 月 6 日在圣保罗市成立。自 1999 年以来，该集团一直由若昂·乔治·萨阿德之子约翰尼·萨阿德（Johnny Saad）担任主席。该集团目前由多个业务板块和分部组成，主要包括两个开放电视网络、一个开放卫星频道、四个付费电视频道、五个广播网络、五个独立的地方广播电台、两个印刷出版物、一家演艺公司、一家数字媒体公司、一家媒体发行公司。

网址：http：//band.com.br。

1. 旗手电视台(Rede Bandeirantes)

简介：旗手电视台于 1967 年在圣保罗的 VHF 频道 13 开始播出，是巴西第四大电视网络运营商，属于免费电视网络。它通过其拥有和经营的电台和附属机构在巴西全境广播。它还有一系列付费电视频道，并通过国际网络进行国际广播。该电视台还会举行政治候选人之间的辩论。1982 年，它成为第二家播出圣保罗州州长竞选过程的电视台，并在 1989 年成为第一家播放总统候选人竞选过程的电视台。

网址：https：//www.band.uol.com.br。

2. 旗手新闻台

简介：旗手传媒集团旗下 24 小时营业的电视新闻频道，成立于 2001 年，是巴西有线卫星电视市场推出的第二个新闻频道，巴西第一个提供免费新闻的电视频道。旗手新闻台 24 小时不间断播出新闻节目，每 30 分钟播放新闻摘要，并设有聚焦于政治、特定经济领域等多个领域的节目。此外旗手新闻台还派记者前往巴西、美国和一些欧洲国家获取一手新闻。

网址：https：//bandnewstv.band.uol.com.br。

3. 塔西海岸电视台(TV Thathi Litoral)

简介：塔西海岸电视台是一家位于桑托斯的巴西电视台，但总部位于圣保罗州的圣维森特，隶属于旗手集团。

网址：https：//tvbband. com. br。

4. 频段新闻(Band Jornalismo)

简介：频段新闻是一家私营电视台,2016 年开始在 YouTube 上分享每日新闻,内容涉及政治、经济等各个领域。

社交媒体网址：https：//www. youtube. com/c/bandjornalismo/featured。

5. 频段调频网络(Rede Band FM)

简介：频段调频网络于 1975 年成立,是一个全国性的广播网络,在巴西 12 个州拥有 5 个独立电台和 42 个分支机构。与其他调频广播电台类似,该电台的节目内容以音乐为主。它没有在线门户,而是通过社交媒体、短信和电话与听众互动。

网址：www. bandfm. com. br。

6. 旗手广播

简介：旗手广播创立于 1937 年,是旗手集团的第一个广播网络。该电台专注于新闻、时事和体育,并有一个小型音乐节目。该电视台还有一个门户网站,人们可以在那里收听圣保罗制作的节目,并向其工作室发送消息。它还通过社交媒体与听众互动。

网址：https：//www. band. uol. com. br/radio-bandeirantes。

7. 频段新闻调频广播(Rádio Band News FM)

简介：频段新闻调频广播成立于 2005 年,是旗手通信集团旗下的广播台,也是巴西第一个全新闻调频电台。目前在巴西 10 个主要城市拥有电台,每个电台都播放当地、巴西国内和国际新闻。

网址：https：//www. band. uol. com. br/bandnews-fm。

8. 旗手＋电视台(TV Bandeirantes Mais)

简介：旗手＋电视台(也称为＋频道)成立于 20 世纪 50 年代,是一家位于圣保罗州坎皮纳斯的巴西电视台。

网址：https：//bandmulti. com. br。

9. 保利斯塔电视台(TV Bandeirantes Paulista)

简介：保利斯塔电视台是一家位于普鲁登特总统城(SP)的巴西电视台，在圣何塞-杜里奥普雷图(SP)设有分支机构，它的节目可以通过电视第10频道或数字电视的第19频道观看。其覆盖区域包括西部、中西部、西北部和新上保利斯塔地区，覆盖圣保罗州大部分内陆地区，以及阿西斯、阿拉萨图巴、包鲁、马里利亚、奥里尼奥斯等重要城市。

网址：http：//bandtv.band.uol.com.br/tv/paulista。

10. 帕拉伊巴谷电视台(TV Bandeirantes Vale do Paraíba)

简介：帕拉伊巴谷电视台是一家位于陶巴特的巴西电视台，在圣保罗州的圣若泽多斯坎波斯设有分支机构。

网址：http：//band.uol.com.br/band-vale。

11. 生机土地电视台(Terra Viva TV)

简介：生机土地电视台是一个专注于农业领域的巴西电视频道，提供关于农业、畜牧业、渔业以及相关市场新闻和信息的节目。电视台还组织和转播各种拍卖会。

网址：https：//terraviva.uol.com.br。

12. 巴拉圭的国际频段(Band Internacional)

简介：巴拉圭的国际频段面向居住在海外的巴西人。该频道自2007年起向多个国家提供服务，包括美国、安哥拉、莫桑比克、巴拉圭、阿根廷、乌拉圭、印度尼西亚和日本。

网址：https：//bandinternacional.band.uol.com.br。

（七）州立集团

简介：州立集团是一家历史悠久、成就斐然的媒体集团，由梅斯基塔家族创立并拥有。作为巴西的重要媒体机构，该集团旗下拥有多家知名媒体公司。

网址：www.grupoestado.com.br。

1.《圣保罗州报》

简介：《圣保罗州报》是州立集团旗下的报纸，创立于1875年1月4日，是圣保罗市目前仍在发行的最古老的报纸。该报纸除星期一外每日出版。主要报道巴西国内和国际新闻,同时也会发表政府重要官方声明。

网址:https://oestadodesaopaulo.com.br。

2. 州立新闻社

简介:州立新闻社是一家巴西通讯社,成立于 1970 年 1 月 4 日,总部位于圣保罗。

网址:http://www.broadcast.com.br。

3. 埃尔多拉多电台

简介:埃尔多拉多电台是位于圣保罗的巴西广播电台,其频率为 FM 107.3 MHz。成立于 1975 年,隶属于州立集团。

网址:https://eldorado.estadao.com.br。

4. 埃尔多拉多唱片公司

简介:埃尔多拉多唱片公司,隶属于州立集团,成立于 1972 年,当时巴西只有两家录音室拥有 8 通道的录音设备,但是当时的埃尔多拉多唱片工作室已经开始以 16 通道设备开展活动,这推动了巴西音乐市场的一场革命。

(八) 朱玫潘集团

简介:朱玫潘集团是一家媒体集团,其前身是于 1942 年成立的泛美电台。1944 年,胡里奥·科西和奥杜瓦尔多·维安娜两位作家创立了朱玫潘集团,并将其卖给了保罗·马查多·德·卡瓦略。从那时起,朱玫潘集团开始了它的辉煌历程,如今在巴西的媒体界扮演着重要的角色。

网址:https://jovempan.com.br。

1. 朱玫潘电台

简介:朱玫潘电台于 1976 年 7 月在圣保罗开始广播,这个电台主要吸引年轻听众。其大部分节目由音乐广播组成,但也有新闻和娱乐节目。

网址:https://jovempan.com.br。

2. 朱玟潘新闻集团(JP News)

简介：朱玟潘新闻集团成立于 2013 年。该集团拥有朱玟潘电台和朱玟潘新闻台等电台栏目。该集团与 CBN、旗手通信集团和环球新闻台等网络平台竞争。该集团广播电台的收听率虽然在圣保罗州非常高,但在巴西全国范围内低于其竞争对手。

该集团的节目主要集中在新闻报道领域,如《每日新闻》(Jornal da Manhā)。这些栏目还有一个在线门户网站(Jovem Pan online),提供独家节目、音频、视频和文字新闻,同时还提供一个应用程序(Opina Pan),用于收集听众对经济、政治的意见。

网址：https：//jovempan.com.br/jpnews。

二、其他媒体

(一)阿米尔卡·达列沃集团(Grupo Amilcare Dallevo)

简介：1999 年,该集团创立海德电视台(Rede TV!)。集团总部设在圣保罗市,并设有一个在线多媒体门户网站,向公众提供公司制作的节目内容以及与电视台相关的所有产品。网站提供频道节目的在线直播,建立了子公司与网络负责人之间的互动平台,以及与网络管理、广告、节目和技术支持相关的信息。

1. 海德电视台

简介：海德电视台创立于 1999 年,由原曼彻特电视台分布于圣保罗、里约热内卢、贝洛奥里藏特(Belo Horizonte)、累西腓(Recife)和福塔莱萨(Fortaleza)的五个频道合并而成。海德电视台的节目以娱乐为主,包括喜剧表演、脱口秀等,其节目也包括新闻、采访和体育方面的内容。

网址：www.redetv.com.br。

(二)基督教堂重生(Renascer em Cristo Church)

简介：基督教堂重生于 1986 年创建。

网址：www. renasceremcristo. com. br。

1. 福音网络(Rede Gospel)

简介：福音网络是属于基督教堂重生的一个电视网络，由 25 个电视台组成。这些电视台也在有线电视网络中，其部分节目由国际基督教电视台播放，覆盖拉丁美洲和西班牙语国家。

网址：https：//www. redegospel. tv. br。

（三）巴西新闻中心(Central Brasileira de Notícias，CBN)

简介：巴西新闻中心由记者罗伯托·马里尼奥(Roberto Marinho)于 1991 年创建，是巴西的一个广播网络，隶属于环球广播(Globo de Radio System)。作为一个全新闻广播电台，巴西新闻中心每天 24 小时提供新闻节目，此外还提供足球广播。

网址：https：//cbn. globoradio. globo. com。

（四）俱乐部通讯(Sistema Clube de Comunicação)

简介：俱乐部通讯于 1981 年成立，是一家巴西媒体集团，拥有多个电视台和广播电台，以及其他通信领域的公司。位于圣保罗的里贝朗普雷图市和圣卡洛斯市。

网址：http：//www. clube. com. br。

1. 电视俱乐部(TV Clube)

简介：电视俱乐部是一家巴西电视台，总部位于圣保罗州里贝朗普雷图市。隶属于俱乐部通讯，覆盖圣保罗内陆的 82 个城市。此外它还在圣卡洛斯设有分支机构，于 2013 年落成。2022 年 5 月 4 日，其创始人何塞·伊纳西奥·热纳里·皮扎尼去世。

网址：http：//clube. com. br/#tv-clube。

2. 乐章电台(Melody FM)

简介：乐章电台是一个商业广播电台，位于圣保罗州里贝朗普雷图市，隶属于俱乐部通讯。

网址：http：//www.melodyfm.com.br。

3. 俱乐部广播(Rádio Clube FM)

简介：俱乐部广播是位于圣保罗圣卡洛斯市的巴西广播电台,调频：104.7 MHz。

网址：http：//www.clubefm.com.br/saocarlos。

（五）其他

1. 天主教广播网(Rede Católica de Rádio,RCR)

简介：天主教广播网成立于 1994 年,位于圣保罗的 SEPAC 总部,是一个连接天主教会组织和基督教电台的网络平台。

网址：http：//rcr.org.br。

2. 圣保罗大都市(Metrópoles São Paulo)

简介：大都市网站的圣保罗州板块,聚焦圣保罗州的时事新闻。

网址：https：//www.metropoles.com/tag/sao-paulo。

3. 环球卫视圣保罗频道(TV Globo São Paulo)

简介：环球卫视圣保罗频道创立于 1966 年,总部设在首府圣保罗市。它在第五频道上运营,是环球卫视(TV Globo)和环球卫视里约频道(TV Globo Rio de Janeiro)的联合制作方,负责覆盖圣保罗大都会区和伊比乌纳市的部分地区。

网址：https：//redeglobo.globo.com/sao-paulo。

4. 利美拉教育频道(Rádio Educadora de Limeira)

简介：利美拉教育频道隶属于传播教育集团（Educadora de Comunicação）,提供了广泛的新闻、体育、娱乐及利美拉-SP 及其周边地区的服务信息。这个集团致力于为利美拉和周边地区提供新闻、体育和娱乐内容,汇集了大量的专业记者,确保内容的可靠性和准确性。

网址：https：//elimeira.com.br/portal。

三、媒体研究

(一) 主要学者

1. 阿夫拉尼奥·门德斯·卡塔尼

简介：阿夫拉尼奥·门德斯·卡塔尼是国家科学技术发展委员会 (Conselho Nacional de Desenvolvimento Científico e Tecnológico，CNPq) 的研究员。拥有圣保罗大学社会学硕士学位(1983)和博士学位(1992)。他曾担任巴西电影和视听研究协会主席(2013—2015)，圣保罗大学教育学院 (Faculdade de Educação da USP，FEUSP)教育研究生课程协调员(2010—2012)。作为巴西高等教育扩张的 OBEDUC 政策(2012—2016)制定的参与者，他主要在教育(高等教育政策，教育和文化社会学)和电影(拉丁美洲电影和葡萄牙电影史)领域工作。

代表作：《另一边的阴影：马里斯泰拉电影公司与 1950 年代圣保罗工业电影》。

研究领域：高等教育政策和文化社会学研究，拉丁美洲电影和葡萄牙电影史研究。

2. 阿尔米尔·安东尼奥·罗莎

简介：阿尔米尔·安东尼奥·罗莎是圣保罗大学副教授。他是艺术媒体实验室——艺术、媒体和数字技术实验室的总协调员，以及圣保罗大学巴西数字电视和技术融合观察站的联合协调员。同时他还是一名电影制片人、视频艺术家，巴西电视工程学会(SET)董事会成员和巴西地面数字电视系统论坛(SBTVD 论坛)成员。

代表作：《日本数字电视的可能性-"不安的电视"-令我不安的技术》《数字电视？开始播放！就在巴西》。

研究领域：符号学研究，视听界面和方向研究。

3. 吉尔伯托·多斯桑托斯·普拉多

简介：吉尔伯托·多斯桑托斯·普拉多是多媒体艺术家，在圣保罗坎皮纳斯州立大学学习工程和视觉艺术。1994年,他在巴黎第一大学获得文学博士学位。目前,他是圣保罗大学传播与艺术学院视觉艺术系的教授。

代表作:《跨学科对话:艺术与研究》《远程信息处理艺术:从准时交流到多用户虚拟环境》。

研究领域:数字视频与视觉艺术研究。

4. 阿米尔卡·扎尼·内托

简介:阿米尔卡·扎尼·内托是圣保罗大学通信与艺术学院(ECA/USP)的荣誉教授和音乐系主任,钢琴家和研究员。他还拥有圣保罗麦肯齐大学的建筑学学位。他的音乐研究集中于德国浪漫主义,特别是罗伯特·舒曼的作品。此外,他还研究克拉拉和爱德华·斯图尔曼收藏的第二维也纳乐派作品。

代表作:《尤妮斯·卡图达的创作在巴西政治和音乐背景中的地位》。

研究领域:拉丁美洲的声音和图像研究,传播与艺术研究。

5. 安娜·玛丽亚·巴洛格

简介:安娜·玛丽亚·巴洛格毕业于圣保罗莱特拉斯大学(1970),拥有圣保罗大学通信硕士(1980)和博士学位。她具有语言学经验,专注于语言分析理论。

代表作:《形象诗学与电视:巴西虚构节目的开场与闭幕片段》。

研究领域:语言分析与传播理论研究。

6. 费尔南多·恩里克·德·奥利维拉·伊亚泽塔

简介:费尔南多·恩里克·德·奥利维拉拥有圣保罗天主教大学通信硕士学位和博士学位。

代表作:《关于音乐与媒体的思考》。

研究领域:音乐与技术研究。

7. 玛丽利亚·达席尔瓦·佛朗哥

简介:玛丽利亚·达席尔瓦·佛朗哥毕业于圣保罗大学电影系(1970),拥有圣保罗大学文学硕士(1980)和博士学位。曾获圣保罗大学艺术奖(1988)。

代表作：《新拉美新电影中的纪录片》《有线大学电视频道》。

研究领域：拉丁美洲艺术传播研究。

（二）研究机构

1. 圣保罗州媒体中心

简介：圣保罗州媒体中心是由圣保罗州教育部门支持的平台，旨在通过技术介入的方式为网络和教育专业人士提供培训以满足 21 世纪对教育的多样化需求。

网址：https：//centrodemidiasp. educacao. sp. gov. br。

2. 圣保罗大学影视与广播电视系

简介：圣保罗大学影视与广播电视系是一个集合了多个通讯和艺术领域的学院，从艺术表演到传媒技术的各个方面提供广泛的课程和研究项目。

网址：https：//www. eca. usp. br。

3. 巴西数字电视系统论坛

简介：巴西数字电视系统论坛是一个专门从事巴西数字电视传播技术和标准发展研究的组织。它致力于推动和实现巴西的数字电视系统，促进技术、市场的发展和法规的优化。

网址：https：//forumsbtvd. org. br。

4. 巴西电视工程学会

简介：巴西电视工程学会是一个非盈利的技术和科学协会，由技术和运营领域的专业人士和公司组成。其主要目标是促进电子媒体从内容制作到传输的各个环节中的技术知识发展。

网址：https：//set. org. br。

（常　远）

第八章

圣保罗州政治制度

一、州政治制度

（一）概况

根据巴西《联邦宪法》(Constituição Fedral) 和圣保罗州宪法 (Constituição Estatual) 的规定，圣保罗州各权力机构组成了该州政治体系。与联邦政府类似，圣保罗州的政治体系由三个权力机构组成，分别为行政机构、立法机构和司法机构。行政机构主要由州政府以及州长、副州长和各级公务员组成；立法机构主要由各级立法议会以及各议员组成；司法机构主要由各级法院和各级法官组成。

（二）制度特点

1. 三权分立

巴西圣保罗州宪法第五条规定[①]：该州的行政、立法、司法权力相互独立，相互协调。在此基础之上，有以下规定：

（1）禁止各权力机构将权力委派和下放给其他任何政治实体；

（2）除本宪法规定的例外情况外，被赋予三项权力中任意一项的公民不允许行使另外一项权力。

三权分立的政治原则主导着巴西各级政治体制，在圣保罗州也同样如

---

① 圣保罗州立法议会 网址：https：//www. al. sp. gov. br/repositorio/legislacao/constituicao/1989/constituicao-0-05.10.1989.html，查询日期：2024 年 2 月 3 日。

此。州长掌管行政权,并任命政府各部门部长;同样由直接选举选出的议员们组成立法议会,掌管立法权;法院掌管着司法权,且大法官通常是不隶属于任何党派的,这种现象被称为司法独立原则。这三股权力相互制约也相互合作,形成了圣保罗州独特的政治格局。

(三)运作机制

1. 行政权

圣保罗州的行政权力由州长和副州长所掌管,州政府设在圣保罗市的班代兰特斯宫(Palácio dos Bandeirantes)。

图 8-1　班代兰特斯宫(Palácio dos Bandeirantes)①

州长和副州长由民众通过直接无记名投票选出,任期四年。原则上,州选举与联邦选举同时举行,且州长、副州长可在任期结束后以《联邦宪法》规定的形式连任。

各部门部长将协助州长、副州长管理州行政事务。这些部长由当选后

---

① https://cidadedesaopaulo.com/atrativos/palacio-dos-bandeirantes,查询日期:2023 年 7 月 15 日。

的州长酌情进行任命或罢免,但部长的任命必须满足三个要求:

(1) 能够行使政治权利;

(2) 具有巴西国籍;

(3) 年龄已满 21 周岁。①

巴西圣保罗州宪法第四十七条规定:

除本《宪法》规定的其他职责外,州长应负责:

(1) 在国家和州的法律、政治和行政体系中代表本州②;

(2) 在各部长的协助下,行使行政权;

(3) 批准、颁布或公布议会提交的法案;

(4) 对议会提交的法案,可进行否决和驳回;

(5) 按照《联邦宪法》和本宪法所规定的职权范围,为国家提供公职服务;

(6) 任免州政府部长;

(7) 根据本宪法规定的条件,任命和罢免地方当局负责人;

(8) 根据《联邦宪法》和本宪法管理本州;

(9) 根据宪法规定向立法议会报告本州的行政情况;

(10) 在立法议会每届会议上负责报告圣保罗州局势相关信息;

(11) 根据本宪法规定开启立法程序;

(12) 确定或修订国家设立或规定的州内各单位工作人员的工资和福利;

(13) 任命本州混合制企业(公私合营)和公营企业的董事;

(14) 在行政部门权限范围内行使其他行政权;

(15) 认购或收购混合制企业或上市公司的股份;

(16) 通过法令授权行政部门行使不属于其专属权限的行政职能;

(17) 向立法议会提交与本州经济有关的法案;

---

① 引自圣保罗州《1989 年 10 月 5 日宪法》(CONSTITUIÇÃO ESTADUAL DE 05 DE OUTUBRO DE 1989)第四十七条

② 原文为:"representar o Estado nas suas relações jurídicas, políticas e administrativas."https://www. al. sp. gov. br/repositorio/legislacao/constituicao/1989/constituicao-0-05. 10. 1989. html,查询日期:2024 年 2 月 3 日。

（18）向立法议会提交关于公共服务的法案。

补充：根据州长的提议，第一项所述的代表权可依法委托给另一个行政实体。

2. 立法权

巴西圣保罗州宪法第九条规定：

立法权由立法议会行使，立法议会由以联邦立法形式选举和选民票选出的议员组成，每一位议员的任期为四年。

立法议会在行使立法权时，巴西圣保罗州规定了以下文件可交由立法议会进行讨论：

（1）宪法修正案；

（2）补充法；

（3）普通法；

（4）法令；

（5）决议。

修订州宪法，需符合以下情况：

（1）立法议会至少三分之一的议员投票通过；

（2）州长同意该提案；

（3）该州三分之一以上市议会的相对多数①议员表示同意；

（4）同意协议至少有百分之一的选民签署②。

补充：

（1）在防御状态或围困状态期间（战争状态下），不得修改宪法；

（2）提案将分两轮进行讨论和投票，在两次投票中都获得立法议会五分之三议员的赞成票后，即视为获得通过。

---

① 相对多数（Maioria relativa）：一种法律概念，指票数超过其他候选人或提案的票数（在此处指表示同意的票数超过了表示不同意或其他的票数），但未超过总票数的一半。（来源于 piberam 葡语词典，原文为：número de votos que supera o de outros candidatos ou propostas, mas que não reúne mais de metade dos votos totais.）

② 原文："de cidadãos, mediante iniciativa popular assinada, no mínimo, por um por cento dos eleitor"。https://www. al. sp. gov. br/repositorio/legislacao/constituicao/1989/constituicao-0-05. 10. 1989. htmles,查询日期：2024 年 2 月 3 日。

3. 司法权

巴西圣保罗州宪法第五十四条规定以下机关属于司法机关：

（1）法院（Tribunal de Justiça）；

（2）军事法庭（Tribunal de Justiça Militar）；

（3）陪审团法院（Tribunais do Júri）；

（4）上诉庭（Turmas de Recursos）；

（5）法官（Juízes de Direito）；

（6）军事审计机构（Auditorias Militares）；

（7）特别法庭（Juizados Especiais）；

（8）小额债务法庭（Juizados de Pequenas Causas）。

巴西圣保罗州宪法第五十五条规定：

司法机构享有财政和行政上的自主权。

补充：根据《联邦宪法》第九十九条，要保证司法机构有足够的资源来维持、扩大和改进其司法活动，以使所有人都能诉诸法律。

（四）州政府下属机构

1. 行政部门

（1）教育秘书处

圣保罗州教育秘书处负责统筹该州的教育行业。圣保罗州教育网络规模庞大，为巴西之最，州教育部共下属 5 300 多所学校，350 多万名学生和23.4 万名教师。[①]

圣保罗州教育秘书处的下属部门包括：

① 教育专业人才培养与提高学院（Escola de Formação e Aperfeiçoamento dos Profissionais da Educação，EFAPE）。该机构负责培养教育人员，确保专业人员有能力从事基础教育的教学和管理。

② 教育局（Coordenadoria Pedagógica，COPED）。该机构负责制定、更

---

① 巴西圣保罗州教育部官网：https：//www.educacao.sp.gov.br/institucional/a-secretaria，查询日期：2023 年 7 月 29 日。

新基础教育课程，此外还出版教学大纲、教育材料和资源，包括初等和中等教育。

③ 信息、技术、档案和注册局（Coordenadoria de Informação，Tecnologia，Evidências e Matrícula，CITEM）。该机构负责管理教育领域的信息系统，主要工作包括统计、测评、管理信息系统中的数据和各项指标。

④ 学校基础设施与服务局（Coordenadoria de Infraestrutura e Serviços Escolares，CISE）。该机构负责管理学校的基础设施和教学用品，以确保教学活动的正常运行，此外还管理学校膳食、学生日常流动和看护服务等。

⑤ 人力资源管理协调局（Coordenadoria de Gestão de Recursos Humanos，CGRH）。该机构负责管理州内教学人员，主要工作包括对教学人员的评估与监察，管理教学人员的工作制度等。

⑥ 财务预算局（Coordenadoria de Orçamento e Finanças，COFI）。该机构负责管理教育领域的预算和财务，并监督这些预算的使用状况，定期向国家审计机构递交财政档案。

（2）卫生秘书处

卫生秘书处负责制定圣保罗州的卫生政策，通过各种措施来促进州内公民健康。

卫生秘书处在以下 17 个地方设有卫生部门来掌握地区一级的卫生事务：

① 大圣保罗地区（DRS I - Grande São Paulo）

② 阿拉萨图巴（DRS II - Araçatuba）

③ 阿拉拉夸拉（DRS III - Araraquara）

④ 巴伊沙达桑蒂斯塔（DRS IV - Baixada Santista）

⑤ 巴雷图斯（DRS V - Barretos）

⑥ 包鲁（DRS VI - Bauru）

⑦ 坎皮纳斯（DRS VII - Campinas）

⑧ 弗朗卡（DRS VIII - Franca）

⑨ 马里利亚（DRS IX - Marília）

⑩ 皮拉西卡巴（DRS X - Piracicaba）

⑪ 普鲁登特总统城(DRS XI‒Presidente Prudente)

⑫ 雷吉斯特鲁(DRS XII‒Registro)

⑬ 里贝朗普雷图(DRS XIII‒Ribeirão Preto)

⑭ 圣若昂达博阿维斯塔(DRS XIV‒São João da Boa Vista)

⑮ 普雷图河畔圣若泽(DRS XV‒São José do Rio Preto)

⑯ 索罗卡巴(DRS XVI‒Sorocaba)

⑰ 陶巴特(DRS XVII‒Taubaté)

图 8-2　圣保罗州地区卫生部门辖区分布图①

(3) 政府事务办公室(Casa Civil)

政府事务办公室的职能是向圣保罗州州长提供建议,协助其履行职责,帮助分析法庭的优点、时效性和与政府指导方针的兼容性,在州政府采取行动前事先核实政府行为的合法性,同时,还帮助其分析公共政策。

① 圣保罗州卫生部官网,http://www.saude.sp.gov.br/ses/institucional/departamentos-regionais-de-saude/regionais-de-saude,查询日期:2023 年 7 月 29 日。

除了上述职能，该办公室还负责对政府的重大决策和行动进行解释和监督，并组织所有与州长有关的活动。

其下属的十二个部门有：

① 秘书办公室（Gabinete do Secretário）；

② 立法管理副秘书处（Subsecretaria de Gestão Legislativa）；

③ 圣保罗州政府驻巴西利亚办事处（Escritório do Governo do Estado de São Paulo em Brasília）；

④ 礼宾部门（Cerimonial）；

⑤ 战略信息协调处（Coordenadoria de Informações Estratégicas）；

⑥ 伊皮兰加勋章国务委员会（Conselho Estadual da Ordem do Ipiranga）；

⑦ 监狱教育方案指导委员会（Conselho Orientador do Programa de Educação nas Prisões）；

⑧监狱教育计划咨询委员会（Conselho Consultivo do Programa de Educação nas Prisões）；

⑨ 圣保罗州可持续发展目标委员会（Comissão Estadual de São Paulo para os Objetivos de Desenvolvimento Sustentável）；

⑩ 政府宫殿艺术文化藏品指导委员会（Conselho de Orientação do Acervo Artístico-Cultural dos Palácios do Governo）；

⑪ 州信息获取委员会（Comissão Estadual de Acesso à Informação）；

⑫ 圣保罗社会基金（Fundo Social de São Paulo，FUSSP）。

（4）环境、基础设施和物流秘书处（Secretaria de Meio Ambiente, Infraestrutura e Logística）

该机构主要负责圣保罗州的环境、基础设施和物流管理，其指导原则为：环境是其他公共政策的首要和综合要素；基础设施是社会发展的重要支柱和手段；物流对人员和货物的流动至关重要。

其有四个下属部门，具体为：

① 环境部门（Meio Ambiente）；

② 水资源和卫生部门（Recursos Hídricos e Saneamento）；

③ 能源与矿业部（Energia e Mineração）；

④ 物流与运输部(Logística e Transporte)。

（5）政府和机构关系秘书处(Secretaria de Governo e Relações Institucionais)

该机构的主要职能是直接和即时地向州长提供履行职责的咨询意见，协调各机构间的关系，促进各机构沟通。

（6）公共安全秘书处

公共安全秘书处负责圣保罗州的警察管理。警察组织的总负责人为州长所任命的公共安全部长，他是圣保罗州等级最高的警察。

圣保罗州的警察系统分为三类：

第一类是科技警察(Polícia Científica)，警察系统中的专业技术人员。负责与分析和技术调查有关的活动，主要从事需要专业科学知识的工作。典型的科技警察包括警察停尸房工作人员、尸检助理、技术专家、摄影师、法医、行政官员、刑事专家和实验室技术员。

第二类是民警(Polícia Civil)，行使司法警察职能，保护公共安全。

第三类是军事警察(Polícia Militar)，在武装部队内行使警察权力，以确保社会安全。在特殊情况下，民警也可以行使军事警察职能，包括进行调查。

（7）旅游和旅行秘书处(Secretaria de Turismo e Viagens)

该机构职能是促进旅游业，在全州范围内创造就业机会、提高公民收入和发展经济。

（8）管理和数字政府秘书处(Secretaria de Gestão e Governo Digital)

该机构的核心职能包括制定数字化改革方案，设计中央采购政策，管理人力资源，开发组织模型，并负责州政府资产和公共档案管理。

（9）传媒秘书处(Secretaria de Comunicação)

传媒秘书处的职能是制定方针和战略，指导圣保罗州政府通信系统(Sistema Informatizado de Contas dos Municípios, SICOM)成员的日常工作，确保基于质量、速度、透明度、民主性和普遍性原则的沟通，保证公民的知情权，负责协调圣保罗州政府的通信系统。

（10）国际商务秘书处(Secretaria de Negócios Internacionais)

国际商务秘书处负责促进国际贸易（重点是产品出口），推动贸易的去官僚化和便利化,助推与多边银行相关的投资和资金筹集。不仅如此,它还负责协调圣保罗州政府的国际特派团、准外交行动;衔接州政府和其代表与各国政府、外国公司以及国际实体之间的双边和多边协定。

（11）投资伙伴关系秘书处（Secretaria de Parcerias em Investimentos）

（12）财务和计划秘书处（Secretaria de Fazenda e Planejamento）

圣保罗州财务和计划部负责征收州税,进行财务管理以及规划行政部门的预算支出。其下属机构包括:

① 州税务副秘书处（Subsecretaria da Receita Estadual）;

② 州财政副秘书处（Subsecretaria do Tesouro Estadual）;

③ 技术与管理协调部（Coordenadoria de Tecnologia e Administração）。

（13）社会发展秘书处（Secretaria de Desenvolvimento Social）

圣保罗州社会发展秘书处负责制定与社会发展有关的政策。其下属部门包括:

① 州社会援助委员会（Conselho Estadual de Assistência Social, CONSEAS）;

② 州儿童和青少年权利委员会（Conselho Estadual dos Direitos da Criança e do Adolescente, CONDECA）;

③ 州老年人委员会（Conselhos Estadual do Idoso, CEI）;

④ 圣保罗州双重管理者委员会（Comissão Intergestores Bipartite do Estado de São Paulo, CIB）;

⑤ 行政部（Departamento de Administração）;

⑥ 人力资源部（Departamento de Recursos Humanos）;

⑦ 机构传播部（Departamentode Comunicação Institucional）;

⑧ 信息技术标准化部（Departamentode Normatização de Informática）;

⑨ 圣保罗社会发展学院（Escola de Desenvolvimento Social, EDE）。

社会发展秘书处还负责参与行政工作并援助州内弱势群体。

（14）监狱管理秘书处

监狱管理秘书处负责根据司法判决执行刑事处决法（Lei de Execução

Penal，LEP)，并帮助罪犯重新融入社会。1993年1月4日成立，主抓监狱事务，如执行州监狱事务政策、对罪犯进行分类、监察及监督宿舍监狱制度中监禁刑罚的执行、对罪犯进行职业培训并提供有偿工作、进行犯罪学研究、提供援助给罪犯家属。目前，该部门共管理着圣保罗州的176所监狱。

(15) 经济发展秘书处(Secretaria de Desenvolvimento Econômico)

经济发展秘书处创建于1965年，在再工业化(Reindustrialização)和吸引投资方面发挥着重要作用，重点职责是创造就业机会和增加公民收入。

(16) 妇女政策秘书处

该处负责通过制定公共政策，促进性别平等并保障妇女权利。

(17) 司法和公民秘书处

圣保罗州司法和公民秘书处成立于19世纪下半叶，该机构负责与司法机构、检察官办公室、公设辩护人办公室、巴西律师协会以及与司法、公民身份和人权有关的机构进行联系，同时参与制定公共政策，以便利司法诉诸和促进公民意识。

(18) 城市交通秘书处(Secretaria de Transportes Metropolitanos)

城市交通秘书处于1991年设立，负责管理圣保罗州下列六个城市的客运基础设施和地铁系统：圣保罗、拜萨达桑蒂斯塔、坎皮纳斯、帕拉伊巴谷和北沿海大都会区、索罗卡巴大都会区和里贝朗普雷图大都会区。

(19) 城市发展和住房秘书处

圣保罗州城市发展和住房秘书处负责制定并执行圣保罗州政府的住房政策。

(20) 文化与经济创新秘书处

圣保罗州文化与经济创新秘书处是负责圣保罗州文化相关事务的机构，工作包括制定公共文化政策、保护历史遗产等。

(21) 农业和供应秘书处(Secretaria de Agricultura e Abastecimento)

圣保罗州农业和供应秘书处负责通过研究、创新、创业和风险管理，促进健康和食品安全，以及纤维和生物能源的可持续供应，促进该领域的基础设施现代化，并利用土地和自然资源，增加产品的价值和竞争力，以提高公众生活质量。

（22）体育秘书处

此前称为体育和运动部，主要职能是制定体育政策，开展体育活动，并向州政府提出建议，促进社会各界提高对体育活动的认知，以及组织和协调州内体育赛事。

（23）科学、技术和创新秘书处（Secretaria de Ciência, Tecnologia e Inovação）

（24）残疾人权利秘书处

残疾人权利秘书处负责确保圣保罗州的残障人士能够正常享受社会服务，并保障残障群体的正当权益。

（25）战略项目特别秘书处

2. 立法部门

（1）圣保罗州立法议会（Assembleia Legislativa de São Paulo, Alesp）

圣保罗州立法议会是州级立法机构，由州议员组成，议员任期四年。主要职能是根据《联邦宪法》和《州宪法》的规定行使立法权，制定州法律。

立法步骤概览[①]：

① 立法案以法案的形式编写，在议会全体会议上宣读并公布；

② 修正意见以《条例草案修正案》的形式提出，为此，设定了一个称为"议事日程"（Pauta）的最后期限，在议程结束后，修正案也将公布；

③ 法案和修正案一经公布，由议长送交各常设委员会进行分析和审议，委员会将对法案和修正案进行讨论；

④ 宪法和司法委员会通过第一场表决，将审核并公布这些主张是否合法；

⑤ 根据所讨论的法案，将设置一个称为绩效委员会的常设委员会对其开展分析，如果提案的实现需要使用公共资源，则在批准法案和修正案后，将其提交到财务和预算委员会进行讨论；

⑥ 如果法案和修正案成为法律，财务和预算委员会将讨论和审议必要

---

① 该流程来自于巴西圣保罗州立法议会官网，https：//www. al. sp. gov. br/processo-legislativo/sobre，查询时间：2023 年 2 月 28 日。

的公共资金,以及制定恰当的预算方案;

⑦ 一旦各委员会的评估完成,该法案将提交给全体议员进行表决,各委员会的审议情况以《关于项目和修正案的意见》的形式公布,供全体公民了解,大会主席将其列入表决议程;

⑧ 立法议会汇集了所有当选的公民代表,是立法讨论和审议的最高实体,它可以提出新的修正案,这些修正案也必须返回各委员会审议,以表决是否通过,并最终通过表决批准或否决该法案;

⑨ 法案一旦获得批准,且提出的修正案已被接受,则法案将被公布并签署;

⑩ 签署后的法案将被送交至州长处,州长可以批准或以正当理由全部或部分否决该法案;

⑪ 若法案被否决,它将返回议会,议会将重复步骤①至⑨,审议州长否决的原因,如果议会同意州长的观点,它将同意否决并搁置该法案,若不同意,它将拒绝州长的否决权并颁布该法案。

3. 司法部门

圣保罗州法院(Tribunal de Justiça do Estado de São Paulo,TJSP)是巴西圣保罗州的司法机构,总部设在州首府圣保罗市,管辖范围遍及整个圣保罗州。该法院由该州内的 56 个司法区(Circunscrições Judiciárias,CJ)组成。

二、州选举制度

(一) 概况

圣保罗州州长的选举采用简单多数制(Maioria simples),即在不考虑空白和无效票的前提下,当选者需要获得超过 50% 的有效选票才能当选。因此,为了在巴西多党制的背景下确保这一制度能够发挥作用,选举会分两轮举行。第一轮,所有候选人将参与竞争,并选出得票数最高的两个候选人进入第二轮;第二轮只由该两名候选人竞争。如果在第二轮选举中出现了平局,则考虑候选人的年龄,选年龄更大的候选人。

州议员的选举则遵循开放式名单比例代表制度,即参与竞选的政党提前准备好一份拟推荐的议员名单,选民需要勾选政党,同时也要勾选候选人,之后依据政党得票分配席位,而后再依据选民勾选的候选人的票数选出议员。选民可以在政党所提供的现成名单中投票给心仪的候选人。

(二)候选人条件

1. 具有巴西国籍;

2. 充分行使政治权利;

3. 进行选民登记(巴西的一项选举制度,年满 18 周岁的巴西公民需要先在选举法院进行选民登记,以获取选民资格);

4. 拥有选举住处(巴西的一项选举制度,符合一定条件的民事住处可被注册为选举住处,该制度用于避免外国人士参与选举);

5. 拥有政党关系(即为党派人士);

6. 参选年龄限制:

(1)选举总统、副总统和参议员:35 周岁;

(2)选举州长、副州长:30 周岁;

(3)选举联邦代表、州代表、市长或副市长:21 周岁;

(4)选举市议员:18 周岁。

(三)选举流程解析[①]

2022 年 10 月 2 日举行巴西总统大选之时,各州也开始进行两轮的州长选举。在第一轮选举中,得票数最多的两名候选人将进入第二轮选举,而其他候选人则被淘汰。

如图 8-3 所示,在第一轮选举中,来自共和党(Republicanos)的塔西西奥(Tarcísio)和来自劳工党(PT)的费尔南多·哈达德(Fernando Haddad)得票率最高,分别为 42.32% 和 35.70%,成功进入第二轮选举。

---

① 以 2022 年圣保罗州政府选举流程为例

图 8-3　2022 年巴西总统大选第一轮选举结果

图 8-4　2022 年巴西总统大选第二轮选举结果

如图 8-4① 所示,2022 年 10 月 30 日,第二轮选举中,塔西西奥得票率为 55.27%,而费尔南多得票率为 44.73%。塔西西奥得票数多于费尔南多,因此在州长选举中胜选。

三、央地关系

(一) 概况

当前巴西在行政上分为 26 个州和 1 个联邦区。行政权由州长行使,立法权由立法议会行使,立法议会每四年选举一次。司法权由负责普通司法的州法院行使。州作为巴西联邦共和国的地方行政单位,根据宪法规定拥有一定的自治权,且拥有自己的政府和宪法。在此规定之下,圣保罗州作为一个享有自治权的行政单位,发展出了自己独特的政治文化,表现为圣保罗州的州旗、州歌、州座右铭等。

---

① https://www.gazetadopovo.com.br/eleicoes/2022/resultado/2-turno/sao-paulo/governador,查询日期:2023 年 8 月 11 日。

图 8-5　圣保罗州州旗①

（二）中央与本州关系

巴西宪法赋予了圣保罗州组织自己政府和制订自己宪法的权力,而州政府可以自行决定州内政策、税种等事务。然而,宪法并未赋予圣保罗州成为独立国家的权力。事实上,巴西仍是一个中央集权相对较强的国家,联邦各州并未有能够大肆反对中央政府的权力。

（三）与其他州关系

圣保罗州和其他联邦州的地位是平等的,且在政治上是相互独立的,在州事务上,很少受到其他任何州的牵制或影响。

四、州政党制度

（一）概况

本版块将以劳工党为例,介绍党派在圣保罗州的结构。

劳工党中央在州一级设置的州组织称为党支部(Diretório),圣保罗州

---

① https://www.saopaulo.sp.gov.br/conhecasp/historia/bandeira-do-estado-de-sao-paulo,查询日期:2023 年 8 月 12 日。

的党支部为圣保罗州劳工党（PT Paulista Diretório Estadual）。在党的州支部，下设党的州主席（Presidente Estadual do PT Paulista）、党的州副主席（Vice-presidente do PT Paulista）、秘书长（Secretário Geral）、财政和规划秘书（Secretária Estadual de Finanças e Planejamento）等职务。巴西劳工党党章规定，国家、州、市的党的领导人皆由直接选举产生，通过这种方式，选举出劳工党圣保罗支部的负责人和州议员等。

（二）制度特点

由于巴西独特的多党制制度，导致州政府内在野党繁多。在未担任执政党时，各党派会通过社会活动与议会活动来提高自己的影响力，下面将举例说明。

1. 社会活动

2023 年 8 月 12 日，劳工党中央举办自由左翼集会（Feira Esquerda Livre comemora aniversário）。该集会由劳工党圣保罗州支部同其他社会组织协办，活动为圣保罗州居民创造了一个小型的商贸集市展览，其中有各种摊位。

2. 议会活动

2023 年 8 月 7 日，劳工党成员乔治·多·卡尔莫（Jorge do Carmo）创立保护流浪者议会阵线（Frente Parlamentar em Defesa da População em Situação de Rua）。该阵线由劳工党主导，旨在改进给予流浪者特殊照顾的州政策，并与市政府、州政府和联邦政府合作，执行部门间的公共政策，让民间社会和流浪者群体本身也参与进来，涵盖住房、社会援助、食品、卫生、教育、工作、司法和文化等诸多领域。

（三）主要政党

目前，在圣保罗州最高选举法院注册的党派共 31 个，见表 8-1。

表 8-1　圣保罗州注册党派表

政党名称	成立时间
巴西民主运动党（Movimento Democrático Brasileiro，MDB）	1980
巴西工党（Partido Trabalhista Brasileiro，PTB）	1979

（续表）

政党名称	成立时间
民主工党(Partido Democrático Trabalhista，PDT)	1979
劳工党(Partido dos Trabalhadores，PT)	1980
巴西共产党(Partido Comunista do Brasil，PCdoB)	1962
巴西社会党(Partido Socialista Brasileiro，PSB)	1985
巴西民主社会党(Partido da Social Democracia Brasileira，PSDB)	1988
行动党(Agir)	1985
全国动员党(Partido da Mobilização Nacional，PMN)	1990
公民党(Cidadania)	1992
绿党(Partido Verde，PV)	1986
现代党(Avante)	1989
进步党(Progressistas，PP)	1995
统一社会主义工人党(Partido Socialista dos Trabalhadores Unificado，PSTU)	1994
巴西共产党①(Partido Comunista Brasileiro，PCB)	1922
巴西劳工复兴党(Partido Renovador Trabalhista Brasileiro，PRTB)	1994
基督教民主党(Democracia Cristã，DC)	1995
工人事业党(Partido da Causa Operária，PCO)	1995
我们可以党(Podemos，PODE)	1995
共和党(Republicanos)	2005
社会主义与自由党(Partido Socialismo E Liberdade，PSOL)	2004
自由党(Partido Liberal，PL)	1985
民主社会党(Partido Social Democrático，PSD)	1988
爱国者党(Patriota)	2011
团结党(Solidariedade)	2012
新党(Partido Novo，NOVO)	2011
可持续发展网络党(Rede Sustentabilidade，REDE)	2013
巴西妇女党(Partido da Mulher Brasileira，PMB)	2008
大众团结党(Unidade Popular，UP)	2016
巴西联盟党(União Brasil)	2021
基督教社会党(Partido Social Cristão，PSC)	1985

---

① 巴西存在两个共产党——巴西共产党(Partido Comunista do Brasil，PC do B)和巴西共产党(Partido Comunista Brasileiro，PCB)，尽管两党中文译名相同，但是不同的政党。

（四）议会席位

在圣保罗州议会中，党派的席位形式分为党（Partido）和联盟（Bloco）两种。在 2023 年议会中①，共有席位 513 席，分配如表 8-2② 所示。

表 8-2　圣保罗州议会席位分配表

Partido/Bloco	Bancada	Líder / Representante	Nome do Partido / Bloco
Bloco UNIÃO, PP, Federação PSDB CIDADANIA, PDT, PSB, AVANTE, SOLIDARIEDADE, PATRIOTA	174	Líd. André Figueiredo	Bloco (UNIÃO/59, PP/49, PDT/18, PSB/15, AVANTE/7, SOLIDARIEDADE/4, PATRIOTA/4)
Bloco MDB, PSD, REPUBLICANOS, PODE, PSC	142	Líd. Fábio Macedo	Bloco (MDB/43, PSD/43, REPUBLICANOS/41, PODE/12, PSC/3)
PL	99	Líd. Altineu Côrtes	Partido Liberal
Bloco Federação Brasil da Esperança - Fe Brasil	81	Líd. Zeca Dirceu	Bloco (PT/68, PCdoB/7, PV/6)
Bloco Federação PSOL REDE	14	Líd. Guilherme Boulos	Bloco (PSOL/13, REDE/1)
NOVO	3	Rep. Adriana Ventura	Partido Novo

如表 8-2 所示，在圣保罗州议会中大致有 6 种政治力量，分别是（从上到下）：

① 联盟：174 席（巴西联盟党/59 席、进步党/49 席、民主工党/18 席、巴西社会党/15 席、现代党/7 席、团结党/4 席、爱国者党/4 席）；

② 联盟：142 席（巴西民主运动党/43 席、民主社会党/43 席、共和党/41 席、我们可以党/12 席、基督教社会党/3 席）；

③ 自由党/99 席；

④ 联盟：81 席（劳工党/68 席、巴西共产党/7 席、绿党/6 席）；

⑤ 联盟：14 席（社会主义与自由党/13 席、可持续发展网络党/1 席）；

⑥ 新党/3 席。

---

① 数据来源为众议院门户网站，https：//www. camara. leg. br/Internet/Deputado/bancada. asp，查询日期：2023 年 8 月 12 日。

② 数据来源为众议院门户网站，https：//www. camara. leg. br/Internet/Deputado/bancada. asp，查询日期：2023 年 8 月 11 日。

附　录

一、学术研究

（一）主流期刊

1.《巴西政治经济学杂志》(*Brazilian Journal of Political Economy*)

简介：该杂志发表关于经济发展、宏观经济学、经济理论批判的理论论文，以及采用历史演绎方法研究相关经济理论的应用经济学论文。该期刊还连载有其他相关研究的论文。《巴西政治经济学杂志》自 1981 年开始发行。

网址：https：//centrodeeconomiapolitica. org. br/repojs/index. php/journal。

2.《巴西政治科学评论》(*Brazilian Political Science Review*, *BPSR*)

简介:《巴西政治科学评论》是 2007 年由巴西政治学协会（Associação Brasileira de Ciência Política）负责出版的学术刊物。其使命是传播有关政治科学和国际关系主题的高质量论文，从而促进国际政治学界的思想交流和所产生的科学知识的国际化。每四月一刊。

网址：https：//www. scielo. br/j/bpsr。

3.《新月：文化与政治杂志》(*Lua Nova*：*Revista de Cultura e Política*)

简介:《新月：文化与政治杂志》由当代文化研究中心（CEDEC）编辑，成立于1984 年,每季度出版一次,旨在促进对当代核心问题的讨论,强调公共政策分析中的公共性质和巴西在国际环境分析中的立场。自 1988 年以来,侧重于三个问题：民主、公民身份和权利。目前是学术领域的头部出版物,得到了研究赞助机构的高度评价,并具有国家和国际索引。

网址：https：//www. scielo. br/j/ln。

（二）智库

1. 圣保罗大学国家和国际学术合作机构（AgênciaUSP de Cooperação Acadêmica Nacional e Internacional, Aucani）

简介：该机构旨在圣保罗大学、公共机构和社会之间建立战略关系，以支持国家和国际层面的教学、研究、文化和学术合作。

网址：http://www.usp.br/internationaloffice。

2. 卡洛阿尔贝托学院（Collegio Carlo Alberto）

简介：2004 年成立的学院，由圣保罗大学和都灵大学联合发起。其使命是在国际学术界权威学术观念指导下，促进社会科学研究和高等教育的发展。学院与意大利都灵大学经济系、社会系、政治系、法学系四个系密切合作。学院致力营造充满活力的研究环境，培养专业素质过硬的本科生和硕士生，为经济和其他公共政策领域的政策设计做出贡献。

网址：https://www.carloalberto.org/about/the-collegio-carlo-alberto。

3. 费尔南多恩里克卡多索基金会（Fundação Fernando Henrique Cardoso, Fundação FHC）

简介：费尔南多恩里克卡多索基金会前身为费尔南多恩里克卡多佐研究所（Instituto Fernando Henrique Cardoso），是费尔南多·恩里克·卡多佐总统离任后创建，于 2004 年开始运作。宗旨是促进公众辩论、传播有关巴西与世界关系中发展和民主挑战的知识；保存和提供与巴西前总统费尔南多·恩里克·卡多佐及其妻子鲁斯·卡多佐（Ruth Cardoso）有关的公众人物的档案，以便为研究和传播有关巴西历史的知识做出贡献。

网址：https://fundacaofhc.org.br。

4. 珀尔修阿布拉莫基金会（Fundação Perseu Abramo, FPA）

简介：该基金会于 1996 年由劳工党建立，致力于开展与政治和意识形态反思有关的探讨、学习和研究等活动。该基金会是巴西著名智库之一，取代了威尔逊-皮涅罗基金会（Fundação Wilson Pinheiro）。

网址：https://fpabramo.org.br。

5. 卢拉研究所(Instituto Lula)

简介：卢拉研究所是一个非营利组织，其名称是为了纪念总统卢拉，并由卢拉任名誉主席。主要目标是与非洲国家分享巴西在消除饥饿和贫困的公共政策方面的经验，促进拉丁美洲的一体化，并记录和保护巴西争取民主的历史。

网址：https：//institutolula.org。

（三）重要学者

1. 丹尼尔·布尔克(Daniel Buarque)

简介：丹尼尔·布尔克是国王巴西研究所(The King's Brazil Institute)的博士生。他拥有国王巴西研究所的全球研究硕士学位和伯南布哥天主教大学(Universidade Católica de Pernambuco)的社会传播和新闻学学士学位。他是国王巴西研究所战争研究系的助教，负责组织国际关系理论和国际历史当代问题的研讨会。除了学术工作外，丹尼尔还担任巴西新闻门户网站UOL和巴西新闻广播CBN的专栏作家，讨论国际上对巴西的看法以及该国的外部形象。他在巴西拥有超过15年的记者经验，曾在该国一些最负盛名的媒体工作。他曾是新闻门户网站Terra Networks的执行编辑，《圣保罗页报》的记者和编辑，CBN的编辑，《经济价值报》的记者以及新闻门户网站G1(Globo Network)的内容编辑。

三、电子资源

（一）数据库

1. 图书馆和数字馆藏机构(Agência de Bibliotecas e Coleções Digitais, ABCD-USP)

简介：图书馆和数字馆藏机构是负责使信息、知识生产和图书馆的管理与圣保罗大学的目标保持一致的大学机构。在机构门户网址中，可以找到有关各单位所有图书馆的信息，以及有关圣保罗大学社区和公众可用的各种在线资源的信息。

网址：https：//www.abcd.usp.br。

2. 瓦加斯基金会数字图书馆(Biblioteca Digital FGV)

简介：该图书馆是一个庞大的数字馆藏,其中大部分向公众开放和免费。在图书馆的 320 多个数据库中,有 121 个免费向公众开放。其中包括法律汇编,字典,经济、金融和政治统计与指数,年鉴,视听文件,以及各种其他类型的研究材料。该机构的数字存储库代表瓦加斯基金会的学术成果,也向公众开放。内容包括 32 种期刊,共 1 550 期,此外,还包括瓦加斯基金会创作的文章、论文和其他材料。

网址：https：//biblioteca.fgv.br/biblioteca/biblioteca-digital-fgv。

3. 众议院数字图书馆(Câmara dos Deputados-Biblioteca Digital，BD)

简介：该图书馆收集和整理与立法活动相关的藏书和电子文件。致力于为公民提供自 1824 年帝国时期创建的第一部宪法文本以来的所有巴西宪法文本。包含 1988 年巴西联邦宪法(更新至第 122/2022 号宪法修正案)、巴西帝国法律汇编、巴西共和国法律汇编、其他立法等。相关文件可以下载音频,现行联邦宪法和法律汇编可下载文本。历届宪法可在线浏览。每个文本都按照年份进行了分类。

网址：https：//bd.camara.leg.br/bd。

4. 高等教育人员改进协调机构期刊(Revista CAPES em Foco)

简介：该国最大的虚拟科学馆藏之一,现有全文期刊 4 9000 余种,各类内容数据库 455 个,如专利、统计、视听资料、技术标准、论文、书籍等。它的创建是为了收集高质量的科学材料,并将其提供给巴西学术界,降低全国高等教育人员在科学信息获取方面的不平衡。这在世界上被认为是首创,因为大量的资源完全由联邦政府所持有。

网址：https：//www.gov.br/capes/pt-br/centrais-de-conteudo/publi-cacoes/revista-capes-em-foco。

（程天圉）

第九章

圣保罗州经济纵览

一、经济发展阶段

巴西圣保罗州的经济发展可以划分为五个主要时期，每个时期都有其显著特征和经济发展趋势。

（一）农业经济时期（16 世纪—19 世纪末）

这一时期，圣保罗州的经济主要依赖于农业。在葡萄牙殖民时期，该地区成为巴西重要的种植和出口中心，生产糖、咖啡和棉花等作物。[①] 土地主要集中在少数富有的种植园主手中，大量奴隶劳动力被广泛使用。这种经济模式带来了巨大的贫富差距，同时也引发了社会不平等和劳动力剥削等问题。

该时期有以下特点：

1. 单一作物种植

农业经济主要依赖单一作物的种植和出口，从最早期的糖转向咖啡和棉花等作物。这些作物的种植对土地和劳动力有着大量需求，导致土地集中在少数种植园主手中。

2. 奴隶制度

为了满足劳动力需求，大量非洲奴隶被迫从事农田劳动。奴隶制度广

---

① https://unstats.un.org/UNSDWebsite，查询日期：2023 年 5 月 15 日。

泛存在于圣保罗地区,成为当地农业经济的基础,同时也引发了社会的种族不平等和人权问题。

3. 土地集中与贫富差距

种植园主拥有大片土地和丰厚的收入,而农民和奴隶生活在贫困和压迫之下,形成了巨大的贫富差距。

4. 欧洲殖民者的主导地位

农业经济由欧洲殖民者主导,他们垄断了土地、资源和贸易的控制权。殖民者将殖民地作为财富和商业利益的来源,剥削当地的资源和劳动力。

总的来说,这一经济模式在当时为圣保罗地区带来了财富,但也导致了社会不平等和其他问题的加剧。

(二)工业化起步时期(20 世纪初—20 世纪 40 年代)

这一时期,圣保罗州开始逐渐向工业化经济模式转变。工业部门的崛起主要受到外国投资和技术转移的影响,尤其是欧洲移民的涌入。圣保罗州迅速发展成为巴西重要的工业中心,涵盖了纺织、化工和金属加工等领域。工业化为该地区带来了大量就业机会,吸引了大量人口流入城市。

该时期有以下特点:

1. 外国投资和技术转移

工业化初期,圣保罗州吸引了大量的外国投资,引进了大量先进技术。特别是来自欧洲的移民带来了先进的技术和管理经验,推动了工业部门的迅速发展,促使圣保罗州步入工业化的快速发展阶段。

2. 初级工业发展

该时期圣保罗州的工业主要集中在纺织、化工和金属加工等初级工业领域,这些相对简单的行业为当地经济奠定了基础,成为工业化初期的发展支柱。

3. 基础设施建设

为了支持工业化的发展,圣保罗州进行了大规模的基础设施建设,包括建设公路、铁路和港口等,促进了物流和贸易的发展,加速了工业化的进程。

4. 人口增长和城市化

工业化初期吸引了大量人口涌入圣保罗州,导致城市人口快速增长。人口增长和城市化不仅提供了更多的劳动力,也带来了更大的市场需求,加速了工业的扩张。

5. 劳工运动的兴起

随着工业化的推进,工人阶级开始组织起来争取自身的权益。工人抗议和劳工运动逐渐兴起,劳工权益逐渐成为社会和政治议程的重要组成部分。

这一时期为后续的工业发展和经济繁荣奠定了坚实的基础。

(三)进口替代工业化时期(20世纪50年代—70年代)

这一时期,圣保罗州成为巴西主要的工业和经济中心之一。工业部门实现了多元化和扩张,涵盖了钢铁、汽车制造、电子产品等产业,进行了包括公路、铁路和能源等领域在内的大规模基础设施建设。

该时期有以下特点:

1. 进口替代政策

在这一时期,巴西实施了进口替代政策,旨在减少对进口商品的依赖,推动国内工业的发展。[①] 对此,政府采取了一系列保护主义措施,如高关税、进口配额和优惠贷款等,以鼓励国内生产替代进口商品。

2. 工业多元化和扩张

为实现进口替代,圣保罗州的工业部门经历了多元化和扩张的过程。除了传统的纺织、化工和金属加工领域,新的工业部门如钢铁、汽车制造、电子产品等也得到了发展,推动了圣保罗州工业结构的多元化。

3. 基础设施建设

为促进工业化的发展,圣保罗州进行了大规模的基础设施建设。公路、

---

① https://www.sciencedirect.com/science/article/abs/pii/B9780122164507500293,查询日期:2023年5月16日。

铁路、港口和电力等基础设施得到了扩建和改善,提高了物流和交通运输的效率。

4. 国有企业的发展

在进口替代工业化时期,巴西政府积极推动工业发展,建立了一批国有企业。这些企业在能源、石油、钢铁等关键领域发挥了重要作用。

5. 内需市场的扩大

通过进口替代政策和工业化发展,圣保罗州的内需市场得到了扩大。工业品的生产不断增加,不仅为国内消费提供了更多的选择,也进一步带动了经济增长。

6. 社会和经济不平等的持续存在

尽管进口替代工业化推动了工业发展和经济增长,但社会和经济不平等的问题仍然存在。在这一过程中,富裕阶层和工业资本家受益最多,而农民和低收入工人的生活条件改善有限。

(四)新自由主义改革时期(20 世纪 80 年代—至 90 年代)

在这一时期,巴西开始实施经济自由化和市场化改革,旨在吸引外资、提高经济效率。这些改革推动了市场的开放、贸易的自由化和国有企业的私有化,促进了经济的国际化。圣保罗州在工业和服务业方面保持领先地位,金融业逐渐崛起,成为巴西金融中心之一。

该时期有以下特点:

1. 自由市场经济导向

新自由主义改革倡导市场的自由化和私有化,减少政府对经济的干预。政府采取了一系列措施,如放宽市场准入、降低关税、推动竞争、取消贸易壁垒等,以促进自由市场的发展。

2. 私有化和市场化

新自由主义改革推动了国有企业的私有化,将原本由政府掌控的行业引入市场竞争。这不仅促进了私人企业的发展,也减轻了政府的负担,提升了经济效率。

3. 财政纪律和紧缩政策

为控制通货膨胀和财政赤字,新自由主义改革实施了一系列措施。政府通过削减财政开支和减少公共投资,实施财政纪律和紧缩政策,以稳定经济和财政状况。

4. 自由贸易和国际化

新自由主义改革鼓励外国投资和自由贸易,促进了巴西与其他国家之间的经济合作。通过降低关税、取消贸易壁垒和签署自由贸易协定,吸引了外国投资,并推动了国际贸易的发展。

5. 货币稳定和通货紧缩政策

为了解决通货膨胀问题,新自由主义改革实施了紧缩的货币政策。中央银行采取了严格的货币政策措施,包括提高利率、控制货币供应等,以稳定货币价值和控制通胀。

6. 社会福利削减和不平等加剧

新自由主义改革时期,政府大幅削减了社会福利和公共支出,导致社会福利体系的削弱和不平等问题的加剧。贫困率上升和社会不平等问题成为新自由主义改革的负面影响之一。

这一时期对圣保罗州经济产生了深远的影响,塑造了圣保罗州作为市场导向型经济体的现代化面貌。

(五) 知识经济和服务业时期(21 世纪初至今)

这一时期,圣保罗州的经济重心逐渐从传统的制造业向知识经济和服务行业转变。知识经济强调创新和技术发展,服务业则涵盖了更为广泛的领域,如金融、信息技术、咨询、旅游和教育等。知识经济与服务业的兴起也带来了新的就业机会和经济增长动力,推动了圣保罗州成为一个现代化的经济中心。

该时期有以下特点:

1. 知识驱动

知识经济依赖于知识产权保护、技术研发和创新能力,成为推动经济增长和创新的主要动力,推动了信息技术、生物技术和通信技术等高技术产业的发展。

2. 服务业扩张

服务业在圣保罗州经济中占据重要地位。金融、保险、咨询、教育、医疗和旅游等服务领域蓬勃发展,成为经济增长和就业创造的主要动力。与此同时,服务业的扩张还提供了更多样化的就业机会,带来了更多高附加值的服务岗位。

3. 创业与创新

知识经济与服务业时期,政府鼓励创业和创新。创业公司和初创企业在各个领域崭露头角,推动新产品和服务的开发。政府和私人部门大力投资创新中心、孵化器和研发设施,以促进创新生态系统的发展。

4. 重视人力资本

知识经济与服务业时期,人力资本成为关键资源。教育和技能培训变得至关重要,以培养适应新经济需求的高素质人才。高等教育机构和培训中心的发展成为培养专业人才和提升竞争力的重要环节。

5. 数字化和科技创新

随着知识经济与服务业的发展,数字化和科技创新成为圣保罗州经济的显著特点。随着信息技术的广泛应用、互联网的普及以及电子商务的兴起,商业模式的转型和效率进一步加快和提高。

6. 跨国合作与国际化

知识经济与服务业时期,圣保罗州加强了与国际市场的联系与合作。跨国公司的涌入带来了先进技术和管理经验,推动了经济的国际化。同时,圣保罗州的企业也积极拓展海外市场,寻求国际竞争和合作的机会。

总的来说,这一时期的经济发展呈现出更加多元化、高附加值和技术密集型的特点,强调知识产权、技术创新和人力资本的重要性。服务业的扩张和数字化的推进为经济增长和就业创造带来了新的机遇。

二、经济管理机构

（一）政府管理机构

1. **圣保罗州经济发展、科学、技术和创新局**（Secretaria de Desenvolvimento Econômico, Ciência, Tecnologia e Inovação do Estado de São Paulo）[1]

负责制定和执行圣保罗州的经济发展政策，促进投资和创业环境的改善，并推动科学、技术和创新领域的发展。

2. **圣保罗市经济发展局**（Secretaria Municipal de Desenvolvimento Econômico）[2]

负责管理和促进圣保罗市的经济发展，为企业和创业者提供投资和贸易支持，并推动城市的可持续发展。

3. **圣保罗州财政局**（Secretaria da Fazenda do Estado de São Paulo）[3]

负责管理圣保罗州的财政事务，包括税收征收、财政预算、财务管理和监督，以确保财政的稳定和合规。

4. **圣保罗市财政局**（Secretaria Municipal da Fazenda）[4]

负责管理圣保罗市的财政事务，包括税收管理、财务预算、市场监管等，以保障市财政的健康和可持续性。

5. **圣保罗州计划、预算和管理局**（Secretaria de Planejamento, Orçamento e Gestão do Estado de São Paulo）[5]

负责圣保罗州的战略规划、预算编制和管理，以确保公共资源的合理分

---

[1] http：//www.desenvolvimento.sp.gov.br,查询日期：2023 年 5 月 13 日。

[2] http：//www.prefeitura.sp.gov.br/cidade/secretarias/desenvolvimento,查询日期：2023 年 5 月 19 日。

[3] https：//portal.fazenda.sp.gov.br,查询日期：2023 年 5 月 19 日。

[4] http：//www.prefeitura.sp.gov.br/cidade/secretarias/financas,查询日期：2023 年 5 月 19 日。

[5] https：//www.planejamento.sp.gov.br,查询日期：2023 年 5 月 19 日。

配和有效使用。

6. 圣保罗市计划和发展局(Secretaria Municipal de Planejamento e Desenvolvimento Urbano)①

负责圣保罗市的城市规划、土地利用和发展策略的制定和实施,以确保城市的可持续发展和良好的城市环境。

这些经济管理部门和机构在圣保罗州的经济发展中扮演着重要的角色,负责制定政策、管理财政、促进投资和创新,推动经济的增长和可持续发展。

(二) 相关组织

1. 圣保罗州工业联合会(Federação das Indústrias do Estado de São Paulo,FIESP)②

圣保罗州工业联合会成立于1927年,是巴西最大的工业和商业利益组织之一,旨在代表圣保罗州的工商企业,促进工业发展,在政策制定和经济发展方面发挥着重要作用,并提供培训、贸易促进和技术创新等服务和支持。

2. 圣保罗州农业协会(Federação da Agricultura do Estado de São Paulo,FAESP)③

圣保罗州农业协会成立于1924年,是代表圣保罗州农业企业和农民利益的组织,旨在促进农业发展和提高农业生产力,提供市场分析、政策倡导和技术培训等服务和支持。

3. 圣保罗州贸易和服务联合会(Federação do Comércio de Bens,Serviços e Turismo do Estado de São Paulo)④

圣保罗州贸易和服务联合会成立于1945年,是圣保罗州最大的贸易和

---

① http://www.prefeitura.sp.gov.br/cidade/secretarias/planejamento,查询日期:2023年5月19日。

② https://www.fiesp.com.br,查询日期:2023年5月19日。

③ https://www.faesp.com.br,查询日期:2023年5月19日。

④ https://www.fecomercio.com.br,查询日期:2023年5月19日。

服务业组织之一,代表零售、餐饮、住宿、旅游等行业的利益,并致力于提高行业标准和促进相关领域的发展。

4. 圣保罗州投资与竞争力促进局(Agência Paulista de Promoção de Investimentos e Competitividade)①

圣保罗投资与竞争力促进局成立于 2019 年,是州政府负责推动外贸和吸引投资的官方机构,旨在促进圣保罗州的国际贸易和提升投资环境,并提供各种支持和服务,如市场分析、营商环境评估和政策制定等。

5. 圣保罗州科技和创新发展局(Fundação de Amparo à Pesquisa do Estado de São Paulo,FAPESP)②

圣保罗州科技和创新发展局成立于 1962 年,是圣保罗州政府负责科技创新和研究的机构,旨在促进科技创新和发展,支持各种研究项目和创新活动,为圣保罗州的经济发展提供技术支持和创新动力。

这些相关组织在圣保罗州的经济发展中扮演着重要角色,代表不同的行业和利益群体,提供各种服务和支持,推动经济的增长和可持续发展。

三、税务

(一)税收发展

在税收方面,圣保罗州一直处于巴西税收制度发展的前沿,推出了多项政策和计划来促进税收发展。

圣保罗州税收发展分为以下几个时期。

1. 殖民时期

在葡萄牙殖民统治下,巴西圣保罗地区主要征收各种税费以支持葡萄牙皇家的财政需求,如探矿权费、土地使用费、贸易税等。

---

① https://www.investe.sp.gov.br,查询日期:2023 年 5 月 19 日。
② https://fapesp.br,查询日期:2023 年 5 月 19 日。

2. 独立后的税制建立

在巴西独立后,圣保罗地区逐渐建立起自己的税收制度。19 世纪后期和 20 世纪初期,巴西实施了一系列税收改革,包括建立个人所得税、企业所得税和消费税等。

3. 税收改革与现代化

20 世纪后半叶,圣保罗州开始实施一系列税收改革,以提高税收效率和公平性。这些改革包括简化税收程序、降低税率、减少税收漏洞等。此外,巴西还加强了税收征管体系,提高了税收的征收效率和监管能力。

4. 增值税的引入

近年来,圣保罗州引入了增值税(Imposto sobre Valor Agregado,IVA)作为其主要税种之一。增值税是一种间接税,根据商品和服务的价值增加额来征收。它在巴西的税收体系中占据重要地位,为地方和州政府提供了稳定的税收收入。

5. 税收优惠和激励政策

为了吸引投资和促进经济发展,圣保罗州实施了一系列税收优惠和激励政策,包括税收减免、税收豁免和税收抵免等,以鼓励企业投资和创业。

总的来说,圣保罗州的税收历史经历了殖民时期的葡萄牙税收统治,随后建立了自己的税收制度,并通过税收改革不断完善。税收在支持地方经济发展、提供公共服务和维持政府财政稳定方面发挥着重要的作用。

(二)税务机构

1. 巴西联邦税务局(Receita Federal do Brasil)[①]

巴西联邦税务局是巴西联邦政府税务机构之一,负责征收个人所得税、企业所得税、增值税等联邦税种,同时还负责海关监管和反洗钱等工作。

---

① https://www.gov.br/receitafederal/pt-br,查询日期:2023 年 5 月 13 日。

2. 巴西圣保罗州税务局（Secretaria da Fazenda do Estado de São Paulo）①

巴西圣保罗州税务局是巴西圣保罗州政府税务机构，负责管理和征收州级税种，如增值税、财产税、车辆税等，同时还负责监管税务行为和推广税收政策。

3. 巴西圣保罗市税务局（Secretaria Municipal da Fazenda）②

巴西圣保罗市税务局是巴西圣保罗市政府税务机构，负责管理和征收市级税种，例如房产税、城市服务税等，同时还负责监管税务行为和推广税收政策。

4. 巴西社会保障局（Secretaria da Previdência）③

巴西社会安全税务局负责管理和征收社会安全税，例如养老保险、医疗保险等。

这些税务机构通过税收征收和监管来维护税收秩序、提高税收收入、促进经济发展和社会公平。

（三）税收种类

圣保罗州的税收种类涵盖了联邦税、州税和市税等不同级别的税种。以下是圣保罗州的主要税种。

1. 增值税（Imposto sobre Valor Agregado, IVA）

增值税是巴西最重要的税种之一，由州政府根据价值增加额进行征收，适用于商品和服务的流通环节。

2. 个人所得税（Imposto de Renda Pessoa Física, IRPF）

个人所得税是一种联邦税种，根据个人收入进行征收。居民和非居民个体都需要缴纳个人所得税，税率根据收入水平不同而异。

---

① https://portal.fazenda.sp.gov.br，查询日期：2023 年 5 月 13 日。
② http://www.prefeitura.sp.gov.br/cidade/secretarias/financas，查询日期：2023 年 5 月 13 日。
③ https://www.gov.br/previdencia/pt-br，查询日期：2023 年 5 月 13 日。

3. 企业所得税(Imposto de Renda Pessoa Jurídica, IRPJ)

企业所得税也是一种联邦税种,针对公司和企业的利润而设,税率根据企业类型和利润额度而有所区别。

4. 机动车财产税(Imposto sobre a Propriedade de Veículos Automotores, IPVA)

机动车财产税是一种州税,适用于机动车辆的所有者,税率依据车辆的价值和类型有所区别。

5. 房产税(Imposto sobre a Propriedade Predial e Territorial Urbana, IPTU)

房产税是一种市税,适用于城市房地产的所有者,税率依据房产的价值和所在地区的规定而发生变化。

圣保罗州的税种组成了复杂的税收体系,由不同的税务机构负责管理和征收。

(四) 地区税收

圣保罗州不同地区之间会存在以下税收差异。

1. 增值税率差异

不同地区可能会根据当地的经济状况和发展需求,灵活调整增值税率,以吸引投资或促进消费。

2. 地方税种差异

除了共同的税种(如增值税和个人所得税)外,各地区还可能存在特定的地方税种,如房产税、车辆税等。这些税种的税率和征收方式也因地区而异。

3. 税收优惠差异

不同地区的政府可能会提供不同的税收优惠政策,以吸引企业投资或促进特定产业的发展。这些优惠政策的具体内容和力度会因地区不同而有所区别。

4. 税收征收和管理差异

不同地区的税收征管体系和管理能力各异。一些地区可能具备更高效的税收征收和管理机构，能够更有效地征收和监管税款。

5. 经济结构差异

圣保罗州各地区的经济结构存在差异。一些地区可能以制造业、服务业为主导，而其他地区可能以农业或旅游业为主导，这些因素同样也会导致税收差异。

对圣保罗州不同地区的税收差异进行的具体分析如下。

1. 圣保罗市

圣保罗市作为圣保罗州的首府和最大城市，同时也是巴西的经济和商业中心，呈现出了高税收的现状。该市拥有大量的企业总部、金融机构和商业活动，因此增值税和企业所得税收入相对较高。

2. 巴乌鲁市(Bauru)

作为圣保罗州的一个重要城市，巴乌鲁市是重要的工业和物流中心。该地区拥有许多制造业和物流企业，其税收收入主要来自增值税、企业所得税和财产税等。

3. 坎皮纳斯市

坎皮纳斯市是圣保罗州的科技和教育中心，拥有许多高科技企业和大学。该地区的税收收入主要来自增值税、企业所得税以及与研究创新相关的税收。

4. 圣若泽杜斯坎普斯市

圣若泽杜斯坎普斯市是圣保罗州的航空航天工业中心，拥有许多航空航天企业和研发机构。该地区的税收收入主要来自增值税、企业所得税和科技创新相关的税收。

5. 洛雷纳市(Lorena)

洛雷纳市是圣保罗州的一个农业地区，以农业和畜牧业为主导。该地区的税收主要涉及土地使用税、农业产品销售税和其他农业相关税收。

四、地区经济

（一）历史概况

圣保罗州地区经济发展历史可以分为工业、农业和商业三个方面。

1. 工业地区发展历史

20 世纪初，圣保罗州地区启动工业化进程，迅速崛起为巴西的工业中心之一。这一时期，纺织、食品加工、金属加工和化工等行业蓬勃发展。随着大量移民的涌入和铁路网络的建设，工业基础设施得到了改善和发展。圣保罗市成为汽车制造业的重要中心，吸引了国内外的投资和技术引入。

在初期工业化阶段，圣保罗地区的工业主要集中在纺织、食品加工、金属加工和化工等行业。

随后，圣保罗地区的工业逐步多元化和壮大。20 世纪中叶，圣保罗地区的工业化水平显著提高，汽车制造业成为该地区的支柱产业。电子产品、机械制造、化学工业等行业也实现了快速发展。

圣保罗州工业化的发展受益于良好的基础设施和便利的交通网络。随着铁路、公路和港口等交通设施的不断完善，原材料和成品的运输和流通更加便捷。与此同时，政府还推动了工业园区和经济自由区的建设，为企业提供了更多优惠政策和良好的投资环境。

然而，工业地区的发展也面临城市化和工业化进程带来的环境污染、能源消耗和社会不平等等挑战。政府和相关部门采取措施，加强环境监管、推动经济发展，改善工人福利，以确保工业的可持续发展和经济的包容性增长。

2. 农业地区发展历史

巴西圣保罗地区的农业以其丰富的自然资源和宜人的气候条件而著称。农业在该地区的发展可以追溯到殖民时期。初期主要以咖啡和甘蔗种植为主。这些农产品的种植对该地区的经济起到了至关重要的作用，使圣保罗成为全球最大的咖啡生产地之一。随着咖啡行业的繁荣,圣保罗地区吸引了大量的移民和投资。

然而,20世纪中叶,咖啡产业面临挑战,价格波动、病虫害等问题导致咖啡的产量和利润下降。为降低对咖啡的依赖性,农业地区开始多元化发展,转向其他农产品的种植和养殖。橙子、棉花、黄豆、牛肉等农产品得以发展。

近年来,圣保罗州地区的农业持续发展。农业技术的进步和现代化的生产方式提高了农产品的产量和质量。政府通过基础设施投资、农业补贴和促进农业科技创新等措施,积极支持农业发展,推动农业地区的经济增长,提高农民福祉。

尽管取得了显著进展,农业地区仍面临挑战,如土地利用冲突、环境保护、气候变化和市场波动等问题。政府和农业部门致力于解决这些问题,它们通过推进可持续农业实践、资源管理和市场多样化等措施,促进农业的可持续发展和农民的经济稳定。

3. 商业地区发展历史

圣保罗州地区的商业活动起源于殖民时期,当时该地区是连接内陆和沿海地区的关键商业枢纽。随着时间的推移,圣保罗地区的商业活动逐渐扩大,并在20世纪初期崭露头角。

圣保罗州地区的商业繁荣得益于其经济多样性和人口规模的增长,其商业活动涵盖了零售、批发、贸易和服务业等多个领域。大型购物中心、超市、商场和街头市场等各种零售场所为居民提供了多样的购物选择。此外,圣保罗州地区作为国内外企业进入巴西市场的门户,吸引了大量的外商投资和国际贸易。

随着技术的进步和全球化的影响,电子商务和互联网零售等新兴商业模式在该地区迅速兴起,为消费者提供了更加便利的购物方式。同时,圣保罗州地区也积极推动建立创业生态系统,支持初创企业和创新公司的发展,为经济注入了新的活力。

不过,商业地区的发展也同时面临一些挑战。城市化和商业扩张导致的交通拥堵、环境污染和基础设施不足等问题需要得到解决。政府和相关部门正在加强交通规划、改善基础设施和扩大公共服务，以支持商业地区的可持续发展，提升市民生活质量。

（二）农业区

巴西圣保罗州的农业区主要分布在该州西南部的普拉多河谷和南部的巴拉那河谷，以及东部和北部的一些地区。

以下是该州的四个主要农业区。

1. 普拉多河谷地区（Vale do Paraíba）

普拉多河谷地区位于圣保罗州西南部，是该州最重要的农业地区之一。这个地区以其肥沃的土壤和适宜的气候条件而闻名，主要种植咖啡、香蕉、柑橘、蔬菜和花卉等。同时，该地区也是养殖牛和鸡的重要区域。

图 9-1　圣保罗州农业区①

---

① https://ruralpecuaria. com. br/tecnologia-e-manejo/agronegocio-paulista/previsoes-e-estima tivas-das-safras-agricolas-do-estado-de-sao-paulo-ano-agricola-2013-14-fevereiro-de-2014.html，查询日期：2023 年 6 月 14 日。

2. 巴拉那河谷地区（Vale do Paraná）

巴拉那河谷地区位于圣保罗州南部,与巴拉那州接壤,是一个重要的农业地区。这个地区主要种植大豆和玉米,是巴西主要的粮食生产区之一。此外,该地区还种植棉花、小麦和蔬菜等作物,并且进行家禽养殖。

图 9-2　普拉多河谷地区①

3. 里贝拉河谷地区

里贝拉河谷地区位于圣保罗州东南部,以其独特的自然环境和生态系统而著名。这个地区的农业主要以种植香蕉和其他热带水果为主,是巴西最大的香蕉生产区之一,出口量庞大。

4. 圣保罗州北部地区（Norte Paulista）

圣保罗州北部地区是重要的农业地区。这个地区主要种植咖啡、甘蔗和柑橘等作物。其中,咖啡种植曾是该地区的主导产业,但近年来种植面积逐渐减少。该地区的甘蔗种植占据重要地位,主要用于生产糖和燃料乙醇。

这些农业地区为圣保罗州的农产品生产和出口做出了贡献,在圣保罗州的经济中发挥着关键作用。每个地区的农业都有其特色,当地的土壤和气候条件,确保了农产品的质量和多样性。

---

① https://www.thinglink.com/scene/657908896475643904,查询日期：2023 年 6 月 14 日。

图 9-3　里贝拉河谷地区①

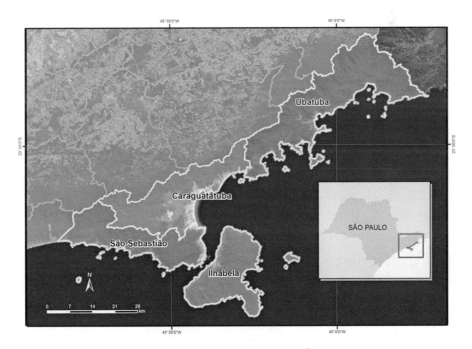

图 9-4　圣保罗州北部地区②

---

① http：//www. caronacultural. com. br/tours/vale-do-ribeira-registro-eldorado-cananeia-iguape-e-ilha-comprida-sp,查询日期：2023 年 6 月 9 日。

② https：//www. researchgate. net/figure/Figura-01-Municipios-do-litoral-norte-paulista-abrangidos-pelo-estudo_fig1_316635142,查询日期：2023 年 6 月 9 日。

（三）工业区

巴西的工业区分布广泛，涵盖了全国各个地区。以下是该州的四个主要工业地区。

1. 圣保罗大都会区（Região Metropolitana de São Paulo）

圣保罗大都会区是圣保罗州最重要的工业地区，也是巴西最大的都会区之一，由圣保罗市及其周边区域组成。该地区拥有广泛的工业基础，涵盖了汽车、化工、纺织、电子、食品加工等各个领域。圣保罗都会区以其大规模的制造业和服务业吸引了众多国内外企业的投资。

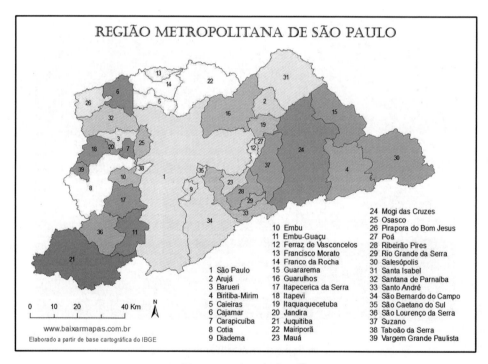

图 9-5　圣保罗都会区①

2. 大 ABC 地区

ABC 地区位于圣保罗都会区的南部，由圣安德烈、圣贝埃尔纳多坎波和南圣埃塔诺（São Caetano do Sul）三个城市组成，是巴西汽车工业的重要中心，拥有众多汽车制造厂和零部件供应商。许多国际知名汽车制造商在这里都设有工厂，包括福特、通用、大众和丰田等。

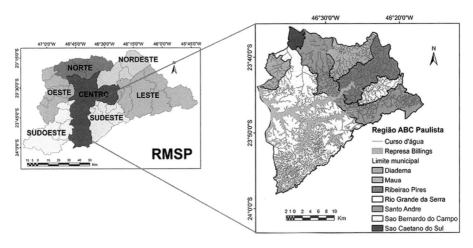

图 9-6　ABC 地区①

3. 瓜鲁尔霍斯地区（Região de Guarulhos）

瓜鲁尔霍斯地区位于圣保罗都会区的东部，是圣保罗州最重要的工业和物流中心之一。这个地区以其现代化的工业园区和物流基础设施而闻名，主要的产业包括航空航天、汽车零部件、电子、机械制造和物流等。

4. 巴尔乌埃里地区（Região de Barueri）

巴尔乌埃里地区是一个快速发展的工业和商业中心，位于圣保罗都会区的西部。该地区拥有现代化的工业和商业园区，吸引了众多国内外企业进驻，主要产业包括制造业、信息技术、电子商务、金融和物流等。

除了上述几个主要工业区，圣保罗州还有其他一些重要的工业集群，如

---

① https：//www. researchgate. net/figure/Figura-1-Mapa-da-localizacao-da-Regiao-do-ABC-Paulista-na-Regiao-Metropolitana-de-Sao_fig1_328437036，查询日期：2023 年 6 月 14 日。

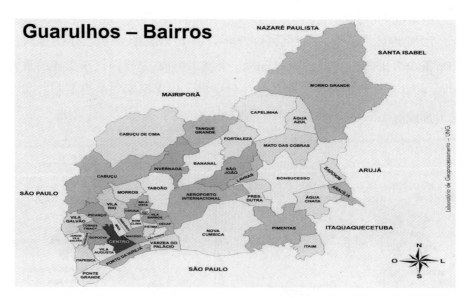

图 9-7　瓜鲁尔霍斯地区①

图 9-8　巴尔乌埃里地区②

① https：//modadecor. biz/mapa-de-guarulhos，查询日期：2023 年 6 月 14 日。

② https：//barueriportal. com. br/bairros-de-barueri，查询日期：2023 年 6 月 14 日。

坎尔纳斯地区(Região de Campinas)、巴雷图斯地区(Região de Barretos)和阿拉萨图巴地区(Região de Araçatuba)等。

这些工业地区的发展得益于圣保罗州优越的地理位置、完善的基础设施、丰富人才资源和庞大的市场规模。圣保罗州作为巴西最发达的州之一，在工业领域吸引了大量的国内外投资和企业进驻，其产业覆盖了汽车制造、化工、纺织、电子、机械制造、食品加工、航空航天等领域，呈现多样化的特点。许多国际知名企业在圣保罗州设立了工厂和研发中心，包括福特、通用、大众、丰田、宝马、戴尔、英特尔等。

总的来说，圣保罗州的工业区在经济发展中扮演着重要的角色，为就业创造、经济增长和技术创新做出了重要贡献。这些工业区的发展不仅促进了圣保罗州的经济繁荣，也对整个巴西的工业化进程起到了积极的推动作用。

（四）商业区

圣保罗州商业区是巴西最重要的商业中心之一，拥有丰富的商业活动和繁荣的商业氛围。以下是该地区的一些主要商业区：

1. 保利斯塔大道

保利斯塔大道是圣保罗市最著名的商业区之一，同时也是巴西最重要的商业街之一。这条大道上汇聚了众多银行、金融机构、商业办公楼和购物中心。此外，它还是圣保罗市的文化和娱乐中心，拥有博物馆、艺术画廊、剧院和电影院等设施。

2. 莫伦比商业区(Morumbi)

莫伦比商业区是圣保罗市的一个高档住宅区，也是重要的商业区。该地区拥有豪华购物中心、高级酒店、高档餐厅和国际公司的总部。该商业区还是圣保罗市最繁华的商业街之一，吸引了众多高端品牌和奢侈品店入驻。

3. 伊坦比比商业区(Itaim Bibi)

伊坦比比商业区以其现代化的商业楼宇和高级办公室而著称，是圣保罗市的繁华商业区。这里集聚了众多科技公司、咨询公司和金融机构。该

图 9-9　保利斯塔大道①

商业区还拥有许多高档餐厅、酒吧和时尚精品店,是圣保罗市时尚和娱乐的
中心之一。

4. 穆卡商业区(Mooca)

穆卡商业区是圣保罗市的一个传统商业区,以其多样化的商业活动和
小型企业为特色。这个地区拥有许多小型零售店、餐厅、咖啡馆和传统市
场。该商业区还保留了一些历史建筑和文化遗产,吸引了众多游客。

5. 奥林匹亚村商业区(Vila Olímpia)

奥林匹亚村商业区是圣保罗市新兴的商业区,以其现代化的商业楼宇
和科技公司的集聚而闻名。该地区是许多创业公司和初创企业的总部所在
地,还拥有一些购物中心、酒店和餐厅。

这些商业区在巴西圣保罗州的经济中扮演着重要的角色,吸引了大量
的商业活动和投资。它们提供了丰富的商业机会和就业岗位,并为当地经
济的发展做出了重要贡献。从高档购物中心到小型商店,从奢侈品品牌到
本土企业,商业区提供了广泛的购物、餐饮、娱乐和服务选择。此外,圣保罗

---

① https://www.melhoresdestinos.com.br/avenida-paulista.html,查询日期:2023 年 6 月 14 日。

商业区还定期举办各种商业活动和展览会,吸引了国内外企业参与。这些活动为商业交流、合作和创新提供了平台,促进了商业和经济的发展。

同时,圣保罗商业区还受益于圣保罗市优越的地理位置和交通网络。作为巴西最大的城市之一,圣保罗市发达的道路、铁路和航空运输系统为商业活动和货物流通提供了便利。

总的来说,圣保罗州商业区是巴西最重要的商业中心之一,其多元化的商业活动、现代化的商业设施和便利的交通网络使其成为国内外企业和投资者的首选目的地。该地区商业的繁荣不仅推动了圣保罗州的经济增长,也对巴西的整体经济发展做出了重要贡献。

五、工业

(一) 历史概况

1. 早期阶段(19 世纪初—20 世纪初)

圣保罗州的工业发展始于 19 世纪初,主要以手工业和小规模工坊为主。随着大量欧洲移民的涌入和咖啡产业的兴起,圣保罗州的工业开始蓬勃发展。咖啡种植业的繁荣不仅推动了铁路和港口的建设,也大大改善了该地区的交通和物流基础设施,为工业发展提供了有利条件。

2. 工业化进程(20 世纪初—20 世纪中叶)

20 世纪初,圣保罗州开始涌现出一批重要的工业企业,涵盖了纺织、金属加工、食品加工等多个领域。在第一次世界大战和第二次世界大战期间,巴西政府采取了一系列保护主义政策,旨在扶持本土工业的发展。这些政策推动了圣保罗州工业迅速扩张,特别是钢铁、化工和汽车制造等领域的发展。

3. 经济多元化(20 世纪中叶至今)

20 世纪中叶,巴西政府开始实施经济多元化政策,旨在减少对农业和原材料出口的依赖,促进工业部门的现代化和技术升级。圣保罗州成为这一转型的主要受益者之一。在这一时期,许多国际公司纷纷进入圣保罗州建立工厂和研发中心,汽车、航空、电子、制药和化工等高科技产业迅速崛起。

4. 近年发展

21 世纪以来,圣保罗州继续保持其工业发展的强劲势头。全球化和信息技术的发展推动了越来越多的跨国公司将业务扩展到圣保罗州,促进了该地区的经济增长,为社会提供了更多的就业机会。圣保罗州的工业部门已经涵盖了多个重要领域,包括汽车制造、航空航天、电子技术、生物技术及现代服务业等,形成了一个多元化、技术先进的产业结构。

圣保罗州的工业发展经历了从手工业和小规模工坊到大规模工业化的转变。从咖啡产业的兴起到经济多元化的推动,圣保罗州逐渐成为一个多样化的工业中心。该州不仅依托丰富的资源优势和先进的基础设施发展经济,而且积极推动创新和高端产业的转型升级,逐步向更高层次的全球产业链攀升。圣保罗州的工业发展也为该地区的经济增长做出了重要贡献,提供了更多就业机会,推动了技术创新,使其成为巴西乃至拉丁美洲最具竞争力和影响力的地区之一。

(二)主要产业

1. 棉纺工业

圣保罗州的棉纺工业在该地区的工业发展中占据了重要的地位。以下是对圣保罗州棉纺工业的介绍。

(1)历史和发展

圣保罗州的棉纺工业可以追溯到 19 世纪末至 20 世纪初。那时,圣保罗州的棉花种植面积迅速扩大,使其成为巴西最重要的棉花生产地之一,这为棉纺工业的兴起奠定了基础。这一时期,许多纺纱厂和纺织工厂相继在圣保罗州建立,标志着该地区棉纺工业的初步发展。

(2)生产规模和技术水平

近几十年来,圣保罗州的棉纺工业快速发展,通过引用现代化的生产设备和技术,提高了生产效率和质量水平。该地区的棉纺企业通常拥有完整的生产线，覆盖了从纺纱到织造的各个生产环节。

（3）产品范围

圣保罗州棉纺工业的产品种类繁多，包括棉纱、棉布、棉纺织品和成衣等。这些产品广泛应用于时装、家居用品和工业等领域。此外，圣保罗州的棉纺企业还致力于产品研发和技术创新，不断推出符合市场需求和潮流的新产品。

（4）市场地位和国际竞争力

巴西作为全球最大的棉花出口国之一，圣保罗州是其重要的棉纺生产中心。该州的棉纺产品因其卓越品质和竞争力在国际市场上享有盛誉，远销多个国家和地区。

圣保罗州的棉纺工业在该地区的工业体系中扮演着不可或缺的角色。通过技术升级和市场拓展，圣保罗州的棉纺企业在提高生产效率、产品质量和国际竞争力方面取得了显著进展，为巴西的经济发展和出口贸易做出了积极贡献。

2. 咖啡加工业

圣保罗州咖啡加工业是该地区工业发展中的一个重要组成部分，下面是对圣保罗州咖啡加工业的一些简要介绍。

（1）历史和发展

圣保罗州咖啡加工业可以追溯至 19 世纪初期，在咖啡产业的带动下，圣保罗州建立了大量的咖啡加工厂和出口企业，迅速成为巴西乃至全球最大的咖啡加工和出口中心之一。

（2）生产规模和技术水平

圣保罗州的咖啡加工企业在生产规模和技术水平上处于行业领先地位。这些企业普遍采用现代化的生产设备和技术，拥有完整的生产线，从咖啡豆的采摘、脱皮、烘焙、研磨到包装一应俱全。此外，圣保罗州的咖啡加工企业还致力于研发和创新，不断推出符合市场需求和消费趋势的新产品。

（3）产品质量和市场地位

圣保罗州的咖啡加工业以其优质和丰富的产品种类享誉全球。生产的咖啡品种包括阿拉比卡咖啡(Café Arábica)、罗布斯塔咖啡(Café Robusta)等,备受到国内外市场的青睐。这些咖啡产品远销欧美、亚洲等多个国家和地区,是巴西重要的出口商品。

(4)变革和转型

随着国际市场竞争的加剧和消费者需求的变化,圣保罗州的咖啡加工行业正在经历转型和变革。一些企业开始从传统的咖啡加工向多元化的食品和饮料生产转型,推出了果汁、糖果和巧克力等新产品,以适应不断变化的市场需求。

圣保罗州咖啡加工业是该地区的重要产业之一,通过技术进步、创新和市场拓展不断发展壮大,在巴西的咖啡产业和经济中扮演着重要的角色,为巴西的咖啡出口和经济增长做出了重要贡献。

3. 汽车工业

圣保罗州是巴西最重要的汽车制造和生产中心之一。以下是对圣保罗州汽车工业的一些简要介绍。

(1)历史和发展

圣保罗州的汽车工业可以追溯到 20 世纪初,作为经济增长的重要引擎之一,圣保罗州地区的汽车制造业在短时间内迅速发展,吸引了众多国际知名汽车制造商在圣保罗州设立生产基地。

(2)生产规模和技术水平

圣保罗州的汽车工业在生产规模和技术水平上处于全国领先地位。该地区的汽车制造企业拥有先进的生产设备和技术,能够生产多种类型的汽车,包括乘用车、商用车、卡车和摩托车等。这些企业通常拥有完整的生产线,涵盖车身制造、组装及测试等各个环节,能够独立完成全流程生产。

(3)市场地位和国际竞争力

圣保罗州的汽车工业在国内外市场上具有重要地位。巴西是南美洲最大的汽车市场之一,而圣保罗州作为巴西的汽车制造中心,肩负着满足国内市场需求和对外出口的重任。圣保罗州的汽车产品在国际市场上广受认可,远销多个国家和地区,展示出强大的国际竞争力。

（4）变革和创新

随着全球汽车行业的变革和技术革新，圣保罗州的汽车工业也在积极转型和创新。企业致力于提高汽车的燃油效率和环保性能，推动电动汽车和智能汽车的研发和生产。此外，圣保罗州的汽车工业还积极探索新的商业模式和服务，如汽车共享和出行平台等。

圣保罗州汽车工业在国家经济和工业发展中扮演着不可或缺的角色，其卓越的生产规模、技术水平以及对环保和创新的关注，保持着在国际市场的竞争力，为南美洲汽车产业做出了重要贡献。

4. 电子业（巴西电子工业中心）

圣保罗州电子业是圣保罗州地区的重要工业之一，以下是对圣保罗州电子业的介绍。

（1）历史和发展

圣保罗州的电子业起源于 20 世纪初。随着科技进步和信息技术的普及，该地区的电子业逐渐从电子组件和设备的分销与维修发展为包括电子制造、研发和创新在内的全产业链。

（2）生产范围和技术水平

圣保罗州的电子业涵盖领域广泛，包括电子元件制造、电子设备制造、通信设备、计算机硬件和软件等。电子企业采用先进的生产技术和自动化设备，提高生产效率和产品质量。同时，该产业还致力于研发和创新，以推出符合市场需求和技术潮流的新产品。

（3）市场地位和国际竞争力

圣保罗州电子业在巴西和国际市场上占据重要地位，是巴西最大的电子市场之一，拥有众多的电子制造企业和研发中心，其电子产品在国内外市场上具有竞争力，广泛出口到各个国家和地区。

（4）创新和发展

随着全球电子行业的快速发展和技术进步，圣保罗州的电子业不断创新和发展。企业持续推出新产品，如智能手机、电子消费品、通信设备和物联网技术等，以满足不断变化的消费者需求。此外，圣保罗州还积极推动产学研合作,注重人才培养。

　　通过不断地技术创新、提高产品质量和市场拓展,圣保罗州的电子企业在提供高品质电子产品和解决方案方面取得了显著进展,为圣保罗州乃至巴西的经济增长和科技发展做出了重要贡献。

六、商业

(一)历史概况

　　圣保罗州商业的发展历史可追溯至巴西殖民时期。以下是对该历史的简要概述。

1. 初期定居和贸易

　　圣保罗州地区最早的商业活动可追溯至16世纪,当时欧洲殖民者在该地区建立了定居点,主要从事与土著人和其他殖民地的贸易活动,涉及黄金、宝石和木材等珍贵资源。

2. 咖啡繁荣时期

　　19世纪后半叶至20世纪初,随着巴西咖啡产业的蓬勃发展,该产业成为圣保罗州地区的经济支柱。圣保罗州商业活动也以咖啡贸易为中心展开,大量的咖啡贸易商和中间商在圣保罗州设立了办事处和交易所,推动圣保罗州成为了巴西咖啡的集散地和出口中心。

3. 工业化和多元化

　　20世纪中叶以后,伴随着巴西经济的工业化和多元化发展,圣保罗州商业经历了翻天覆地的变化。各类商业企业涌现,包括零售、批发、金融和服务行业等。同时,圣保罗州的商业发展和金融中心地位还吸引了众多国内外企业在该地区设立总部和办事处。

4. 现代化和国际化

　　随着科技和全球化的推进,圣保罗州商业进一步呈现出现代化和国际化的发展趋势。该地区涌现出许多现代化的购物中心、超市和商业街区,国际知名品牌和企业纷纷进驻,扩展了市场规模,为消费者提供了更多选择。

总体而言,圣保罗州商业的发展历经了初期贸易、咖啡繁荣时期,以及工业化和多元化的发展阶段。现如今,圣保罗州已经成为巴西最重要的商业中心之一。

（二）金融中心

圣保罗州是巴西最为重要的金融中心之一,以下是关于圣保罗州金融中心的一些简要介绍。

1. 资本市场

圣保罗州拥有巴西证券交易所(B3-Brasil Bolsa Balcão,原 Bovespa)[1]和期货交易所(Bolsa de Mercadorias & Futuros, BM & F)[2]等重要机构。这些机构为巴西和国际投资者提供了丰富的投资机会和金融工具,使得圣保罗州成为了巴西的金融中心。

2. 银行业

圣保罗州汇聚着众多的银行和金融机构,包括巴西国家经济和社会发展银行(Banco Nacional de Desenvolvimento Econômico e Social, BNDES)[3]和布拉德斯科银行(Banco Bradesco)[4]等,这些银行提供全面的金融服务,如贷款、储蓄、信用卡和投资等,为企业发展和居民消费提供了重要支持。

3. 保险业

圣保罗州是巴西最重要的保险中心之一,拥有保险巨头普度保险

[1] 巴西证券交易所是巴西最重要的股票交易所,也是拉丁美洲最大的股票交易所之一。它的总部位于巴西圣保罗市,成立于 1890 年,是巴西国内最早的证券交易所之一。

[2] 期货交易所(BM&F)是巴西的主要期货和衍生品交易所,全称为巴西商品与期货交易所(Bolsa de Mercadorias & Futuros)。BM&F 的总部位于巴西圣保罗市,成立于 1985 年。

[3] 巴西国家经济和社会发展银行是巴西最重要的公共金融机构之一,总部位于巴西里约热内卢。其主要目标是促进巴西的经济和社会发展。

[4] 总部位于巴西圣保罗市,成立于 1943 年。

(Porto Seguro)^①和安联保险（Allianz Seguros)^②等众多保险公司和机构。这些公司提供各种类型的保险产品和服务,包括汽车、家庭、健康和商业保险等,为个人和企业提供全面的保险方案。

4. 外汇交易

圣保罗州也是巴西最重要的外汇交易中心之一,拥有众多外汇交易商和机构,如花旗银行（CitiBank)^③、摩根大通（JP Morgan)^④等。这些机构不仅为客户提供外汇交易服务,还提供风险管理、外汇衍生品等解决方案,促进了国际贸易和资本流动。

圣保罗州以其大量的金融机构和多样化的金融服务,通过持续的创新和发展,成为南美洲重要的金融中心,不仅为企业和投资者提供坚实的支持,还推动了区域经济的发展。

(三) 商贸政策

圣保罗州的商贸政策旨在促进地区商业和贸易的可持续发展,增强其国际竞争力,同时为企业和投资者创造良好的经营环境。以下是其主要政策内容。

1. 外商投资

为吸引更多外国投资者,圣保罗州制定了一系列的优惠政策和措施,鼓励外商在该地区进行投资,包括外商可以在圣保罗州设立独资企业、合资企业或分公司,并享受与本地企业相同待遇的政策。此外,巴西政府还实施了投资促进计划,包括减税、优惠贷款和金融支持等。

2. 贸易便利化

圣保罗州致力于简化贸易流程,降低贸易壁垒,从而促进贸易便利化。

---

① 普度保险成立于 1945 年,总部位于巴西圣保罗市。该公司以其专业的保险解决方案和客户关怀而闻名。

② 安联保险是巴西的一家国际性保险公司,属于全球领先的保险集团安联集团（Allianz Group)。

③ 花旗银行是一家全球性的银行机构,总部位于美国纽约市。它是世界上最大的银行之一,提供广泛的金融产品和服务,包括个人银行业务、企业银行业务、投资银行、资产管理和保险等。

④ 摩根大通是一家全球性的金融服务公司,总部位于美国纽约市。它是全球最大的投资银行之一,业务涵盖投资银行、财富管理、资产管理和证券服务等领域。

对此,该地区采取了一系列措施,包括简化报关程序、优化物流和加强电子商务等,以提高贸易效率,降低企业运营成本。

3. 贸易促进和展览会

圣保罗州的展览中心和会展场馆定期举办各类专业展览和贸易洽谈会,旨在促进商业交流、扩大市场,为国内外企业提供展示产品和寻找商机的平台。

4. 商业支持和培训

圣保罗州政府通过提供商业支持和培训服务助力本地企业发展,其中包括商业咨询、市场调研、技术培训和创业指导等方面的支持,以提升企业的竞争力和创新能力。

5. 贸易合作和协议

圣保罗州积极推动与其他国家和地区的贸易合作与协议。巴西政府与多国签订的双边和多边贸易协议,不仅促进了贸易自由化,也为圣保罗州的企业提供了更广阔的国际市场。圣保罗州作为巴西重要的商业中心,利用这些贸易协议增强了自身在国际贸易中的地位。

(四) 服务业

圣保罗州的服务业发展非常活跃,覆盖了如下关键领域。

1. 金融服务

圣保罗州作为巴西的金融中心,汇聚了众多银行和金融机构的总部和分支机构,包括巴西中央银行(Banco Central do Brasil)和巴西证券交易所等。该地的金融服务涵盖了银行、保险、证券、投资和财务等多个方面。

2. 信息技术服务

圣保罗州是巴西最大的信息技术中心之一,拥有大量的信息技术公司和研发机构。其服务范围涵盖软件开发、互联网服务、通信技术和数字媒体等领域,为推动数字化转型和科技创新提供了重要支撑。

3. 咨询和专业服务

圣保罗州拥有种类齐全的专业服务公司和咨询机构,服务范围广泛,涵盖管理咨询、会计、法律、人力资源、广告策划和市场营销等领域。这些机构为企业和个人提供高水平的专业支持,推动了地区商业活动的高效运转。

4. 酒店和旅游服务

作为巴西的商业和文化中心之一,圣保罗州吸引了大量的国内外游客和各类商务活动。该地区拥有大量的高端酒店和旅游服务机构,包括五星级酒店、度假村和文化景点等。

5. 医疗和保健服务

圣保罗州在医疗和保健服务领域处于领先地位,拥有许多高水平的医院和医疗机构,其服务范围涵盖诊断、治疗、康复以及长期护理等领域,提供了全面的健康管理解决方案,满足了当地居民和外来人员的医疗需求。

七、对外经济贸易

(一)对外贸易发展

圣保罗州在巴西对外贸易的历史发展上扮演着重要的角色。以下是对其历史的概述。

1. 早期阶段

16 世纪末,葡萄牙殖民者开始在巴西建立殖民地,圣保罗州地区成为探险家和贸易商的重要据点,依靠内陆河流的运输优势和土著居民的帮助,他们探索并开拓了通往巴西内陆和邻近地区的贸易路线。

2. 咖啡繁荣

19 世纪后期至 20 世纪初,圣保罗州咖啡产业的繁荣推动了对外贸易的迅速发展。巴西成为全球最大的咖啡生产国,圣保罗州作为巴西咖啡种植的中心,向欧洲、北美和其他地区出口了大量咖啡豆。这一时期,咖啡贸易的繁荣不仅奠定了圣保罗州经济发展的基础,也使其成为巴西最富裕和发达的地区之一。

3. 工业化和多元化

20 世纪中叶,圣保罗州开始推动工业化和经济多元化。汽车、钢铁、化工和纺织等行业迅速发展,促使对外贸易领域进一步扩大。该州成为巴西最重要的工业中心之一,出口商品范围从农产品扩展到制成品。

4. 国际金融中心

20 世纪后期,圣保罗州的经济和金融领域得到了进一步的发展。圣保罗市成为巴西的金融中心,吸引了大量国际企业和金融机构的设立。对外贸易规模继续扩张,涉及各种产品和服务,包括工业制成品、农产品、矿产品以及金融和商务服务。

5. 现代化和多边贸易

21 世纪初,圣保罗州继续推进现代化建设并深化多边贸易合作。州政府采取措施吸引外商投资,鼓励技术创新和知识产权保护,并与其他国家和地区建立贸易伙伴关系。圣保罗州的对外贸易主要围绕中国、美国、阿根廷、荷兰、德国等国家展开。

如今,圣保罗州是巴西最重要的贸易中心之一,与世界各地保持广泛的贸易往来。该地区主要的出口产品包括农产品(如大豆、肉类、糖和咖啡)、制成品(如汽车零部件、化工产品、纺织品和机械设备)以及服务领域的金融、商务和咨询服务。通过积极的外贸政策、经济多元化和国际合作,圣保罗州继续在全球贸易中发挥重要作用。

(二)对外贸易政策

圣保罗州制定的对外贸易政策旨在提高州内企业的国际竞争力,增加对外贸易和吸引外商投资。以下是该州在对外贸易方面的主要政策措施。

1. 外贸促进

圣保罗州积极推动出口发展,通过提供贸易融资支持、开展市场推广活动、参与国际贸易展览会和组建商务考察团等方式,协助企业拓展海外市场。

2. 投资吸引

为吸引外商投资,圣保罗州提供各种激励措施,包括税收减免、土地优惠、工业园区建设等。同时,州政府还积极与外国企业开展合作,促进技术转移和创新发展。

3. 贸易便利化

圣保罗州通过简化贸易手续和减少贸易壁垒的方式提高贸易效率,鼓励企业采用电子商务和数字化平台开展跨境贸易,并提供在线服务和一站式办事窗口,方便企业办理贸易相关事务。

4. 国际合作

圣保罗州与其他国家和地区积极开展贸易合作和经济交流。与中国、美国、阿根廷等国家建立友好合作关系,推动双边和多边贸易谈判,促进贸易投资便利化,推动合作项目的开展。

5. 产业多元化

为了减少对某一特定产品的依赖,圣保罗州鼓励企业开展多元化的贸易,拓展新的出口产品和服务领域,同时还注重发展高附加值的制造业和服务业,提升产业竞争力。

圣保罗州通过贸易促进、投资吸引、贸易便利化、国际合作和产业多元化等积极措施,努力打造更加开放和有竞争力的贸易环境,为经济的可持续发展做出贡献。

(三)出口企业

圣保罗州是巴西最重要的出口贸易中心之一,拥有以下重要出口企业。

1. 恩布拉尔(Embraer)

巴西航空工业公司恩布拉尔总部位于圣保罗州,是全球最大的支线飞机制造商之一,通过将各类飞机产品出口至全球市场,为圣保罗州的制造业赢得国际声誉。

2. JBS 集团(JBS S.A.)

圣保罗州的 JBS 集团是全球最大的肉类加工和出口企业之一,将各类肉类产品出口至世界各地,为圣保罗州的农产品加工业做出了巨大贡献。

3. 淡水河谷(Vale)

巴西矿业公司淡水河谷总部位于圣保罗州,是全球最大的铁矿石生产商之一,出口铁矿石和其他矿产品,为全球钢铁工业提供原材料。

4. 安贝布(Ambev)

圣保罗州的安贝布是巴西最大的啤酒生产商和出口商之一,出口各类啤酒品牌至国际市场,助力巴西的酿酒业在世界舞台上占有一席之地。

5. 娜图拉(Natura)

圣保罗州的娜图拉是巴西著名的美容和个人护理品公司,将化妆品和护肤品出口至全球市场,为圣保罗州的化妆品产业赢得国际认可。

6. 马可波罗(Marcopolo)

圣保罗州的马可波罗是全球领先的客车制造商之一,将各类客车和公共交通车辆出口至不同国家,助力巴西的交通工具制造业赢得国际声望。

圣保罗州地理位置和良好的基础设施,为这些企业的出口业务提供了便利。出口企业不仅促进了圣保罗州的经济增长和国际贸易,还为巴西增加了外汇收入和就业机会。

(四) 出口贸易

圣保罗州是巴西最重要的出口贸易中心之一,对巴西经济发展具有重要意义。主要涵盖以下领域。

1. 农产品

圣保罗州在农产品出口方面表现出色,它是巴西主要的农产品生产地之一。大豆、糖、咖啡、橙子和肉类等农产品的大量出口为该州的经济增长提供了坚实支持。

2. 工业制成品

圣保罗州以先进的制造业和工业基础而闻名,出口各类工业制成品。汽车、飞机、电子设备、化学制品、纺织品和家具等产品的出口为该州的工业部门注入了强劲活力。

3. 矿产品

圣保罗州在矿产品出口方面也占有一席之地,出口大量的铁矿石、铜、铝和锌等矿产品,为全球市场提供了丰富的矿产资源。

4. 化工产品

圣保罗州的化工产业发达,出口各类化学制品、塑料制品和化妆品等产品,为国际市场提供了高质量的化工产品。

5. 服务业

除了传统的商品出口,圣保罗州还在服务业方面展现了强大的出口能力。金融服务、咨询服务、旅游服务和教育服务等各类服务产品的出口为该州的服务行业开拓了国际市场。

鉴于发达的基础设施、优越的地理位置和先进的生产能力,圣保罗州的出口贸易发展迅速,为巴西的经济发展、外汇创收和就业机会提供了重要的推动力。

(五) 进口贸易

圣保罗州是巴西最重要的进口中心之一,进口贸易对该州的经济发展具有重要意义。主要涵盖以下领域。

1. 石油和能源产品

圣保罗州进口大量的石油及石油制品,以满足国内能源需求。此外,该州还进口天然气和其他能源产品,确保能源供应的多样性。

2. 机械设备和电子产品

圣保罗州进口各类机械设备和电子产品,包括机械装备、电子元器件和通信设备等,以支持其制造业和工业生产,推动本地产业的技术升级。

3. 化工产品

圣保罗州进口各类化学品和化工产品用于工业生产和消费需求,包括塑料制品、化肥、涂料、医药品等,以促进本地工业的发展。

4. 农产品

尽管圣保罗州是巴西的农产品出口地,但也需要进口一些特定的农产品来满足国内市场需求。进口的农产品包括小麦、大米、咖啡等,以此确保本地市场的多样性。

5. 汽车和零部件

圣保罗州作为巴西最大的汽车市场之一,进口各类汽车和汽车零部件,以满足国内市场对于交通工具的需求,推动汽车产业的发展与繁荣。

6. 食品和饮料

圣保罗州进口各类食品和饮料,以满足消费者需求的多样化。进口的产品包括葡萄酒、奶制品、海鲜等。

鉴于发达的基础设施、优越的地理位置和多样化的市场需求,圣保罗州的进口贸易呈现出多元化的发展趋势,为该州提供了不同领域的产品和技术,促进了该州与其他国家和地区的经济合作与交流。

附　录

一、机构组织

(一)政府部门

1. 圣保罗州财政和规划秘书处(Secretaria da Fazenda e Planejamento do Estado de São Paulo, SEFAZ-SP)

简介:圣保罗州财政和规划部是圣保罗州行政部门的秘书处。它由前圣保罗州财政秘书处和圣保罗州规划和管理秘书处组成。财政和规划部的总部设在首圣保罗市,通过 18 个地区税务单位、数十个税务局以及该州 645 个城市的行政和服务单位广泛开展合作。

网址:https://www.fazenda.sp.gov.br。

2. 圣保罗州农业、畜牧业和供应秘书处(Ministério da Agricultura e do Abastecimento do Estado de São Paulo，Mapa)

简介：圣保罗州农业、畜牧业和供应秘书处是圣保罗州行政部门的秘书处，负责管理和监督该州的农业、畜牧业、渔业和供应领域。该部门的职责包括制定政策、规划和实施项目，以促进农业生产的可持续发展，提高农产品的质量和竞争力，并确保农民和生产者的权益。同时，该部门也负责监督食品供应链，保障食品安全和质量，以及协调农村发展和农民福利项目。

网址：https：//www.gov.br/agricultura/pt-br。

3. 圣保罗州国际商务秘书处(Secretaria de Negócios Internacionais)

简介：圣保罗州国际事务秘书处目前隶属于经济秘书处，处理涉及巴西与其他国家、跨国集团和国际组织间的经济问题，此外还就保护本国在该领域的利益问题提供技术咨询。

网址：https：//www.saopaulo.sp.gov.br。

4. 圣保罗州投资伙伴关系秘书处(Secretaria de Parcerias em Investimentos)

简介：圣保罗州投资伙伴关系秘书处拥有基础设施、金融、工程、法律、经济和国际关系领域的专家。该部门旨在增进和加强国家与私营部门之间的互动。

网址：https：//www.saopaulo.sp.gov.br。

(二) 公共机构

1. 圣保罗州农业综合企业技术局(Agência Paulista de Tecnologia dos Agronegócios，APTA)

简介：圣保罗州农业综合企业技术局的使命是协调和管理围绕农业综合企业的科学和技术活动。其结构包括坎皮纳斯农艺研究所(Instituto Agronômico de Campinas，IAC)、生物研究所(Instituto Biológico，IB)、农业经济研究所(Instituto de Economia Agrícola，IEA)、渔业研究所(Instituto de Pesca，IP)、食品技术研究所(Instituto de Tecnologia de Alimentos，ITAL)和

动物科学研究所(Instituto de Zootecnia，IZ)，以及分布在圣保罗州的 11 个区域中心和战略管理部(Departamento de Gestão Estratégica，DGE)。该机构是巴西最大的国家研究机构,也是该国第二大研究机构。

网址：http：//sgp.apta.sp.gov.br/sgp.apta。

2. 圣保罗州水产研究所(Instituto de Pesca)

简介：圣保罗州水产研究所在渔业和水产养殖领域为农业综合企业提供知识和技术服务,是发展渔业和水产养殖基础和应用研究的参考机构。

网址：https：//www.pesca.sp.gov.br。

3. 圣保罗州农业经济研究所(Instituto de Economia Agrícola，IEA)

简介：圣保罗州农业经济研究所与圣保罗农业综合企业技术局有联系,是应用于农业和农业问题的经济学和统计学科学研究的主要公共机构之一。该机构的目标是提供技术信息,以供农业综合企业和政府决策者参考。

网址：http：//www.iea.sp.gov.br。

4. 综合技术援助合作机构(Coodenadoria de Assistência Integral，CATI)

简介：综合技术援助合作机构是圣保罗州政府农业、畜牧业和供应秘书处下属的一个机构,成立于 1967 年。综合技术援助合作机构的使命是促进农业生产的现代化和可持续发展,提高农民的生产技术和管理水平,增强农业竞争力。该机构通过提供技术培训、农业咨询、科技推广和示范项目等方式,支持农民和农业生产者在种植、养殖、灌溉、土壤管理、病虫害防治等方面的工作。综合技术援助合作机构还与其他政府机构、研究机构和农业组织合作,共同推动农业领域的创新和发展。其总部位于圣保罗州坎皮纳斯市。综合技术援助合作机构拥有 21 个种子、幼苗和基质生产中心。

网址：https：//www.cati.sp.gov.br。

5. 保利斯塔发展机构(Desenvolve SP – Agência de Desenvolvimento Paulista)

简介：保利斯塔发展机构致力于促进圣保罗州的经济增长和可持续发展。该机构提供各种金融产品和服务,包括贷款、信贷担保、风险投资等,以支持企业发展和创新项目。保利斯塔发展机构的使命是促进产业升级、创造就业机会、增加出口和提高生产效率,从而推动圣保罗州经济的繁荣,提高竞争力。该机构还与其他政府机构、金融机构和企业合作,共同推动地区经济的可持续增长。

网址:https://www.desenvolvesp.com.br。

6. 研究和项目金融机构(Finep)

简介:研究和项目金融机构与科学、技术和创新秘书处有关联,向巴西研究机构和公司提供融资服务。

网址:http://www.finep.gov.br。

7. 圣保罗州环境公司(Companhia Ambiental do Estado de São Paulo,CETESB)

简介:圣保罗环境公司是圣保罗州的政府机构,负责控制、监督和监测造成环境污染的活动,以保护和恢复水、空气和土壤的质量。

网址:http://www.cetesb.sp.gov.br。

(三)社会组织

1. 圣保罗州投资与竞争力促进局

简介:圣保罗州投资与竞争力促进局是圣保罗州政府的一个机构,旨在吸引国内外投资,促进该州的经济增长,提高竞争力。该机构致力于提供投资咨询、项目评估、市场情报、行业分析等服务,以帮助企业在圣保罗州开展业务并获得成功。同时,该局也负责推动政府政策的制定和落实,以营造良好的投资环境和提升州内企业的竞争力。圣保罗州投资与竞争力促进局通过促进投资、创造就业机会和促进创新来推动该州的经济发展。

网址:http://www.investe.sp.gov.br。

(四)行业组织

1. 圣保罗州工业联合会(Federação das Indústrias do Estado de São Paulo,FIESP)

简介:圣保罗州工业联合会是巴西圣保罗州最大的工业组织之一。它代表着圣保罗州工业界利益,致力于推动该州工业的发展和增强其竞争力。其职责包括提供政策建议、促进工业创新、提供技术培训和教育等。此外,圣保罗州工业联合会也是一个重要的经济研究机构,定期发布关于工业和经济的报告和分析,为政府和企业提供决策参考。

网址：http：//www.fiesp.com.br。

2. 圣保罗州货物、服务和旅游贸易联合会(Federação do Comércio de Bens, Serviços e Turismo do Estado de São Paulo)

简介：圣保罗州货物、服务和旅游贸易联合会汇聚了各路商业领袖、专家和顾问,旨在促进创业精神的落实与发展。它代表了180万企业家,这些企业生产占巴西GDP的近10%,创造了约1 000万个就业机会。联合会为附属工会和公众提供一系列服务,例如数字认证、原产地认证、养老金计划、福利和保健服务,以及其他经济和法律性质的服务。联合会是进行集体劳资谈判的主要部门代表,这是宪法规定的义务。联合会每月发布一些与国家相关的经济调查,它们是圣保罗消费者和商家领域的指标。其中包括消费者债务及拖欠调查(PEIC)、零售价格指数(IPV)、服务价格指数(IPS)、零售业形势调查(PCCV)、贸易企业家信心指数(ICEC)、家庭消费意愿(ICF)、消费者信心指数(ICC),以及圣保罗大都会地区的就业和薪资调查(PESP)和库存指数等。

网址：https：//www.fecomercio.com.br。

(五) 金融机构

1. 圣保罗国家银行(Banco do Estado de São Paulo S.A, Banespa)

简介：该银行的前身是圣保罗州抵押贷款和农业信贷银行(Banco de Crédito Hipotecário e Agrícola do Estado de São Paulo, BCHASP)。

网址：https：//www.banespa.com.br。

2. 圣保罗州抵押贷款和农业信贷银行(Banco de Crédito Hipotecário e Agrícola do Estado de São Paulo)

简介：圣保罗州抵押贷款和农业信贷银行旨在提供抵押贷款和农业信贷

服务。该银行的使命是支持农民和农业生产者,促进农业生产的发展和现代化。提供各种金融产品和服务,包括抵押贷款、农业贷款、信贷担保等,以满足农业和农村地区的融资需求。圣保罗州抵押贷款和农业信贷银行在农业领域扮演着重要的角色,为农民提供资金支持和金融解决方案,促进农业生产的发展和现代化。

网址:https://www.bancredito.com.br。

3. 布拉德斯科银行(Banco Bradescos S. A.)

简介:布拉德斯科银行总部位于圣保罗州的奥萨斯库,是巴西第三大银行,也是拉丁美洲第三大银行,世界第 79 大银行。是世界上最有价值的50 家银行之一。

网址:https://banco.bradesco/html/classic/index.shtm。

4. 萨夫拉银行(Banco Safra S. A.)

简介:萨夫拉银行是巴西的一家大型私人银行,总部位于圣保罗市。该银行成立于 1955 年,由利巴诺·萨夫拉(Libano Safra)兄弟创立,目前是巴西最大的私人银行之一。萨夫拉银行提供广泛的金融服务,包括个人银行业务、商业银行业务、投资银行业务等。它还在巴西和其他国家拥有分支机构和办事处,为客户提供全球性的金融服务。萨夫拉银行以其稳健的财务状况、专业的服务和国际化的业务模式而闻名。

网址:https://www.safra.com.br。

二、大型企业

(一)国有企业

1. 圣保罗州住房和城市发展公司(Companhia de Desenvolvimento Habitacional e Urbano do Estado de São Paulo, CDHU)

简介:圣保罗州住房和城市发展公司是一家与圣保罗州政府有联系的公司,成立于 1949 年,致力于解决住房和城市发展问题。它的使命是向居民提供负担得起的住房解决方案,改善居民的生活条件,推动城市的可持续发展。该机构通过开发住房项目、提供住房贷款和租赁支持等方式,为低收入家庭提供安全的住房,并改善城市基础设施和居住环境。该公司也负责城市规划和土地管理等城市发展工作。

网址:政府网站 http://www.cdhu.sp.gov.br。

2. 德尔萨公司(DERSA-Desenvolvimento Rodoviário S. A.)

简介:德尔萨公司是一家巴西混合经济公司,由圣保罗州政府控制,其目标是建设、运营、维护和管理高速公路及多式联运码头,其中一些是通过收费广场来盈利的。德尔萨成立于1969年5月26日,负责圣保罗和拜萨达桑蒂斯塔之间新路线的设计和建设。

网址:http://www.dersa.sp.gov.br。

3. 大都会水与能源公司(Empresa Metropolitana de Águas e Energia, EMAE)

简介:该公司是一家与圣保罗州政府有联系的巴西国有公司,负责管理和运营圣保罗大都会地区的水资源和能源项目。其主要职责包括发电、供水、污水处理及水资源管理。该公司运营多个水力发电站,并负责维护水库和水道系统,以确保可靠的电力供应和高效的水资源利用。该公司致力于可持续发展,通过实施环保措施和推动技术创新来减少对环境的影响。

网址:https://www.emae.com.br。

4. 圣保罗城市交通大都会公司(Empresa Metropolitana de Transportes Urbanos de São Paulo, EMTU/SP)

简介:圣保罗城市交通大都会公司是一家由圣保罗州政府控制的公司。除了拜萨达桑蒂斯塔(Baixada Santista)外,还管理坎皮纳斯地区、索罗卡巴地区、帕拉伊巴山谷和圣保罗北海岸的市际巴士运输。2009年,它运送了约6.34亿乘客。目前隶属于圣保罗州大都会交通秘书处,除了管理常规线路上的公共交通外,还负责监督大都市地区城市之间的所有私人市际交通。

网址:https://www.emtu.sp.gov.br。

5. 保利斯塔德特伦斯大都会公司（Companhia Paulista de Trens Metropolitanos, CPTM）

简介：该公司是一家混合经济公司，经营与圣保罗州大都会运输秘书处有关的铁路运输。根据1992年5月28日第7861号法律，由圣保罗大都会区已有的铁路机构联合创建。该公司目前在5条线路上有57个活跃车站，其铁路网络总计196千米。该系统是圣保罗大都会列车系统的一部分，每条线路的终点都位于圣保罗市，另一端（包括运营延伸）都位于大都会区的另一个城市，除了超过该地区范围的7号线，这条线同时服务于容迪亚伊大都会区。

网址：https://www.cptm.sp.gov.br。

6. 圣保罗州基本卫生公司（Companhia de Saneamento Básico do Estado de São Paulo, Sabesp）

简介：圣保罗州基本卫生公司是一家巴西公司，拥有圣保罗州公共基本卫生服务的特许权。其主要股东是控制公司管理权的圣保罗州政府。在2004/2005年版的《梅森水年鉴》中，该公司被认为是世界第六大供水和污水处理服务运营商。该公司是一家公开交易的混合经济公司，股票在圣保罗和纽约证券交易所交易。圣保罗州政府拥有该公司50.3%的股份。

网址：https://www.sabesp.com.br。

（二）非国有企业

1. 圣保罗能源公司（Companhia Energética de São Paulo, CESP）

简介：圣保罗能源公司是圣保罗州的一家电力生产商，该公司将三座水力发电厂整合到国家电网互联系统（Sistema Interligado Nacional）中。圣保罗能源公司最初于1966年12月5日由11家独立运营的电力公司合并而成，致力于提供稳定和可持续的能源供应。1977年10月27日，改名为圣保罗能源公司。为寻求扩大公司的运营，为水力发电以外的其他形式的能源开发腾出空间，圣保罗能源公司开始研究替代能源，如氢和甲醇。由于在发电、输电和配电领域的技术开发，圣保罗能源公司已成为全球公认的先进能源开发公司。

网址：https：//www.cesp.com.br。

2. 页报集团

网址：https：//www1.folha.uol.com.br/institucional。

3. 旗手通信集团

网址：https：//www.band.uol.com.br。

4. 乌尔特拉集团

网址：https：//www.ultra.com.br。

5. JBS 集团

网址：https：//www.jbs.com.br。

6. 多利亚集团

网址：https：www.grupodoria.com.br；https：//lide.com.br。

7. 安贝夫公司（Ambev）

简介：安贝夫公司是一家巴西公司饮料制造商，隶属于安海斯-布希英博集团，是世界上最大的啤酒制造商，控制着巴西啤酒市场约 69% 的份额，净收入在该国公司中排名第 14，是软饮料、能量饮料、果汁、茶和水的制造商。它由南极保利斯塔公司（Companhia Antarctica Paulista）和梵天啤酒公司（Companhia Cervejaria Brahma）于 1999 年在里约热内卢合并而成。

网址：https：//www.ambev.com.br。

三、学术研究

（一）智库

1. 巴西资本市场研究所（Instituto Brasileiro de Mercado de Capitais, IBMEC）

简介：巴西资本市场研究所是由前里约热内卢证券交易所（Bolsa de Valores do Rio de Janeiro）于 1970 年 5 月在里约热内卢创建的非营利组织。

其活动于 2017 年结束。2018 年，托马斯·托斯塔·德萨（Thomás Tosta de Sá）和其他人成立了资本市场发展委员会（Comissão de Desenvolvimento do Mercado de Capitais），与前一个组织的活动保持同步。

网址：https：//ibmeclabrpmcom. com. br。

2. 米塞斯巴西研究所（Instituto Ludwig von Mises Brasil，IMB）

简介：米塞斯巴西研究所是一个巴西智库，声称专注于"生产和传播促进自由市场和自由社会的原则"，旨在传播经济学家路德维希·冯·米塞斯所属的奥地利学派的思想。2018 年 4 月，米塞斯巴西研究所连续第四年被福布斯评为美国以外在社交媒体上影响力最大的自由派智库。该研究所总部位于圣保罗的 Itaim Bibi。

网址：https：//www. mises. org. br。

3. 费尔南德布劳德尔世界经济研究所（Instituto Fernand Braudel de Economia Mundial）

简介：费尔南德布劳德尔世界经济研究所是一家位于圣保罗州的巴西智库。该研究所由一群记者、企业家、政府机构和研究人员创立，于 1987 年开始运营，其使命是为巴西和拉丁美洲参与世界经济的制度问题研究、公共辩论和社会行动做出贡献。该研究所与阿曼多阿尔瓦雷斯彭特亚多基金会有联系，主要在四个主要方面开展工作，始终遵守其研究、辩论和行动指南，这四个方面分别是布劳德尔论文、研讨会、机构座谈会和阅读圈计划。其工作重点是促进该国 171 所公立学校对世界文学经典的阅读和反思。

网址：https：//braudel. org. br。

4. 经济研究所基金会（Instituto Fernand Braudel de Economia Mundial，Fipe）

简介：经济研究所基金会是一个私人的非营利组织，成立于 1973 年。其目标之一是支持公共或私立教学和研究机构，特别是圣保罗大学经济、行政和会计学院经济系（Faculdade de Economia, Administração e Contabilidade da Universidade de São Paulo）。为了实现其目标，基金会拥有专业的团队，在教学和研究领域拥有丰富的经验。

网址：https：//www.fipe.org.br。

5. 农业经济研究所(Instituto de Economia Agrícola，IEA)

简介：农业经济研究所是巴西圣保罗州政府下属的一个研究机构，专门从事农业经济和农村发展领域的研究与分析，成立于 1942 年，致力于通过数据收集、市场分析、经济研究和政策评估，为农业政策制定和农民决策提供科学依据。该研究所的工作涵盖农业生产、市场动态、价格监测、农村经济发展等方面，为政府、企业和农民提供重要的经济信息和咨询服务。

网址：https：//www.iea.sp.gov.br。

（二）重要学者

1. 阿米尔·卡希尔(Amir Khair，1940—2020)

简介：巴西经济学家，瓦加斯基金会的工程师，在路易莎·埃伦迪纳管理圣保罗市期间(1989—1992)担任财政部长(1989—1992)。他曾长期在预算和税务领域担任顾问。

代表作：《税收问题和国家的作用》(*A questão fiscal e o papel do estado*)；《左翼检查》(*Esquerda em xeque*)；《殖民联盟》(*Coalizões fatais*)。

研究领域：税务与税收研究、实用主义与新自由主义的研究。

2. 保罗·辛格(Paul Singer，1932—2018)

简介：巴西经济学家、教授和作家。巴西工人党创始人之一，拥有社会学博士学位，是巴西团结经济概念的先驱之一。在路易莎·埃伦迪纳管理圣保罗市期间(1989—1992)担任规划部长。

代表作：《资本主义》(*O capitalismo*)；《民主、经济和自我管理》(*Democracia，Economia e Auto-gestão*)；《学习经济学》(*Aprender Economia*)；《巴西的团结经济》(*A Economia Solidária No Brasil*)。

研究领域：社会主义经济研究、资本主义经济研究。

3. 小卡约·普拉多(Caio Prado Júnior，1907—1990)

简介：巴西经济学家、社会学家、历史学家、地理学家、作家、哲学家、政治家和编辑。生前为巴西圣保罗大学政治经济学教授。

代表作：《巴西经济史》(*História Econômica do Brasil*)；《巴西经济政策指导方针》(*Diretrizes para uma Política Econômica Brasileira*)；《经济理论基础概要》(*Esboço de Fundamentos da Teoria Econômica*)

研究领域：马克思主义指导下的巴西政治、经济和历史学研究，巴西殖民社会的解读。

4. 里卡多·阿莫林(Ricardo Amorim,1971 年至今)

简介：巴西经济学家、企业家、演说家，《IstoÉ》杂志专栏作家，《波沃报》专栏作家。他是畅销书《暴风雨之后》的作者，埃尔多拉多电台的经济和商业节目评论员。被《福布斯》杂志描述为"巴西最有影响力的经济学家"。

代表作：《暴风雨过后》(*Depois da Tempestade*)；《聪明的卖家》(*O Vendedor Inteligente*)；《生活的更好，销量更高》(*Viva Melhor e Venda Mais*)；《销售巨头 2.0》(*Gigante das Vendas 2.0*)。

研究领域：市场经济研究。

5. 劳拉·巴博萨·德·卡瓦略(Laura Barbosa de Carvalho,1984 年至今)

简介：巴西经济学家，圣保罗大学经济与管理学院(FEA－USP)教授。2018 年,他参与了吉列尔梅·布洛斯(Guilherme Boulos)经济提案的初步制定,吉列尔梅·布洛斯当时是 2018 年总统大选 PSOL 的预候选人。他在 2015 年至 2019 年期间担任《圣保罗页报》的专栏作家,目前是《Nexo》的专栏作家。

代表作：《巴西华尔兹：从繁荣到经济混乱》(*Valsa Brasileira：do boom ao caos econômico*)；《短路：病毒与国家的回归》(*Curto-circuito：o vírus e a volta do Estado*)。

研究领域：宏观经济学,经济发展和收入再分配研究。

6. 奥索斯·格洛伊·伊斯基罗斯·马特奥·多明戈·帕加诺(Aúthos Gloi Ischiros Mateo Domingo Pagano,1909—1976)

简介：乌拉圭–巴西经济学家、数学家、律师、哲学家和大学教授。他是阿尔瓦雷斯彭特亚多商学院基金会经济科学学院(他担任主任)和麦肯齐大学经济科学学院的教授。他在圣保罗大学和蒙得维的亚大学获得法律科学博士学位。他还曾担任圣保罗市统计局局长。他的妻子、律师卡梅拉·安东尼娅·丹娜·帕加诺（Carmela Antonia Danna Pagano）去世后不久，他将二人的共同房产连同所有家具和物品都捐赠给了圣保罗州政府，并成立了一个文化中心。该住宅由格雷戈里·瓦尔查维奇克（Gregori Warchavchik）于 1929 年在圣保罗拉帕高地（Alto da Lapa）附近设计，是圣保罗最早的现代主义建筑之一。

代表作：《统计学课程》（*Lições de Estatística*）；《即时死亡率》（*Coeficiente Instantâneo de Mortalidade*）；《巴西的货币通货膨胀现象》（*Coeficiente Instantâneo de Mortalidade*）；《数理经济学问题》（*Questões de Economia Matemática*）。

研究领域：统计学研究、数理经济学研究。

（三）学术期刊

1.《经济研究》（*Estudos Econômicos*）

简介：经济学季刊，1971 年创刊，由圣保罗大学经济系（Instituto de Pesquisas Econômicas da FEA-USP）出版，并在 Scopus（斯科普数据库）和 Scielo（塞洛数据库）中有索引。目前，被归类为巴西经济学期刊 CAPES 质量认证（CAPES Qualis）的最高层级刊物。

网址：https：//www.revistas.usp.br/ee；http：//www.scielo.br。

2.《应用经济》（*Economia Aplicada*）

简介：经济学季刊，由圣保罗大学里贝朗普雷图经济、行政和会计学院经济学系（Departamento de Economia da FEA-USP）出版，专注于应用经济学中的科学文章。主要出版公共和私营部门感兴趣的特定问题的经济分析作品，包括定量研究，其结果可能接近现实理论。

网址：https：//www.revistas.usp.br/ecoa。

3.《巴西经济》（*Revista Brasileira de Economia*）

简介：学术期刊，专注于经济学领域的研究与讨论。创刊于 1947 年，由巴西经济学会（Fundação Getulio Vargas, FGV）的经济学研究所出版。该期刊发表关于巴西及全球经济的实证研究、理论分析和政策评估文章，涵盖宏观经济学、微观经济学、计量经济学、发展经济学、公共财政和国际经济等多个领域。《巴西经济》致力于推动经济学知识的发展，促进经济学家之间的学术交流，并为政策制定者和研究人员提供高质量的学术资源。期刊文章通过严格的同行评审程序，确保其学术严谨性和研究质量。

网址：https：//bibliotecadigital. fgv. br/ojs/index. php/rbe。

4.《经济与商业》(*Journal Economy and Business*)

简介：经济学季刊，其目的是让公众了解与经济、商业相关的政策。

网址：https://jurnal. uhn. ac. id/index. php/ekonomibisinis/index。

5.《国际经济学》(*Intl Journal of Economics*)

简介：国际经济学和公共部门管理的高级研究杂志，目标是发表实证论文，对重要的经济问题进行清晰的分析。除了推动相关学术发展，该杂志还试图在从事服务经济学和管理研究的人与在服务部门领域工作的人之间架起一座桥梁。

网址：http：//www. internationalpolicybrief. org/journals。

（四）相关活动

1. 投资巴西论坛(Fórum de Investimentos Brasil，BIF)

简介：投资巴西论坛是由巴西贸易和投资促进局（Apex-Brasil）、美洲开发银行(IDB)和巴西联邦政府组织的关于吸引外国投资到巴西的国际活动。投资巴西论坛被称为拉丁美洲最大的外国投资活动，汇聚来自巴西和世界各地政府要员、公司高管，以及学术界、媒体和舆论引领者的代表。

网址：https：//www. brasilinvestmentforum. com。

（裴尹琦）

第十章

圣保罗州宗教派别

一、宗教概况

（一）宗教种类及其分布

圣保罗州是巴西最繁荣的州之一，也是该国人口最多的州之一。该地区有着丰富的历史和文化背景，宗教在圣保罗州人民的生活中扮演着重要的角色。这里的宗教种类丰富，其中最主要是天主教。此外，该州还有许多非基督教教派，包括东正教、犹太教、伊斯兰教、印度教、佛教和唯灵论等。它们在圣保罗州的社会和文化中都有着不同的影响力和地位，这种多元化的宗教背景也构成了该州丰富多彩的文化遗产。

宗教节日和庆典对圣保罗州的影响非常深远，它们为人们提供了信仰上的支持和指导，它们强调爱和慷慨等价值观，帮助增强社区的凝聚力和和谐性。此外，这些节日和庆典也促进了圣保罗州的旅游业发展，吸引了大量的国内外游客，为当地经济和文化发展做出了重要贡献。

天主教在巴西殖民时期便已传入圣保罗州，在巴西社会和文化中扮演着至关重要的角色。圣保罗州拥有许多天主教教堂和修道院，如圣保罗主教座堂（Catedral Metropolitana de São Paulo）①和圣本笃修道院（Mosteiro

---

① 圣保罗主教座堂，位于圣保罗市，在巴西天主教会的教会范围，同时也是圣保罗教省的都主教座堂。这座宏伟的教堂作为天主教的象征，庄严而壮观地屹立在这座繁华城市的中心。它见证了数百年来教会的传承与发展，是圣保罗州重要的宗教建筑。在这里，信徒们聚集在神圣的殿堂中，倾听神的启示，寻求心灵的慰藉和指引。

de São Bento)①等。

新教是圣保罗州的第二大宗教,包括许多派别,如路德宗、长老会、浸信会和复兴宗教等。这些教派在圣保罗州都有相应的组织,如上帝王国普世教会(Igreja Universal do Reino de Deus,IURD)、巴西基督福音派五旬节教会(Igreja Evangélica Pentecostal O Brasil Para Cristo,OBPC)等。新教在圣保罗州近年来的信徒数量持续上升,对圣保罗州社会产生的影响越来越大。东正教虽然在圣保罗州的影响力相对较小,但在圣保罗州中仍有一些信徒,在信仰和传统方面对本土文化产生了一定影响。圣保罗州的东正教会主要由当地居民组成,其中包括巴西本地人和一些外来移民,这些信徒通常参加巴西东正教会的弥撒。

犹太教在圣保罗州也有一些信徒,这些信徒通常参加犹太会堂的礼拜仪式。圣保罗州的文化和历史或多或少都有着犹太教的影子。伊斯兰教在圣保罗州也有一些信徒,但数量相对较少。圣保罗州的穆斯林人口主要由外来移民组成,比如黎巴嫩人和巴勒斯坦人等,他们通常在当地的清真寺进行礼拜。圣保罗州的宗教多元化使得当地的文化和社会风貌更加多彩和富有活力,人们能够在这种多元文化中相互交流和融合,进而反向促进这种独特而充满活力的宗教文化发展。

总的来说,圣保罗州的宗教信仰多元化,虽然天主教仍是当地最主要的宗教,但新教、东正教、犹太教和伊斯兰教的信徒也在逐渐增多。无论是在政治、经济还是在社会领域,圣保罗州都在追求多元化和包容性,不断推进文化多样性和宗教自由的发展。这种包容性和多元性,也为圣保罗州的国际发展提供了坚实的基础。

(二) 教徒生活现状

作为巴西最大和最繁荣的州之一,圣保罗州的教徒们过着多姿多彩的生活,这些生活方式与他们所信仰的宗教有着密不可分的联系。他们将宗

---

① 圣本笃修道院是巴西圣保罗的一座天主教修道院,创建于 1598 年 7 月 14 日。目前的建筑建于 1910 年至 1914 年之间。

教和生活紧密地结合在一起，不仅在宗教活动中寻求精神慰藉，同时也积极参与各种社交、文化和公益活动。

1. 宗教活动

无论是天主教、新教、东正教、犹太教还是伊斯兰教等，圣保罗州的教徒们都积极参与各种宗教活动，如礼拜、庆典和节日等。教徒们在日常生活中所遵循的宗教信仰和传统也各不相同。例如，天主教教徒在节日和重要的宗教仪式中通常会参加弥撒和忏悔仪式，而新教教徒则更注重《圣经》。这些活动不仅是信仰和敬拜的表达，同时也增进了教徒之间的社交联系和文化交流。圣保罗州的教徒们有着丰富多样的饮食文化，这些饮食文化往往与他们所信仰的宗教密不可分。天主教徒通常会在周五禁食肉类食物，而犹太教徒则会遵守犹太饮食规律，禁食不洁食物等。

图 10-1　弥撒①

2. 社交和文化活动

除了宗教活动外，圣保罗州的教徒们也积极参与各种社交和文化活动。例如，天主教徒们会参加圣保罗市的皮拉波拉朝圣之旅（Romaria a Bom

---

① https://slmedia.org/ch/blog/pope-francis-homily-at-chrism-mass-in-st-peters-basilica，查阅时间：2023 年 5 月 13 日。

Jesus de Pirapora)①,而犹太教徒则会参加自发举行的文化节等。

图 10-2　皮拉波拉朝圣之旅②

3. 义工和慈善事业

许多圣保罗州的教徒也会参与各种义工和慈善事业,如为社区提供援助、参与环保活动、为弱势群体提供支持等。通过做慈善,教徒们实践信仰并为社会做出贡献。

二、主要宗教派别

(一)基督教及其分支

基督教包括天主教、新教和东正教,这些教派在圣保罗州的发展历史、信仰教义和社会影响力都有着不同的特点。其中,新教和东正教作为基督教的两个分支与天主教在信仰教义和教会结构上有很大的不同。新教强调个人信仰和自由,反对教会的居中作用,而东正教则更强调教会的传统和仪

① 皮拉波拉朝圣之旅,于每年四月在皮拉波拉举行,聚集了前往波耶稣(Bom Jesus)圣所请求保护庄稼并感谢所获得的恩宠的奉献者。

② https://www.saopaulo.sp.gov.br/conhecasp/festas-e-festivais/romaria-bom-jesus-de-pirapora,查阅时间:2023 年 5 月 13 日。

式。尽管新教和东正教在圣保罗州的信徒数量较少,但有逐渐增加的趋势。相比之下,天主教在圣保罗州的信徒数量和影响力最为广泛。这三个宗教共同促进了圣保罗州宗教多元化的格局,也对该地区的文化和社会发展产生了深远的影响。

1. 天主教

总的来说,天主教在圣保罗州历史悠久,拥有着广泛的信徒群体和深厚的文化底蕴[①]。近年来,虽然巴西的宗教多元化越来越显著,但天主教仍然是圣保罗州的主要宗教之一,对该地区的社会和文化生活产生着重要的影响。天主教的教义基于基督教信仰体系,信仰三位一体的上帝,认为耶稣是上帝的儿子,信仰他是拯救人类的唯一道路。天主教教义还包括对《圣经》的解释和传统的教义,以及一系列的仪式和礼仪。天主教坚信原罪和救赎的教义,认为人类因为亚当和夏娃的原罪而堕落,只有通过信仰、祈祷和圣事等方式,才能获得上帝的救赎。

天主教在圣保罗州的历史可以追溯到 16 世纪[②],那时葡萄牙传教士首次将天主教带到了这里。在巴西的殖民地时期,天主教是唯一合法的宗教,它的信仰和传统在巴西的政治、文化和社会中扮演着至关重要的角色。巴西独立后,天主教仍然是该国的主要宗教之一,并且在圣保罗州得到广泛的发展和支持。到了 21 世纪,巴西是全球最大的天主教国家之一。天主教在圣保罗州影响深远,许多宗教建筑、艺术品和传统节日都是该地区文化遗产的重要组成部分。例如,圣保罗市的教堂、修道院和博物馆等文化遗产有相当一部分带有宗教色彩,且吸引了许多游客和朝圣者。除了文化领域,天主教还在圣保罗州的教育系统中占据着重要地位。许多天主教学校和大学为该地区的教育事业做出了巨大贡献。这些学校不仅传授知识,还重视品德

---

① 根据 Getúlio Vargas 基金会社会政策中心统计,圣保罗州天主教徒占人口百分比为 66.12%,位于巴西所有联邦州第 18 位。

② 在巴西,天主教的历史可以追溯到葡萄牙人的抵达。佩德罗·阿尔瓦雷斯·卡布拉尔领导的探险队在其船上悬挂着红色十字的基督骑士团十字架,且在白色的船帆上也印上该标记。葡萄牙航海的动力之一是宣扬基督教信仰的精神,这尤其体现于耶稣会士和方济各会士在世界各地进行的旅行,他们呼吁人们归向信仰。

教育,培养学生的道德观念和社会责任感。同时,天主教对圣保罗州的社会和政治影响也非常深远。许多政治家和社会领袖都是虔诚的天主教徒,他们的决策和行为受到了宗教信仰的影响。此外,天主教组织还积极参与社会公益活动和政治运动,为弱势群体争取权益。因此,天主教不仅在圣保罗州的宗教方面发挥着重要的作用,还在文化、教育、社会和政治等多个领域拥有着重要的影响力。

图 10-3   圣保罗州的天主教学校①

在圣保罗州,天主教教派众多,其中最大的是罗马天主教教派,其他的还包括正教会、东方天主教会和旧天主教会等。罗马天主教在圣保罗州有着广泛的影响力,其传教活动可以追溯到殖民时期。此外,天主教会还有不同的修会派别,如道明会、耶稣会和方济各会②等。这些修会在教育、慈善和福音传播等方面发挥了重要的作用。圣保罗州的天主教会还积极参与社会事务,如建立天主教学校、促进教育和医疗事业的发展等。

---

① https://www.sagradoeducacao.com.br/sagrado-coracao-sao-paulo,查阅时间:2023 年 5 月 13 日。

② 方济各会(又称方济会或小兄弟会)是一个遵循圣方济各的教导和灵修方式的修会,是天主教托钵修会派别之一。该会的拉丁语名称为"Ordo Fratrum Minorum"(简写为 OFM),意为"小兄弟会"(因方济各会倡导清贫的生活方式,成员之间互称"小兄弟")。此外,在不同地区的旧天主教会、圣公会以及路德会中,同时也存在方济各会。

2. 新教和东正教

19 世纪中期，英国和美国的传教士将新教传入圣保罗州。[①] 新教在圣保罗州得到了一定程度的发展，其教义和教派在圣保罗州非常多样化，主要的新教教派包括长老会、浸信会、巴普蒂斯会、路德会、卫理公会和会众派等，这些教派在圣保罗州都拥有一定的信徒基础和社会影响力。

相较于新教和天主教，东正教在圣保罗州的历史更为短暂。东正教在巴西的传教活动始于 19 世纪末[②]。虽然该教派的教义和礼仪体系与天主教有许多共同之处，但在敬拜形式和教堂艺术等方面有着自己的特点。其他基督教的分支教派也活跃在圣保罗州，比如基督复临安息日会在圣保罗建立了圣保罗基督复临安息日大学中心（Centro Universitário Adventista de São Paulo），该大学中心在圣保罗市有三个校区。这所大学是该教派在巴西

图 10-4　上帝王国普世教会[③]

---

① 新教在巴西的历史可以追溯到 19 世纪，但在 20 世纪才真正得到了迅速的发展。根据 2010 年的人口普查报告，约 22.2%的巴西人信奉新教，其中包括福音派和五旬节派教会，以及浸礼会、路德宗、复临安息日会、长老会和其他主流新教派别。然而，到 2020 年，新教信徒的比例已经上升到了 31%，超过了 6 500 万人，这使得巴西拥有西方世界第二大新教信徒群体。

② 在 19 世纪末，随着一批原本来自阿拉伯地区的移民的到来，东正教基督教传入了巴西。1897 年，第一次圣体礼拜在圣保罗举行。

③ https://www.dw.com/pt-002/igreja-universal-do-reino-de-deus-iurd/t-36886438，查阅时间：2023 年 5 月 13 日。

最重要的学术机构之一,旨在传播基督教的信仰和价值观。

与巴西全国相比,圣保罗州的新教和东正教发展相对较为缓慢,但近年来也呈现出逐步增长的趋势。相比之下,天主教在全国范围内仍然占据着主导地位,但也面临着新教和东正教的竞争和挑战①。

图 10-5　圣保罗基督复临安息日大学中心②

（二）其他教派及分支

圣保罗的宗教氛围十分浓厚,不仅有丰富多彩的基督教传统,还拥有众多非基督教宗教,这些宗教对该州的文化和社会产生了重要的影响。耶和华见证人③的聚会平均每年有超过万人参加,其中圣保罗州是该宗教信徒人数最多的州之一。英国国教也在圣保罗的圣地斯塔街区成立,并通过牧

---

① 与新教相比,天主教在巴西的历史更为悠久,是巴西最主要的宗教信仰之一。虽然天主教仍然是巴西最大的宗教信仰,但自 2010 年以来,其信徒数量却呈现出下降的趋势,平均每年下降1.2%。与此相反的是,新教的信徒数量在过去的几年里得到了迅速的增长,每年平均增长0.8%。这些数据表明,新教在巴西的影响力正在不断增强。

② https：//encyclopedia. adventist. org/article? id＝4GGV&dang＝pt,查阅时间：23 年 5 月 13 日。

③ 耶和华见证人(Jehovah's Witnesses),亦简称耶证,为一新兴宗教派别,其信仰立场不认同三位一体教义,而倡导千禧年主义与复原主义。

师的传教工作吸引了许多巴西本地人和移民加入其中。此外，摩门教①也在圣保罗建立了多座寺庙。这些寺庙不仅是宗教活动的场所，也成为了各地摩门教徒的重要社交中心。

以下是一些非基督教宗教在圣保罗州的文化和社会中的作用。

1. 伊斯兰教和犹太教

圣保罗州拥有多元文化，伊斯兰教和犹太教是其中重要的组成部分。作为巴西穆斯林的主要聚居地，截至 2015 年，这里有 30 座清真寺。② 其中包括拉丁美洲建造的第一座清真寺——巴西清真寺③（Mesquita Brasil）。这些穆斯林主要是叙利亚和黎巴嫩移民的后裔，也有来自巴勒斯坦、摩洛哥、埃及和非洲的移民。穆斯林们积极参与社会活动，开办学校和慈善机构，为该州的教育和社会福利做出了贡献，同时也丰富了当地的文化，比如他们在圣保罗州坎皮纳斯市成立了坎皮纳斯伊斯兰教中心（Centro Islâmico de Campinas）。

图 10-6　巴西清真寺④

① 摩门教是一组文化上相似的后期圣徒运动宗派的统称，其中最大的宗派自称为耶稣基督后期圣徒教会。其教徒相信《摩门经》。

② https://www.bbc.com/portuguese/noticias/2015/09/150911_mesquitas_saopaulo_cc。

③ 巴西清真寺位于巴西圣保罗市中心的坎布西区。它最早由圣保罗穆斯林慈善协会于 1929 年创立。巴西清真寺是巴西最古老的清真寺之一，也是南美洲最古老的清真寺之一。

④ https://www.tripadvisor.com.br/Attraction_Review-g303631-d13197107-Reviews-Mesquita_Brasil-Sao_Paulo_State_of_Sao_Paulo.html，查阅时间：2023 年 5 月 13 日。

在巴西犹太教的发展史上,圣保罗州可谓是一个不可忽略的角色。圣保罗州是巴西犹太教信仰人数最多的地方之一。这其中,大部分人是在巴西共和国宣告成立后涌入圣保罗州的移民,他们大多来自东欧地区。在这里,他们迅速形成了一个繁荣的犹太商人社区。除了圣保罗州,犹太人还出现在里约热内卢、巴西南部和该国其他地区。而随着时间的推移,犹太社区的成员开始向圣保罗市的富人区迁移,形成了一个更加多元化和复杂化的社区。犹太人在圣保罗州保持着自己的文化和宗教传统,例如犹太节日和犹太教教育机构,这些不仅仅是信仰的表现,也是文化的传承。这些宗教的存在,促进了圣保罗州的文化多样性,也为当地的社会和经济发展做出了积极的贡献。

图 10-7　坎皮纳斯伊斯兰教中心①

2. 印度教和佛教

印度教和佛教作为具有全球影响力的宗教,也在圣保罗州留下了它们的足迹。虽然它们在该州的影响力相对较小,但仍有许多印度教徒和佛教徒生活在这里。

① https://sociedadeislamicacampinas.org.br,查阅时间:2023 年 5 月 13 日。

图 10-8　佛法之家①

此外，印度教和佛教团体也在该州开办了学校和慈善机构，比如位于圣保罗的上座部佛教中心——佛法之家（Sociedade Budista do Brasil），为该州的教育和社会福利事业做出了贡献。佛教徒和印度教徒积极地参与该州的禅修、佛教教育和其他宗教活动，并在当地的慈善和社会公益活动中贡献一份力量。这些宗教节日和仪式已经成为了当地文化的一部分，并在该州的社会中扮演了一定的角色。

3. 唯灵论

唯灵论在圣保罗州的历史悠久，最早可以追溯到 1866 年。之后，唯灵论在圣保罗州逐渐发展壮大。1890 年，唯灵论在圣保罗创立了唯灵论团体和期刊，为唯灵论在圣保罗的传播奠定了基础。1908 年，圣保罗通灵师联盟（União Espírita de São Paulo）成立，进一步加强了唯灵论在圣保罗州的组织力量。1925 年，国际唯灵论期刊（*Revista Internacional de Espiritismo*）发行，将唯灵论的声音传遍了世界各地。

1933 年，联邦通灵师联盟（União Federativa Espírita）在圣保罗成立，为唯灵论在圣保罗州的发展注入了新的活力。1936 年，精神联盟（Liga

———————————

① https：//sociedadebudistadobrasil. org/sobre，查阅时间：2023 年 5 月 13 日。

Espírita)在圣保罗成立,进一步推动了唯灵论在圣保罗州的普及。1945 年,招魂师佩德罗·德·阿尔坎塔拉医院(Hospital Espírita Pedro de Alcântara)在里约热内卢成立,为唯灵论在医疗领域的应用提供了支持。

1947 年,圣保罗州举办第一届招魂术大会,呼吁唯灵论团体统一,为唯灵论在圣保罗州的规范化发展奠定了基础。1963 年,巴西心理生物物理学研究所(Instituto Brasileiro de Pesquisas Psicobiofísicas)在圣保罗市成立,为唯灵论在科学研究领域的发展提供了支持。1968 年,圣保罗医学唯心论者协会(Associação Médico-Espírita de São Paulo)成立,进一步将唯灵论推向了医学领域。

总的来说,唯灵论在圣保罗州的发展历程十分丰富多彩,从出版著作到成立团体、期刊、联盟、医院等各类组织,唯灵论不断拓展自己的影响力,为圣保罗州的精神文化发展做出了巨大的贡献。

圣保罗州的宗教多样性得益于欧洲和其他地区传教士的传教活动以及移民的涌入。宗教多样性是圣保罗州历史和文化的一个重要方面,不同的宗教群体之间的互动和竞争有助于宗教的不断发展和进步,同时也为该地区的社会生活和文化增添了色彩。

三、组织机构

(一) 社会组织

在圣保罗州,这些宗教社会机构共同构成了一个多元而充满活力的宗教社区。通过推动对话、文化交流、公民意识和道德的培养,巴西翁班达高级机构(SOUBRA)①和圣保罗州以色列联邦(FISESP)②积极促进社区的发展和

---

① 巴西翁班达高级机构宣传对话和平、公民意识、道德和人权。作为巴西翁班达(Umbanda do Brasil)的全国性宗教组织,它在整个国家范围内发挥着重要作用。

② 圣保罗州的以色列联邦(FISESP)成立于 1948 年,主要致力于教育、宗教、社会援助、殡葬服务和体育等社区活动。它的核心目标是弘扬犹太教精神,传承犹太价值观和传统。同时,FISESP 也积极参与社会事务,推动社区发展,为圣保罗州整体社会发展做出了重要贡献。

和谐共存。皮拉波拉朝圣之旅①成为成千上万人汇聚一堂,庆祝宗教信仰的重要宗教活动。圣保罗州宗教教育委员会(Conselho de Ensino Religioso do Estado de São Paulo)②和巴西宗教哲学协会(Associação Brasileira de Filosofia da Religião)③则致力于推广宗教教育和深化对宗教哲学的研究。

图 10-9 巴西翁班达高级机构④

在这个宗教多元的社会中,圣保罗州以其开放和包容的态度为多种宗教相互交流和理解提供了一个重要平台。宗教社会机构的存在和发展,不仅为圣保罗州的居民提供了信仰和宗教活动的场所,也为整个社区的文化和社会进步做出了重要贡献。通过这些宗教社会机构的共同努力,圣保罗州在宗教和社会领域的多样性和包容性得到了进一步强化,造就一个独特而充满活力的宗教社区。

宗教社会机构在推动社区和谐、文化交流、个人发展和社会进步方面发挥着重要作用。它们的努力使圣保罗州成为一个宗教多元且包容的地区,展现出独特的魅力。

(二)高校机构

圣保罗州拥有多所知名的宗教高校,其中最著名的三所分别是坎皮纳斯天主教大学(PUC-Campinas)、圣保罗天主教大学(PUC-São Paulo)和圣

① 每年四月,圣保罗州都会迎来一项重要的宗教活动——皮拉波拉朝圣之旅。这一活动吸引了成千上万的人前来纪念和崇敬耶稣的圣像,请求保护庄稼并感谢所获得的恩宠。从骑马到步行,再到乘坐各种交通工具,这些朝圣者汇聚在皮拉波拉,共同庆祝和感恩。

② 为了推广宗教教育,圣保罗州成立了宗教教育委员会。作为一个受巴西私法管辖的机构,它在宗教教育领域发挥作用。该机构不仅仅涉及宗教知识,而且超越了宗教机构和传统,将重点放在个人的发展和理解上。

③ https://superior-orgao-internacional-de-umbanda-e-dos. negocio. site,查阅时间:2023 年 5 月 13 日。

④ 巴西宗教哲学协会成立于 2010 年,致力于推动宗教哲学领域的研究和发展。它的目标是整合巴西各地的宗教哲学研究资源,通过联合研究人员和研究生,把过去分散的研究成果集中起来,推动对这一领域展开更深入的探索和思考。

保罗卫理公会大学(UMESP)。

圣保罗卫理公会大学作为该州内陆地区最古老的大学之一,成立于
1938年,坐落于圣贝尔纳杜坎普市。这所巴西的私立高等教育机构起源于
卫理公会神学院,并与位于米纳斯吉拉斯州和南里奥格兰德州的两个神学
教学中心合并。该大学为学生提供广泛的学术课程和先进的教育设施,致
力于打造一个融合学术研究和实践经验的学习环境。

圣保罗天主教大学则是于1946年成立,它是由圣本图哲学、科学和文学
学院以及圣保罗法学院合并而成。除了这两个学院,该大学还包含四个教会机
构。该大学致力于通过专业教育教导出具有创新思维、社会责任感和领导力
的学生。

坎皮纳斯天主教大学于1955年建校,坐落于坎皮纳斯市。这所私立天
主教大学不仅在教育领域有着卓越的声誉,同时也是该市第二大的大学。
它为学生提供了多元化的学术课程和丰富的校园生活,为他们提供了全面
发展和个人成长的机会。

这三所宗教高校在圣保罗州树立了学术的标杆,各自扮演着重要的角
色。在这个充满活力和多元文化的地区,宗教高校在为学生们的未来奠定
坚实基础的同时,也传承和弘扬宗教文化。圣保罗州的宗教高校们凭借其

图10-11　圣保罗卫理公会大学②

① https://www.puc-campinas.edu.br/conheca-a-puc-campinas,查阅时间:2023年5月14日。

图 10-10　坎皮纳斯天主教大学①

辉煌的历史和使命,成为这个地区乃至整个巴西国家教育体系中不可或缺的一部分。

三、主要宗教建筑和教区

(一) 主要宗教建筑

1. 教堂

圣保罗州,这片富饶之地,蕴含着丰富的宗教文化。散布在这片土地上的教堂,见证了信仰的传承和人们对神圣的追求。从宏伟的主教座堂到历经岁月的安慰堂,再到那座被誉为"灵魂的圣殿"的庇护所,圣保罗州的教堂构成了一幅宗教画卷,展现着信仰的多样性和力量。

圣母安慰堂(Igreja Nossa Senhora da Consolação)以其悠久的历史和独

①　https：//vestibular. mundoeducacao. uol. com. br/universidades/universidade-metodista-sao-bernardo-campo. htm,查阅时间：2023 年 5 月 14 日。

图 10-12　圣保罗主教座堂①

特的建筑风格而闻名。这座古老的教堂建于 1799 年,曾在 1840 年和 1907 年进行过整修和重建,以保留其原有的风貌和神圣氛围。在这里,信徒们寻求圣母的安慰,感受到无尽的宽恕与慈爱。圣母安慰堂成为人们寻求信仰和希望的圣地,每一位到访者都能在这座教堂中找到内心的平静和力量。

　　在圣保罗州的角落里,还有一座特别的教堂,那就是圣保罗灵魂庇护所(Santuário das Almas)。这座教堂建于 1951 年。每年,信徒们前来这里,不仅是为了寻求心灵的宽慰,更是为了表达对耶稣复活的信仰和对失去亲人的思念。信徒们纷纷前往这座教堂,以寻求减轻因失去亲人而带来的痛苦,他们在耶稣圣心中找到了庇护所和安慰。圣保罗灵魂庇护所成为了他们心灵的避风港,让他们感到安宁和宽恕的力量。

　　圣保罗州的教堂呈现出多样的建筑风格和艺术表现形式,从宏伟壮丽

---

　　① https://commons.wikimedia.org/wiki/File:Webysther_20190306143154_-_Catedral_Metropolitana_de_S%C3%A3o_Paulo.jpg,查阅时间:2023 年 5 月 14 日。

图 10-13　圣母安慰堂①

到古老典雅,每一座教堂都有着自己的特色和魅力。无论是圣保罗主教座堂的雄伟气势、圣母安慰堂的古老历史,还是圣保罗灵魂庇护所的灵魂氛围,它们都向世人展示了信仰的力量和宗教文化的传承。

2. 寺庙

拉丁美洲最大的佛教寺庙是如来寺(Templo Zu Lai)。② 这座寺庙的历史可以追溯到 1992 年,当时星云法师③应圣保罗市一座寺庙的邀请来巴西

① https://www.flickr.com/photos/aragao/1343875067,查阅时间:2023 年 5 月 14 日。

② 如来寺的建筑面积达到了 10 000 平方米,占地 150 000 平方米。它于 2003 年 10 月 5 日建成于圣保罗州科蒂亚市。

③ 星云法师,童年出家。俗名李国深,法名悟彻,法字今觉,法号星云,笔名赵无任。生于江苏江都,汉传佛教比丘及学者,为临济宗第四十八代传人,同时也是佛光山开山宗长、国际佛光会的创办人,被尊称为星云大师。前任国际佛光会荣誉总会长、世界佛教徒友谊会荣誉总会长。1949 年初迁居中国台湾。

参加法会，一位弟子问他是否可以将随从中的一名僧人留在该国，以便继续
教学。尼姑觉诚愿意留下来，后来得名觉诚法师。随着追随者人数的不断
增加，他们决定建造一座更大的寺庙，于是如来寺的建造工作也随之展开。

图 10-14　如来寺①

该寺庙于 1999 年奠基，但是由于寺庙的瓦片和栏杆需要从中国进口，
当时巴西没有人从事此类工作，资源不足以立即开工，工程不得不延期。最
终在 2003 年，如来寺竣工。现在，这座寺庙已经成为拉丁美洲最著名的佛
教寺庙之一，吸引了大量的信徒和游客前来参观和学习佛法。

（二）主要教区

圣保罗州拥有许多远近闻名的教区。其中，最具代表性的是圣阿马鲁
教区（Diocese de Santo Amaro）、圣米格尔-保利斯塔教区（Cúria Diocesana
de São Miguel Paulista）、坎普林普教区（Diocese de Campo Limpo）和巴西圣
母教区（Paróquia Nossa Senhora do Brasil）。

① https：//www.merit-times.com/NewsPage.aspx？unid=557576，查阅时间：2023 年 5 月 14 日。

　　圣阿马鲁教区于 1989 年 3 月 15 日创立,覆盖了 11 个教区,共拥有 112 个堂区。这里聚集了约 280 万居民,其中约 190 万人是虔诚的天主教徒。在这片宗教多元的土地上,我们可以感受到 200 位司铎、170 位修士和 190 位修女的奉献精神。[①] 圣阿马鲁教区不仅是圣保罗州天主教会的重要组成部分,更是信徒们信仰的归宿与心灵的港湾。

　　圣米格尔-保利斯塔教区位于圣保罗州东南部。它成立于 1989 年 3 月 15 日,涵盖了 99 个堂区。教区的教友数量达到了惊人的 247 万人,占到了居民总人口的 80.0%[②]。在这片土地上,141 位司铎以及众多信徒秉持着虔诚的信仰,为教区的繁荣与和谐奉献着自己的力量。

　　坎普林普教区是圣保罗州南部的一颗明珠,成立于 1989 年 3 月 15 日。在这个教区中,108 个堂区聚集了 159 位司铎,他们为大约 302 万名教友提供信仰的指引和精神的支持。这个教区的教友人数占到了居民总人口的 91.3%[③],可见其在地区社会中的影响力。

图 10-15　坎普林普教区[④]

① https：//pt. wikipedia. org/wiki/Diocese_de_Santo_Amaro。
② https：//pt. wikipedia. org/wiki/Diocese_de_S%C3%A3o_Miguel_Paulista。
③ https：//pt. wikipedia. org/wiki/Diocese_de_Campo_Limpo。
④ https：//dcl. org. br/paroquias,查阅时间：2023 年 5 月 14 日。

巴西圣母教区,建于 1940 年,以其独特的建筑和精美的内部装饰,成为圣保罗的一处文化瑰宝。教区的灵感来源于米纳斯吉拉斯州的教堂,散发着浓厚的葡萄牙教堂风格。每一处细节都展示着工匠们的精湛技艺和对信仰的虔诚。巴西圣母教区成为圣保罗州最优雅、最美丽的教堂之一,吸引着无数信徒和游客来此领略宗教与艺术的结合之美。

这些主要教区共同构成了圣保罗州丰富多彩的宗教景观,展现了信仰的力量和人们对宗教的热忱。圣阿马鲁教区、圣米格尔-保利斯塔教区、坎普林普教区和巴西圣母教区都有着自己独特的历史和文化背景,为信徒们提供了精神归宿和心灵慰藉。

四、宗教研究

(一) 主要学者

圣保罗州的宗教研究学者们在各自的领域中做出了杰出的贡献,他们的研究涉及多个宗教、文化和社会问题,并从不同角度探讨了宗教的意义、影响力和社会作用。他们的研究领域涵盖了神学与政治哲学、宗教建筑、宗教旅游,以及街头项目、种族问题、媒体与性别表现、移民动态、低收入年轻人对教育的态度等多方面,充分展现了圣保罗州宗教研究的广度和多样性。比如圣保罗大学的研究员杰奎琳·莫赖斯·特谢拉(Jacqueline Moraes Teixeira)[1]和圣卡洛斯联邦大学的教授小路易斯·马科斯·达席尔瓦(Luiz Marcos da Silva Filho)[2]。特谢拉的研究广泛涉及种族主义、教育和性别议题,她通过独特的视角探索这些问题,对社会产生了深远的影响。达席尔瓦

---

① 杰奎琳·莫赖斯·特谢拉在圣保罗大学获得社会人类学博士学位,并拥有社会科学学位和神学学位。她是巴西分析和规划中心(Cebrap)的研究员,是 USP 城市人类学中心实验室(NAU)的副研究员,USP 差异社会标记中心(Numas)研究员,并且是教育和社会科学领域的认证教授。

② 小路易斯·马科斯·达席尔瓦在圣卡洛斯联邦大学(UFSCar)获得哲学博士后学位。他是圣保罗天主教大学教父和中世纪哲学史教授,圣保罗大学哲学研究生课程合作教授。同时是教父哲学、中世纪拉丁语和阿拉伯语研究组组长。

专注于圣奥古斯丁的研究,通过分析其哲学和政治思想,揭示了灵魂的治疗与幸福之间的关系,同时也对《上帝之城》的研究做出了重要贡献。

(二) 主要期刊

在圣保罗州,宗教研究领域有两本备受瞩目的期刊,它们是宗教研究杂志《REVER》和《巴西宗教哲学杂志》。这些期刊为研究者和学术界提供了宝贵的资源,推动了宗教研究的发展和宗教知识的传播。

宗教研究杂志《REVER》成立于 2001 年,是拉丁美洲首屈一指的宗教科学在线期刊。由圣保罗天主教大学和葡萄牙天主教大学共同主办,该杂志以其全面深入的研究成果而闻名。每期杂志既向读者介绍最新的研究成果,又提供有关宗教科学的重要理论讨论。此外,《REVER》还与国际学术界保持着密切的联系,成为了国际学术讨论的纽带。

另一本重要的期刊《巴西宗教哲学杂志》由巴西宗教哲学协会于 2014 年创立。作为巴西宗教研究领域的参考,该杂志为国际学术辩论做出了重要贡献。《巴西宗教哲学杂志》不仅致力于提供全面的宗教哲学研究,还努力在国际舞台上展示巴西在这一领域的研究成果。两本期刊的重要性不仅体现在它们对宗教研究的推动上,更体现在它们为学术界搭建了一个广阔的平台,促进了学者之间的交流与

图 10-16　宗教研究杂志《REVER》封面①

————————

① https://www.sumarios.org/revista/revista-de-estudos-da-religi%C3%A3o,查阅时间:2023年5月14日。

合作。《REVER》和《巴西宗教哲学杂志》的存在为探索宗教现象、理解宗教文化和推动宗教学科的发展提供了坚实的基础。通过这些期刊，学者们能够深入研究宗教的多个层面，分享他们的成果并获得他人的反馈，从而推动宗教学术的进步。

此外，《巴西圣母杂志》也是圣保罗州宗教领域的一份重要刊物。该杂志由巴西圣母教区于 2009 年创立，致力于传播宗教知识和宣传该教区的重要使命。通过《巴西圣母杂志》，读者可以深入了解该教区的活动、传统和信仰，同时还可以获得关于宗教的知识和启发。

这些期刊的重要性不仅在于它们提供的研究成果和理论讨论，更在于它们在推动宗教学科的发展和知识的传播方面发挥的作用。宗教研究不仅涉及宗教现象本身，还涉及对人类信仰、价值观和文化的理解。这些期刊为研究者提供了一个深入研究和探索宗教的平台，促进了他们对宗教多样性和宗教影响的理解。

附　录

一、机构组织

（一）主要宗教派别

1. 上帝王国普世教会（Igreja Universal do Reino de Deus，IURD）

简介：上帝王国普世教会是一个新教福音派教会，其总部设在巴西圣保罗市的所罗门圣殿（Templo de Salomão）。教会致力于通过信仰活动、教育和社会项目服务其信徒和社区，以传播其宗教理念。作为巴西影响力较大的宗教组织之一，普世教会在多个国家和地区开展了相关活动，为全球福音派的传播做出了贡献。

网址：https：//www.universal.org/para-as-adolescentes/post/nivel-24-

queridas/?　p＝254746。

2. 上帝的恩典国际教会(Igreja Internacional da Graça de Deus, IIGD)

简介：上帝的恩典国际教会也称为恩典教会，是一个新基督教派的福音派教会，由传教士罗米多·里贝罗·苏亚雷斯(Romildo Ribeiro Soares)于1980年6月9日在里约热内卢市成立。目前，其总部位于圣保罗市，正在建设新的总部大楼。新总部预计可容纳一万人，建成后将被命名为"万国圣殿"。

网址：https：//ongrace. com/portal。

3. 五旬节教会上帝是爱(Igreja Pentecostal Deus é Amor, IPDA)

简介：五旬节教会上帝是爱是巴西的一个五旬节派福音教会，其总部设在圣保罗市，目前在全球88个国家设有分支机构。该教会由传教士大卫·马丁斯·德米兰德(David Martins de Miranda)于1962年6月3日创立。据他表示，改教会的名称和创立日期是他在圣灵的启示下确定的。

网址：https：//www. ipda. com. br。

4. 上帝力量的世界教会(Igreja Mundial do Poder de Deus, IMPD)

简介：上帝力量的世界教会是一个新保守福音派基督教教会，由牧师巴尔德米罗·圣地亚哥(Valdemiro Santiago)于1998年3月3日在索罗卡巴市成立。教会总部位于圣保罗布拉斯区的"世界城"(Cidade Mundial)，并在圣阿马罗区的"世界梦想之都"(Cidade dos Sonhos Mundiais)定期举行大型会议。目前，该教会在24个国家设有分支教堂，积极传播其宗教信仰。

网址：https：//impd. org. br。

5. 巴西基督福音派五旬节教会(Igreja Evangélica Pentecostal O Brasil Para Cristo, OBPC)

简介：巴西基督福音派五旬节教会是一个五旬节派福音派基督教教会，由建筑工人马诺埃尔·德·梅洛·席瓦尔(Manoel de Mello e Silva)于1955年在圣保罗创立。他在"上帝大会"中皈依福音派，随后参与全国福音运动，并加入四方福音教会(Foursquare Gospel)，被国际四方福音教会任命为牧师，负责组织传教工作，进一步在巴西建立了四边形教会

(Quadrangular)。目前,该教会在巴西有 2 300 个会众,约 18 万名成员,并在巴拉圭、玻利维亚、秘鲁、智利、乌拉圭、阿根廷、葡萄牙和美国等国家设有分支机构。

网址:https://obpcjaguariaiva.com.br/home。

6. 联合教会(Igreja Unida,IU)

简介:联合教会是一个第二波五旬节派的福音派教会,于 1963 年 7 月 12 日在巴西圣保罗成立。最初由路易斯·希利罗牧师(Luís Schiliró)担任主席。教会主张以《圣经》为信仰和实践的唯一依据,并以圣父、圣子、圣灵三位一体的名义实行浸泡式洗礼。教会成立时的名称为"联合福音派五旬节教会",后来因法律原因改为现名。

网址:https://www.convencaounida.com.br/quem-somos。

7. 生命之道教会(Igreja Verbo da Vida,IVV)

简介:生命之道教会是一个五旬节派教会,成立于 1985 年,由哈罗德·勒罗伊·赖特(Harold Leroy Wright)和珍妮丝·苏·赖特(Janace Sue Wright)在圣保罗州瓜鲁柳斯市创立。尽管创立于圣保罗州,其总部却位于帕拉伊巴州的大坎皮纳市。该教会以举办音乐活动而闻名,目前在安哥拉、阿根廷、加拿大、智利、美国、法国、英国和莫桑比克等国家设有分支机构。

网址:https://verbodavida.org.br。

（常　远）

译名对照

一、地名

中文	葡语对照
里约热内卢州	Rio de Janeiro
巴拉那州	Paraná
南马托格罗索州	Mato Grosso do Sul
圣卡塔琳娜州	Santa Catarina
米纳斯吉拉斯州	Minas Gerais
伯南布哥州	Pernambuco
巴伊亚州	Bahia
巴西利亚	Brasília
戈亚斯州	Goiás
帕拉伊巴州	Paraíba
南里奥格兰德州	Rio Grande do Sul
桑托斯港	Porto de Santos
保利斯坦诺高原	Planalto Paulistano
哈拉瓜	Jaraguá
坎塔雷拉山脉	Serra da Cantareíra
马尔山脉	Serra do Mar
库巴唐镇	Cubatão
曼蒂凯拉山脉	Serra da Mantiqueira
阿拉戈斯州	Alagoas
塞尔希培州	Sergipe
乌拉圭	Uruguai

（续表）

中文	葡语对照
南部平原	Planalto Sul
里贝拉河谷	Vale do Ribeira
西南高原	Planalto Sudoeste
兰查里亚	Rancharia
若昂拉马略	João Ramalho
安汉古拉公路	Rodovia Anhanguera
班代兰特斯公路	Rodovia Bandelantes
华盛顿路易斯公路	Rodovia Washington Luís
圣巴尔巴拉德奥斯特	Santa Bárbara d'Oeste
里奥克拉罗	Rio Claro
圣卡洛斯	São Carlos
阿拉拉夸拉	Araraquara
普雷图河畔圣若泽	São José do Rio Preto
维拉科波斯	Viracopos
移民公路	Rodovia dos Imigrantes
圣维森特	São Vicente
大沙滩	Praia Grande
卡斯特罗布兰科公路	Rodovia Castelo Branco
拉波索塔瓦雷斯	Raposo Tavares
圣埃斯皮里图州图尔沃	Espírito Santo do Turvo
马里奥科瓦斯环城公路	Rodoanel Mário Covas
沿河大道	Marginals
萨尔瓦多	Salvador
蒙得维的亚	Montevideo
布宜诺斯艾利斯	Buenos Ailres
开普敦	Cape Town
萨博奥码头	Saboao

（续表）

中文	葡语对照
巴尔纳比岛	Ilha Barnaby
圣塞巴斯蒂昂港	Porto de São Sebastião
圣西芒	São Simão
依皮塔西奥总统全景码头	Presidente Epitácio
安年比	Anhembi
佩德内拉斯	Pederneiras
圣玛丽亚达塞拉	Santa Maria da Serra
瓜鲁柳斯机场	Aeroporto de Guarulhos
孔戈尼亚斯/圣保罗机场	Aeroporto de Congonhas/São Paulo
坎普迪马蒂机场	Aeroporto Campo de Marte
卡兰迪鲁	Carandiru
特雷斯拉戈斯	Três Lagoas
圣弗朗西斯科河	Rio São Francisco
巴拉那河	Rio Paraná
铁特河	Rio Tiête
圣若泽杜斯坎普斯	São José dos Campos
坎皮纳斯	Campinas
基隆博	Quilombo
皮拉波拉	Pirapora
马德拉岛	Madeira
佛得角	Cabo Verde
圣保罗杜斯坎波斯德皮拉蒂宁加	São Paulo dos Campos de Piratininga
伊比利亚半岛	Península Ibérica
帕拉伊巴谷地	Vale do Paraíba
圣安德烈	Santo André
圣贝埃尔纳多多坎波	São Bernardo do Campo
南圣埃塔诺	São Caetano do Sul

（续表）

中文	葡语对照
迪雅德玛	Diadema
圣保罗大都会区	Região Metropolitana de São Paulo，RMSP
容迪亚伊	Jundiaí
保利斯塔大道	Avenida Paulista
巴西高原	Planalto Brasileiro
安哥拉	Angola
贝宁湾	Golfo do Benim
圣多美	São Tomé
皮拉尤	Piraju
圣米格尔	São Miguel
查卡拉圣安东尼奥	Chácara Santo Antônio
三·二五路	Rua 25 de Março
比希加	Bixiga
贝拉维斯塔	Bela Vista
迪奥戈大街	Diogo
新朱柳大道	Avenida New Juliu
西尔维亚街	Rua Sylvia
路易斯安东尼奥大道	Brigada Luís António
摩卡	Mooca
伦巴第	Lombardia
皮埃蒙特	Piemonte
佛罗伦萨	Firenze
贝尔蒂奥加	Bertioga
卡纳内亚	Cananéia
自由区	Liberdade
希吉诺波利斯社区	Bairro de Higienópolis
伊瓜佩	Iguape
特雷门贝	Tremembé

（续表）

中文	葡语对照
阿帕雷西达市	Aparecida
皮拉西卡巴	Piracicaba
普鲁登特总统城	Presidente Prudente
雷吉斯特鲁	Registro
里贝朗普雷图	Ribeirão Preto
圣若昂达博阿维斯塔	São João da Boa Vista
伊利亚贝拉海滩	Praia Ilhabela
卡多索岛	Ilha do Cardoso
瓜鲁雅市	Guarujá
卡拉瓜塔图巴	Caraguatatuba
圣塞巴斯蒂昂	São Sebastião
乌巴图巴市	Ubatuba
布罗塔斯	Brotas
朱基蒂巴	Juquitiba
戈亚斯阿瓜斯林达	Águas Lindas de Goiás
北阿坎德邦	Uttarakhand
伊图	Itu
大 ABC 地区	Região do Grande ABC
大圣保罗	Grande São Paulo
洛林小道	Calçada do Lorena
容迪亚伊铁路	Estrada de Ferro Santos-Jundiaí
安切塔路	Via Anchieta
安切塔公路	Rodovia Anchieta
阿尔图达博阿维斯塔	Alto da Boa Vista
都灵市	Turim
比林斯	Billings
巴伊沙达桑蒂斯塔	Baixada Santista
巴尔乌埃里地区	Região de Barueri

（续表）

中文	葡语对照
巴雷图斯地区	Região de Barreto
南圣埃塔诺	São Caetano do Sul
阿拉萨图巴地区	Região de Araçatuba

二、机构、政府单位名

大圣保罗综合发展大都市咨询委员会	Conselho Consultivo Metropolitano de Desenvolvimento Integrado da Grande São Paulo, CONSULTI
大圣保罗地区议事委员会	Conselho Deliberativo da Grande São Paulo, CODEGRAN
大都市融资与投资基金	Fundo Metropolitano de Financiamento e Investimento, FUMEFI
能源与环境研究所	Institute of Environmental Management and Assessment, Iema
圣保罗州环境公司	Companhia Ambiental do Estado de São Paulo, CETESB
社会发展秘书处	Secretaria de Desenvolvimento Social
地区社会援助与发展局	Diretorias Regionais de Assistência e Desenvolvimento Social, DRADS
国家空间研究所	Instituto Nacional de Pesquisas Espaciais, INPE
空军指挥部	Comando da Aeronáutica
航天科技部	Departamento de Ciência e Tecnologia Aeroespacial, DCTA
圣保罗州城市发展与住房秘书处	Secretaria de Desenvolvimento Urbano e Habitação do Estado de São Paulo, SEDUH
圣保罗州住房与城市发展公司	Companhia Paulista de Desenvolvimento Habitacional e Urbano, CDHU
城市化和可持续发展局	Secretaria de Urbanismo e Sustentabilidade
《大都会法案》	Estatuto da Metrópole
圣保罗大都市规划公司	Empresa Paulista de Planejamento Metropolitano, EMPLASA
州数据分析系统基金会	Fundação Sistema Estadual de Análise de Dados
马塔拉佐联合工业集团	Indústrias Reunidas Fábricas Matarazzo

（续表）

巴西地理统计局	Instituto Brasileiro de Geografia e Estatística
圣保罗州地理与制图研究所	Instituto Geográfico e Cartográfico do Estado de São Paulo
巴西日本移民博物馆	Museu Histórico da Imigração Japonesa no Brasil
巴西日本各县协会联合会	Federação das Associações de Províncias do Japão no Brasil
花道委员会	Comissão de Ikebana
巴西日本文化和社会援助协会	Sociedade Brasileira de Cultura Japonesa e de Assistência Social，Bunkyo
巴西美国商会	AMCHAM Brasil
阿拉伯-巴西商会	Câmara de Comércio Árabe-Brasileira
裏千家茶叶协会	Associação de Chá Urassenke
藤间歌舞伎舞蹈团	Cia. Fujima de Dança Kabuki
巴西公民和社会行动部	Ministério da Cidadania
融合与区域发展部	Ministério da Integração e do Desenvolvimento Regional，MIDR
黑卫兵	Guarda Negra
联合黑人运动	Movimento Negro Unificado
黑人艺术博物馆	Museu de Arte Negra
海外意大利人委员会	Comitês dos Italianos no Exterior
印第安人博物馆协会之友	Amigos do Museu do Índio
立法议会	Assembleia Legislativa
法院	Tribunal de Justiça
军事法庭	Tribunal de Justiça Militar
小额债务法庭	Juizados de Pequenas Causas
陪审团法院	Tribunais do Júri
上诉庭	Turmas de Recursos
法官	Juízes de Direito
军事审计机构	Auditorias Militares
特别法庭	Juizados Especiais

（续表）

教育秘书处	Secretaria de Educação
教育专业人才培养与提高学院	Escola de Formação e Aperfeiçoamento dos Profissionais da Educação
教育局	Coordenadoria Pedagógica
信息、技术、档案和注册局	Coordenadoria de Informação, Tecnologia, Evidências e Matrícula
学校基础设施与服务局	Coordenadoria de Infraestrutura e Serviços Escolares
人力资源管理协调局	Coordenadoria de Gestão de Recursos Humanos
财务预算局	Coordenadoria de Orçamento e Finanças
圣保罗州卫生秘书处	Secretaria de Saúde
民事局	Casa Civil
秘书办公室	Gabinete do Secretário
立法管理副秘书处	Subsecretaria de Gestão Legislativa
圣保罗州政府驻巴西利亚办事处	Escritório do Governo do Estado de São Paulo em Brasília
礼法部门	Cerimonial
战略信息协调处	Coordenadoria de Informações Estratégicas
伊皮兰加勋章国务委员会	Conselho Estadual da Ordem do Ipiranga
监狱教育方案指导委员会	Conselho Orientador do Programa de Educação nas Prisões
监狱教育计划咨询委员会	Conselho Consultivo do Programa de Educação nas Prisões
圣保罗州可持续发展目标委员会	Comissão Estadual de São Paulo para os Objetivos de Desenvolvimento Sustentável
政府宫殿艺术文化藏品指导委员会	Conselho de Orientação do Acervo Artístico-Cultural dos Palácios do Governo
州信息获取委员会	Comissão Estadual de Acesso à Informação
圣保罗社会基金	Fundo Social de São Paulo, FUSSP
环境、基础设施和物流秘书处	Secretaria de Meio Ambiente, Infraestrutura e Logística
圣保罗州公共安全秘书处	Secretaria de Estado de Segurança Pública de São Paulo
政府和机构关系秘书处	Secretaria de Governo e Relações Institucionais

科学警察	Polícia Científica
民警	Polícia Civil
军事警察	Polícia Militar
旅游观光秘书处	Secretaria de Turismo e Viagens
管理和数字政府秘书处	Secretaria de Gestão e Governo Digital
传媒局秘书处	Secretaria de Comunicação
国际商务秘书处	Secretaria de Negócios Internacionais
投资伙伴关系秘书处	Secretaria de Parcerias em Investimentos
财务和计划秘书处	Secretaria de Fazenda e Planejamento
州税务副秘书处	Subsecretaria da Receita Estadual
州财政副秘书处	Subsecretaria do Tesouro Estadual
技术与管理协调部	Coordenadoria de Tecnologia e Administração
州社会援助委员会	Conselho Estadual de Assistência Social, CONSEAS
州儿童和青少年权利委员会	Conselho Estadual dos Direitos da Criança e do Adolescente, CONDECA
州老年人委员会	Conselhos Estadual do Idoso, CEI
圣保罗州双重管理者委员会	Comissão Intergestores Bipartite do Estado de São Paulo, CIB
行政局	Departamento de Administração
机构传播部	Departamentode Comunicação Institucional
信息技术标准化部门	Departamentode Normatização de Informática
圣保罗社会发展学院	Escola de Desenvolvimento Social, EDE
圣保罗州监狱管理秘书处	Secretaria da Administração Penitenciária do Estado de São Paulo
经济发展秘书处	Secretaria de Desenvolvimento Econômico
妇女政策秘书处	Secretaria de Políticas para as Mulheres
圣保罗州司法与公民事务秘书处	Secretaria de Justiça e Cidadania do Estado de São Paulo
城市交通秘书处	Secretaria de Transportes Metropolitanos

（续表）

文化与创新经济秘书处	Secretaria de Cultura e Economia Criativa
农业和供应秘书处	Secretaria de Agricultura e Abastecimento
圣保罗州体育秘书处	Secretaria de Esportes do Estado de São Paulo
科学、技术和创新秘书处	Secretaria de Ciência, Tecnologia e Inovação
圣保罗州残疾人权利秘书处	Secretaria de Estado dos Direitos da Pessoa com Deficiência de São Paulo
圣保罗州战略项目特别秘书处	Secretaria Especial de Projetos Estratégicos do Estado de São Paulo
圣保罗州立法议会	Assembleia Legislativa de São Paulo
圣保罗州法院	Tribunal de Justiça do Estado de São Paulo
巴西民主运动党	Movimento Democrático Brasileiro, MDB
巴西工党	Partido Trabalhista Brasileiro, PTB
民主工党	Partido Democrático Trabalhista, PDT
劳工党	Partido Dos Trabalhadores, PT
巴西共产党	Partido Comunista Do Brasil, PCdoB
巴西社会党	Partido Socialista Brasileiro, PSB
巴西民主社会党	Partido Da Social Democracia Brasileira, PSDB
行动党	Agir
全国动员党	Partido Da Mobilização Nacional, PMN
公民党	Cidadania
绿党	Partido Verde, PV
现代党	Avante
进步党	Partido Progressistas, PP
统一社会主义工人党	Partido Socialista Dos Trabalhadores Unificado, PSTU
巴西共产党	Partido Comunista Brasileiro, PCB
巴西劳工复兴党	Partido Renovador Trabalhlista Brasileiro, PRTB
基督教民主党	Democracia Cristã, DC
工人事业党	Partido Da Causa Operária, PCO
我们可以党	Podemos, PODE

共和党	Republicanos
社会主义与自由党	Partido Socialismo E Liberdade，PSOL
自由党	Partido Liberal，PL
民主社会党	Partido Social Democrático，PSD
爱国者党	Patriota
团结党	Solidariedade
新党	Partido Novo
可持续发展网络党	Rede Sustentabilidade，REDE
巴西妇女党	Partido Da Mulher Brasileira，PMB
大众团结党	Unidade Popular，UP
巴西联盟党	União Brasil
基督教社会党	Partido Social Cristão，PSC
圣保罗大学巴西湿地人口研究中心	Núcleo de Apoio à Pesquisa sobre Populações Humanas em Áreas Úmidas Brasileiras，NUPAUB-USP
索罗卡巴总教区宗教艺术博物馆	Museu Arquidiocesano de Arte Sacra de Sorocaba
圣保罗州立美术馆	Pinacoteca de São Paulo
足球博物馆	Museu do Futebol
葡萄牙语言博物馆	Museu da Língua Portuguesa
圣保罗大学	Universidade de São Paulo
圣保罗联邦大学	Universidade Federal de São Paulo
恩布-瓜苏体育俱乐部	Clube Atlético Embu-Guaçu
安帕罗竞技俱乐部	Amparo Athlético Club
国家大商场	Conjunto Nacional
卡萨达罗萨斯博物馆	Casa das Rosas
圣保罗州历史考古艺术与旅游遗产保护委员会	Conselho de Defesa do Patrimônio Histórico，Arqueológico，Artístico e Turístico
圣保罗音乐厅	Sala São Paulo
圣保罗州立大学	Universidade Estadual Paulista，Unesp

（续表）

国家教育评估委员会	Comissão Nacional de Avaliação da Educação Superior, CONAES
帕卡明布足球场	Estádio Municipal Paulo Machado de Carvalho
摩伦比足球场	Estádio Cícero Pompeu de Toledo
科林蒂安体育场	Neo Química Arena
"公主金耳环"足球场	Estádio Brinco de Ouro da Princesa
摩西·卢卡雷利足球场	Estádio Moisés Lucarelli
巴鲁埃里足球场	Arena Barueri
维拉贝尔米罗球场	Estádio Urbano Caldeira
欢乐泉水公园度假酒店	Enjoy Solar das Águas Park Resort
圣保罗艺术博物馆	Museu de Arte de São Paulo, MASP
现代艺术博物馆	Museu de Arte Moderna de São Paulo, MAM
圣保罗画廊	Galeria São Paulo
伊皮兰加博物馆	Museu do Ipiranga
拉丁美洲纪念馆	Memorial da América Latina
伊比拉普埃拉公园	Parque do Ibirapuera
独立公园	Parque da Independência
动物园	Parque Zoológico de São Paulo
圣保罗水族馆	Aquário de São Paulo, ASP
水世界	Acqua Mundo
奥托西柏拉旅游州立公园	Parque Estadual Turístico do Alto Ribeira, PETAR
霍皮哈利主题公园	Hopi Hari
圣保罗州公共档案馆	Arquivo Público do Estado de São Paulo
圣保罗市历史档案馆	Arquivo Histórico Municipal de São Paulo
圣保罗州教育供餐委员会	Conselho Estadual de Alimentação Escolar de São Paulo
圣保罗教育委员会	Conselho Estadual de Educação
圣保罗文化与经济创新秘书处	Secretaria da Cultura e Economia Criativa do Estado de São Paulo

巴西电影协会	Associação Brasileira Mostra Internacional de Cinema，ABMIC
圣保罗州社区手工业监督局	Superintendência do Trabalho Artesanal nas Comunidades
拉丁美洲纪念基金会	Fundação Memorial da América Latina
移民纪念馆	Memorial do Imigrante
圣保罗宗教艺术博物馆	Museu de Arte Sacra de São Paulo
圣保罗影像与声音博物馆	Museu da Imagem e do Som de São Paulo
卡塔文托博物馆	Museu Catavento
巴西咖啡博物馆	Museu do Café Brasileiro
桑托斯宗教艺术博物馆	Museu de Arte Sacra de Santos
港口博物馆	Museu do Porto
坎皮纳斯当代艺术博物馆	Museu de Arte Contemporânea de Campinas
自然历史博物馆	Museu de História Natural
巴西独立纪念碑	Monumento à Independência do Brasil
圣安东尼教堂	Igreja de Santo Antônio
圣阿马罗市政市场	Mercado Municipal de Santo Amaro
圣保罗城市剧院	Teatro Municipal de São Paulo
保罗·马查多·德·卡瓦略体育场	Estádio Municipal Paulo Machado de Carvalho
天空宽带服务有限公司	Sky Serviços de Banda Larga Ltda，Sky
音像广播台	Rádio Record
南克鲁塞罗电台	Rádio Cruzeiro do Sul
西尔维奥·桑托斯集团	Grupo Silvio Santos
四月集团	Grupo Abril
页报集团	Grupo Folha
目标集团	Grupo Objetivo
音像集团	Grupo Record
旗手通信集团	Grupo Bandeirantes
州立集团	Grupo Estado

（续表）

朱玫潘集团	Grupo Jovem Pan
四月出版社	Editora Abril
阿蒂卡斯和斯基皮奥内出版社	Editoras Ática e Scipione
普路劳出版印刷公司	Plural Editora e Gráfica
圣保罗物流配送公司	São Paulo Distribuição e Logística, SPDL
目标教育中心	Centro Educacional Objetivo
目标大学	Faculdades Objetivo
保利斯塔大学	Universidade Paulista, UNIP
巴西电视信息网络	Rede Brasileira de Informação, RBI TV
巴西电视信息电视台	Canal Brasileiro da Informação, CBI
Mix 广播电台	Mix FM
特里亚农广播电台	Rádio Trianon
圣保罗创新目标教学统一协会	Associação Unificada Paulista de Ensino Renovado Objetivo, ASSUPERO
音像电视台	RecordTV
音像新闻卫视	Record News
音像家庭卫视	Rede Família
米拉玛电视台	TV Miramar
旗手广播台	Rádio Bandeirantes
旗手新闻台	BandNews TV
巴拉圭的国际频段	Band Internacional
巴西流行音乐广播	FM Música Popular Brasileira, MPB FM
州立新闻社	Agência Estado
埃尔多拉多电台	Eldorado FM
埃尔多拉多唱片公司	Gravadora Eldorado
广播电信公司	Broadcast Teleinformática
鲁鲁伊·梅斯基塔	Ruy Mesquita
巴西企业新闻协会	Associação Brasileira de Jornalismo Empresarial
泛美电台	Rádio Panamericana

（续表）

朱玟潘电台	Jovem Pan FM
圣保罗州媒体中心	O Centro de Mídias SP
艺术，媒体和数字技术实验室	Laboratório de Arte, Mídia e Tecnologias Digitais, LabArteMídia
圣保罗大学影视与广播电视系	Escola de Comunicação e Artes, ECA-USP
巴西国家科学与技术发展基金会	Conselho Nacional de Desenvolvimento Científico e Tecnológico, CNPq
巴西数字电视系统论坛	SBTVD
巴西电视工程学会	Sociedade Brasileira de Engenharia de Televisão, SET
耶稣会学院	Pátio do Colégio
奔驰	Mercedes-Benz
福特	Ford
大众	Volkswagen
意大利大厦	Circolo Italiano
甜品店迪昆托	Di Cunto
披萨店圣佩德罗	São Pedro
披萨店安杰罗	Ângelo
饭店唐卡里尼	Don Carlini
饭店费利佩·科斯塔	Il tosto - Felipe Costa
圣保罗州移民博物馆	Museu da Imigração do Estado de São Paulo
全国印第安人基金会	Fundação Nacional do Índio, Funai
班代兰特斯宫	Palácio dos Bandeirantes
州长	Governador
副州长	Vice- Governador
法甲豪门巴黎圣日耳曼足球俱乐部	Paris SaintGermain F. C.
巴西国家足球队	Seleção Brasileira
巴西职业运动员协会	Associação Brasileira de Atletas Profissionais
莱伊基金会	Raí Foundation
桑托斯足球俱乐部	Santos Futebol Clube

（续表）

克鲁塞罗足球俱乐部	Cruzeiro Esporte Clube
弗拉门戈足球俱乐部	Clubede Regatasdo Flamengo
巴伊亚体育俱乐部	Esporte Clube Bahia
科林蒂安保利斯塔体育俱乐部	Sport Club Corinthians Paulista
圣塔卡琳娜海军俱乐部	Clube Náutico Marcílio Dias
马里尼奥房地产开发公司	Marinho Empreendimentos Imobiliário
青年之声广播电台	Rádio Jovem Pan
罗伯托马里尼奥基金会	Fundação Roberto Marinho
巴西文学学院	Academia Brasileira de Letras
圣保罗大学通讯与艺术学院	Escola de Comunicações e Artes da Universidade de São Paulo
圣保罗影像与声音博物馆	Museu da Imagem e do Som
巴西电影资料馆	Cinemateca Brasileira
巴西家用燃气有限公司	Gáz a DomicilioLtda
依皮兰加石油产品股份公司	Ipiranga Produtos de Petróleo S. A.
圣保罗燃气公司	Companhia de Gás de São Paulo — Comgás
伊泰普两国公司	Itaipu Binacional
文化街	Rua Cultural
帕德雷·安奇耶塔基金会	Fundação Padre Anchiet
阿尔克明交通教育基金会	Fundação Adolpho Bósio de Educação no Transporte
大都会保利斯塔列车公司	Companhia Paulista de Trens Metropolitanos，CPTM
阿尔维斯瑞贝鲁律师事务所	Alves Ribeiro Advogados Associados
V 阿尔维斯房地产公司	V Alves Negócios Imobiliários
萨阿德原始股份公司	Saad Participações
萨夫拉银行	Banco Safra
阿尔瓦雷斯-本特多基金会	Fundação Alvares Penteado，FECAP
阿尔沃拉达文化学院	Instituto Alvora da Cultural
阿尔沃拉达医院	Hospital Alvorada
阿尔维斯运输公司	Alves Transportes

亚历山大·特谢拉	Alexandre Teixeira
巴西国家经济和社会发展银行	Banco Nacional de Desenvolvimento Econômico e Social, BNDES
莱昂·尼科拉·洛博	Leão Nicola Lobo
巴西数字银行	Banco Original S. A
多丽娜·诺维尔盲人基金会	Fundação Dorina Nowill para Cegos
赛诺菲	Sanofi
多利亚国际有限公司	Doria International Inc.
多利亚联合事务所	Doria Associados
多利亚房地产开发公司	Doria Desenvolvimento Imobiliário
多利亚出版社	Doria Editora
多利亚金融投资公司	Doria Investimentos
里约格朗德航空	Empresa de Viação Aérea Rio Grandense, Varig
圣保罗天主教大学	Pontifícia Universidade Católica de São Paulo, PUC-SP
萨阿德慈善信托基金	Saad Charitable Trust
平安支付	PagSeguro
瑞士再保险大厦	Edifício Swiss Re
萨阿德基金会	Fundação Saad
萨夫拉集团	Grupo Safra
加维亚投资公司	Gavea Investimentos
莫雷拉·萨勒斯研究所	Instituto Moreira Salles
旧金山集团	Grupo São Francisco
圣保罗市经济发展局	Secretaria Municipal de Desenvolvimento Econômico
圣保罗州财政局	Secretaria d Fazenda do Estado de SãoPaulo
圣保罗州计划、预算和管理局	Secretaria de Planejamento, Orçamentoe Gestão do Estado de SãoPaulo
圣保罗市计划和发展局	Secretaria Municipal de Planejamento e Desenvolvimento Urbano
圣保罗州工业联合会	Federação das Indústrias do Estadod e São Paulo, FIESP
圣保罗州农业协会	Federação da Agricultura do Estado de SãoPaulo, FAESP

（续表）

圣保罗州贸易和服务联合会	Federação do Comércio de Bens，Serviçose Turismo do Estado de SãoPaulo
巴西联邦税务局	Receita Federal do Brasil
巴西圣保罗市税务局	Secretaria Municipal da Fazenda
巴西社会保障局	Secretaria da Previdência
恩布拉尔	Embraer
马可波罗	Marcopolo
圣保罗州农业综合企业技术局	Agência Paulista de Tecnologia dos Agronegócios，APTA
圣保罗州水产研究所	Instituto de Pesca
圣保罗州农业经济研究所	Instituto de Economia Agrícola，IEA
综合技术援助合作机构	Coodenadoria de Assistência Integral，CATI
保利斯塔发展机构	DesenvolveSP-Agência de Desenvolvimento Paulista
圣保罗州环境公司	Companhia Ambiental do Estado de SãoPaulo，CETES
圣保罗州抵押贷款和农业信贷银行	Banco de Crédito Hipotecário e Agrícola do Estado de SãoPaulo
布拉德斯科银行	Banco Bradescos S. A.
圣保罗城市交通大都会公司	Empresa Metropolitana de Transportes Urbanos de SãoPaulo，EMTU/SP
大都会水与能源公司	Empresa Metropolitana de Águas e Energia，，EMAE
圣保罗能源公司	Companhia Energética de SãoPaulo，CESP
巴西资本市场研究所	Instituto Brasileiro de Mercado de Capitais，IBMEC
米塞斯巴西研究所	Instituto Ludwig von Mises Brasil，IMB
农业经济研究所	Instituto de Economia Agrícola，IEA
七月九日大学	Universida de Nove de Julho

三、专有名词

凯皮拉文化	Cultura Caipira
莱萨拉文化	Cultura Caicaça
沙万特人	xavante

阿拉比卡咖啡	Arábica
罗布斯塔咖啡	Robusta
冈瓦那	Gondwana
统一医疗体系	Sistema Único de Saúde，SUS
农牧结合系统	Integrated Crop-Livestock Systems，ILP
公私合作住房项目	Parceria Público-Privada，PPP
房地产金融系统	Sistema Financeiro Imobiliário，SFI
集装箱计算单位	Twenty-feet equivalent units，TEU
拉丁航空公司	Latam
高尔航空公司	Gol
瓜拉尼人	guarani
圣保罗艺术节	SP – Arte
圣保罗舞蹈节	Festival de Dança de SP
帕莫哈	Pamonha
宝里诺	bolinho
恩索巴多	ensopado
爱上保利斯塔	virado à paulista
包鲁	bauru
巴雷图斯	Barretos
弗朗卡	Franca
马里利亚	Marília
莫尔塔德拉三明治	sandes de mortadella
保利斯塔库斯可斯	cuscuz paulista
土豆泥热狗	cachorro-quente com purê de batata
六月节	Festas Juninas
国王之叶	Folia de Reis
神之日	Festa do Divino

（续表）

阿帕雷西达圣母节	Festa de Nossa Senhora Aparecida
慈悲耶稣节	Festa da Misericórdia
圣贡萨洛节	Festa de São Gonçalo
圣贡萨洛舞	Dança de São Gonçalo
圣保罗州非物质文化遗产目录	Patrimônio Cultural Imaterial do Estado de São Paulo
朔罗	Choro
桑巴摇滚	Samba-rock
桑巴黑人	Bailes Blacks
桑巴怀旧	Bailes Nostalgia
钟戈	Jongo
卡蒂拉	Catira
库鲁鲁	Cururu
凡丹戈	Fandango
马鲁加达舞	marujada
奎伦博拉凡丹戈	Fandango Quilombola
特罗佩罗凡丹戈	Fandango Tropeiro
奎罗马纳斯	Queromanas
八低音手风琴	pé de bode
绿黄派运动	Movimento Verde-Amarelo
安塔派	Escola da Anta
《圣保罗旗帜》	*Bandeira Paulista*
阿巴波鲁	Abaporu
食人运动	Movimento Antropofágico
现代艺术周	Semana de Arte Moderna
自动通过	aprovação automática
圣保罗印地 300	São Paulo Indy 300
圣西佛斯公路赛跑	Corrida de São Silvestre

（续表）

科林蒂安队	Corinthians Paulista
帕尔梅拉斯队	Sociedade Esportiva Palmeiras
圣保罗队	São Paulo Futebol Clube
三色队	Tricolor
圣保罗艺术双年展	Bienal Internacional de Arte de São Paulo
圣保罗时装周	Semana de La Moda de São Paulo
圣保罗狂欢节	Carnaval da Cidade de São Paulo
圣保罗国际电影展	Mostra Internacional de Cinema de São Paulo
耶稣游行	Marcha para Jesus
圣保罗嘻哈文化节	Encontro Paulista de Hip Hop
圣保罗文艺大赛	Circuito Cultural Paulista
圣保罗国际电影节	Mostra Internacional de Cinema de São Paulo
圣保罗文化大转弯	Virada Cultural Paulista
吉奥玛尔·诺瓦埃斯周	Semana Guiomar Novaes
圣保罗州马戏节	Festival de Circo SP
垂直集中	Concentração Vertical
横向集中	Concentração Horizontal
巴西有线电视网	NET
《圣徒论坛报纸》	A Tribuna de Santos
《页报早报》	Folha da Manhã
《页报午报》	Folha da Tarde
《页报晚报》	Folha da Noite
《圣保罗页报》	Folha de São Paulo, Folha
圣保罗教育频道	Rádio Educadora de Limeira
巴西电视系统	Sistema Brasileiro de Televisão, SBT
SBT 音乐	SBT Music
SBT 国际	SBT Internacional

（续表）

SBT 认证	SBT Licensing
《巴西日报》	Jornal do Brasil
《圣保罗州报》	Estado de São Paulo
《环球报》	Globo
观察周刊	Veja
巴西音乐电视	MTV Brasil
佳室珂	CASACOR
安格鲁教育系统	Sistema Anglo de Ensino
全快送	Total Express
迪纳普	Dinap
翠劳格	Treelog
安全付	Pagseguro
今日圣保罗	Agora São Paulo
页报快递	Transfolha
环球在线	Universo Online，UOL
梦想驿站	Aqui Você Pode
智慧殿堂	Sua Faculdade
生机土地卫视	Terra Viva TV
州报午报	Jornal da Tarde
年度传播人物奖	Prêmio Personalidade de Comunicação
州立多元文化奖	Prêmio Multicultural Estadão
朱玟潘新闻卫视	TV Jovem Pan News
《卢拉，巴西之子》	Lula，o Filho do Brasil
《23 号男孩，在巴西失去童年》	Menino 23，Infâncias Perdidas no Brasil
《如何成为学校最差的学生》	Como se Tornar o Pior Aluno da Escola
《儿童和青少年法令》	Estatuto da Criança e do Adolescente，ECA
博尔索纳主义	Bolsonarismo

(续表)

《一见如故》	De Onde Eu Te Vejo
《昨日天堂有奇事》	Ontem Havia Coisas Estranhas no Céu
圣保罗州州歌	Hino do estado de São Paulo
《旗颂》	Hino dos Bandeirantes
《圣保罗，圣保罗》	São Paulo, São Paulo
《纽约纽约》	New York, New York
《影音馆》	Vivo
《热带小路》	Vereda Tropical
《几乎美丽》	Quase Lindo
《大事物》	Grande Coisa
鲁本斯	Rubens
《凡人之乐》	Alegria dos Homens
《在莫罗达卡萨外罗德》	No Morro da Casa Verde
《新拉美新电影中的纪录片》	O Documentário no Nuevo Cine Latinoamericano
《有线大学电视频道》	Canais Universários de TV a Cabo
《另一边的阴影：马里斯泰拉电影公司与1950年代圣保罗工业电影》	A Sombra da Outra：a Cinematográfica Maristela e o Cinema Industrial Paulista nos Anos 50
《日本数字电视的可能性-"不安的电视"-令我不安的技术》	Possibilidades da TV Digital no Japão -"Inquietude TV"- a Técnica que me inquieta
《数字电视？开始播放！就在巴西》	TV Digital? Entrando no AR! Agora no Brasil
《跨学科对话：艺术与研究》	DiálogosTransdisciplinares：Arte e Pesquisa
《远程信息处理艺术：从准时交流到多用户虚拟环境》	Arte Telemática：dos Intercâmbios Pontuais aos Ambientes VirtuaisMultiusuário
《尤妮斯·卡图达的创作在巴西政治和音乐背景中的地位》	A Composição de Eunice Katunda no Contexto Político e Musical Brasileiro
《形象诗学与电视：巴西虚构节目的开场与闭幕片段》	Poética da Imagem e TV：Vinhetas de Abertura e Encerramento em Programas Ficcionais Brasileiros
《关于音乐与媒体的思考》	Considerações de Música e Mídia

（续表）

《巴西电视工程学会杂志》	Revista da SET
《巴西电视工程学会新闻》	SET News
《国际媒体与企业研究期刊》	SET International Journal of Broadcast Engineering，SET IJBE
《巴西电视工程学会会议论文集》	SET EXPO Proceedings，SETEP
世袭都督辖区	Capitanias Hereditárias
圣维森特都督辖区	Capitania de São Vicente
庞巴尔侯爵改革	Reforma do Marquês de Pombal
耶稣会	Campanhia de Jesus
内陆主义	Sertanismo
内陆地区	Sertão
"旗队"	Bandeirantes
远征探险家	Sertanista
《托德西利亚斯条约》	Tratado de Tordesilhas
教皇子午线	Papal Meridian
葡萄牙及巴西、阿尔加维斯联合王国	Reino Unido dos Algarves
巴西国	Estado de Brasil
母城倒置	Inversão Metropolitana
母城	Metrópole
殖民地	Colônia
巴西帝国	Império do Brasil
省制	Sistema de Província
独立战争	Guerra da Independência
《里约热内卢条约》	Tratado do Rio de Janeiro
皇城	Imperial Cidade
咖啡周期	Ciclo do Café
农业复兴	Renascimento agrícola

《黄金法》	Lei Áurea
巴西共和国宣言	Proclamação da República Brasileira
1889 年政变	Golpe de 1889
咖啡加牛奶	Café com Leite
州长政策	Política dos Governadores
巴西第一共和国	Primeira República do Brasil
1891 年巴西宪法	Constituição Brasileira de 1891
考迪罗主义	Caudillo
经济大萧条	Grande Depressão
旧共和国	República Velha
圣保罗战争	Guerra Paulista
1924 年圣保罗起义	Revolta Paulista de 1924
新国家	Estado Novo
巴西合众共和国	República dos Estados Unidos do Brasil
巴西联邦共和国	República Federativa do Brasil
尤塞比奥·德·凯罗斯法	Lei Eusébio de Queirós
伊比利亚联盟	União Ibérica
克里奥尔人	Crioulos
《费霍法》	Lei Feijó
《自由子宫法》	Lei do Ventre Livre
小商业商店	armarinhos
笠户丸号	Kasato Maru
日经	Nikkei
卡西迪现象	Fenômeno de Cassidy
圣热纳罗节	Festa de San Gennaro
尤文图斯竞技俱乐部	Clube Atlético Juventus
博尔索纳罗主义	Bolsonarismo
《联邦宪法》	Constituição Fedral

《州宪法》	Constituição Estatual
行政	Executivo
立法	Legislativo
司法	Judiciário
简单多数制	Maioria simples
劳工党州主席	Presidente Estadual do PT Paulista
劳工党州副主席	Vice-presidente do PT Paulista
秘书长	Secretário Geral
财政和规划秘书	Secretária Estadual de Finanças e Planejamento
赤脚足球	Futebol de Pé Descalço
《受伤的上校》	《O Coronel Sangrado》
巴西现代主义运动	Movimento Modernista Brasileiro
圣保罗现代艺术周	Semana de Arte Moderna de São Paulo
食人主义宣言	Manifesto Antropófago
食人运动	Movimento Antropofágico
《阿巴普鲁》	Abaporu
《经济价值报》	Valor Econômico

四、人名

阿尔瓦雷斯·德·阿泽维多	Antônio Álvares de Azevedo
蒙泰罗·洛巴托	Monteiro Lobato
奥斯瓦尔德·代·安德拉德	José Oswald de Souza Andrade
卡洛斯·戈麦斯	Carlos Gomes
阿多尼兰·巴博萨	Adonilan Barbosa
泰塔斯乐团	Titãs
若昂·保罗和丹尼尔	João Paulo & Daniel
塔尔西拉·杜·阿玛拉尔	Tarsila do Amaral

（续表）

坎迪多·波尔蒂纳里	Candido Portinari
罗伯托·布雷·马克思	Roberto Burle Marx
阿多尼兰·巴博萨	Adoniran Barbosa
丽塔·李	Rita Lee
阿纳尔多·安图内斯	Arnaldo Antunes
伊塔马尔·阿苏姆桑	Itamar Assumpção
埃米西达	Emicida
埃利亚斯·阿尔瓦雷斯·洛博	Elias Álvares Lobo
杰克逊杜班代罗	Jackson do Pandeiro
乔治本	Jorge Ben
卡西亚诺·里卡多	Cassiano Ricardo
吉列尔梅·代·阿尔梅达	Guilherme de Almeida
阿尔瓦雷斯·德·阿泽维多	Alvarez de Azevedo
阿尔弗雷多·沃尔皮	Alfredo Volpi
维克托·西维塔	Victor Civita
奥克塔维奥·弗里亚斯·德·奥利维拉	Octavio Frias de Oliveira
若昂·乔治·萨阿德	João Jorge Saad
梅斯基塔家族	Família Mesquita
胡里奥·科西	Julio Cosi
奥杜瓦尔多·维安那	Oduvaldo Vianna
保罗·马查多·德·卡瓦略	Paulo Machado de Carvalho
安东尼奥·奥古斯托·阿马拉尔·德·卡瓦略	Antônio Augusto Amaral de Carvalho
路易斯·伊纳西奥·卢拉·达席尔瓦	Luiz Inácio Lula da Silva
德尼斯·帕拉纳	Denise Paraná
悉尼·阿吉拉尔·菲尔霍	Sidney Aguilar Filho
达尼洛真蒂利	Danilo Gentili Jr.
贝尔南多	Bernardo
佩德罗	Pedro
安娜露西亚	Ana Lúcia

（续表）

法比奥	Fábio
马努	Manu
马塞洛	Marcelo
斯帕尔塔科·罗西	Spártaco Rossi
塞尔吉奥·德·瓦斯孔塞洛斯·科雷亚	Sérgio de Vasconcellos Corrêa
泰塔斯	Titãs
火神安格拉	Angra
干湿乐队	Secos & Molhados
我已厌倦性感	Cansei de Ser Sexy, CSS
黑女乐队	Os Mulheres Negras
预谋刹车乐队	Premeditando o Breque, Premê
弗兰克·辛纳屈	Frank Sinatra
卡西亚·艾勒	Cássia Eller
纳尔逊·卡瓦奎尼奥	Nelson Cavaquinho
保罗万佐里尼	Paulo Vanzolini
阿多尼兰巴博萨	Adoniran Barbosa
阿夫拉尼奥·门德斯·卡塔尼	Afranio Mendes Catani
阿尔米尔·安东尼奥·罗莎	Almir Antonio Rosa
吉尔伯托·多斯桑托斯·普拉多	Gilberto dos Santos Prado
阿米尔卡·扎尼·内托	Amilcar Zani Netto
安娜·玛丽亚·巴洛格	Anna Maria Balogh
费尔南多·恩里克·德·奥利维拉·伊亚泽塔	Fernando Henrique de Oliveira Iazzetta
玛丽利亚·达席尔瓦·佛朗哥	Marilia da Silva Franco
若昂三世	João III de Portugal
何塞·德·安切塔	José de Anchieta
曼努埃尔·达·诺布雷	Manuel da Nóbrega
玛丽亚一世	Maria I de Portugal
若昂六世	João VI de Portugal
佩德罗一世	Pedro I do Brasil

（续表）

佩德罗二世	Pedro II do Brasil
阿方索·佩纳	Afonso Pena
文塞斯劳·布拉斯	Venceslau Brás
德尔菲姆·莫雷拉	Delfim Moreira
埃皮塔西奥·佩索阿	Epitácio Pessoa
阿图尔·伯纳德斯	Artur Bernardes
坎波斯·塞勒斯	Campos Sales
罗德里格斯·阿尔维斯	Rodrigues Alves
华盛顿路易斯	Washington Luís
朱利奥·普雷斯特斯	Júlio Prestes
热图里奥·瓦加斯	Getúlio Vargas
弗朗切斯科·马塔拉佐	Francesco Matarazzo
马蒂姆·阿方索	Martim Afonso
图皮尼昆	Tupinikun
约瑟夫·门格勒	Josef Mengele
弗朗茨·斯坦格尔	Franz Stangl
古斯塔夫·瓦格纳	Gustav Wagner
费尔南多·哈达德	Fernando Haddad
塔西西奥	Tarcísio
依维努·马林尼奥	Irineu Marinho
索克拉底·莱伊家族	Família Sócrates e Raí
索克拉底	Sócrates
莱伊·索萨·维埃拉·德·奥利维拉	Raí Souza Vieira de Oliveira
曼努埃尔·弗朗西斯科·多斯·桑托斯	Manuel Francisco dos Santos
加布里埃尔·维尼修斯·梅尼诺	Gabriel Vinicius Menino
罗杰里奥·塞尼	Rogerio Ceni
塞尼家族	Família Ceni
阿雷西·塞尼	Aloisio Ceni
巴伊亚·塞尼	Baiano Ceni

马塞洛·罗杰里奥·塞尼	Marcelo Rogério Ceni
马里尼奥家族	Fanília Marinho
安德烈·马里尼奥	André Marinho
卡洛斯·马里尼奥	Carlos Marinho
马里奥·马里尼奥	Mário Marinho
依维努·马里尼奥	Irineu Marinho
安德拉德家族	Família Andrade
何塞·奥斯瓦尔德·德索萨·安德拉德	José Oswald de Sousa de Andrade
赫库拉诺·马科斯·英格列斯·德·索萨	Herculano Marcos Inglês de Sousa
塔尔西拉·德·阿吉亚尔·杜·阿马拉尔	Tarsila de Aguiar do Amaral
帕特里夏·赫达·加尔旺	Patrícia Rehder Galvão
鲁达·波罗诺米纳雷·加尔旺·德·安德拉德	Rudá Poronominare Galvão de Andrade
弗朗西斯科·路易斯·阿尔梅达·萨莱斯	Francisco Luís Almeida Sales
保罗·埃米利奥·萨莱斯·戈麦斯	Paulo Emílio Salles Gomes
卡帕奇尼家族	Família Capachini
阿瑟·莱维·卡帕奇尼	Asser Levy Capachini
费利克斯·卡帕奇尼	Feliks Capachini
伊沃·卡帕奇尼	Ivo Capachini
卡洛斯·卡帕奇尼	Carlos Capachini
亚历山德拉·卡帕奇尼	Alessandra Capachini
朱莉安娜·卡帕奇尼	GiulianaCapachini
费利佩·卡帕奇尼	FelipeCapachini
伊格尔家族	Família Igel
埃内斯托·伊格尔	Ernesto Igel
佩里·伊格尔	Pery Igel
安娜·玛丽亚·利维·比莱拉·伊格尔	Ana Maria Levy Billela Igel
弗朗萨·戈麦斯家族	Família França Gomes
马尔西奥·路易斯·弗朗萨·戈麦斯	Márcio Luiz França Gome
露西亚·弗朗萨·戈麦斯	Lúcia França Gomes

（续表）

凯奥·弗朗萨·德·戈韦亚·戈麦斯	Caio França de Gouvea Gomes
凯奥·弗朗萨	Caio França
夸德罗斯家族	Família Quadros
雅尼奥·达席尔瓦·夸德罗斯	Jânio da Silva Quadros
埃洛阿·杜·瓦莱·夸德罗斯	Eloá do Valle Quadros
迪尔斯·玛丽亚	Dirce Maria
内伊·阿明塔斯·德·巴罗斯·布拉加	Ney Aminthas de Barros Braga
玛丽亚·卢西亚·吉马良斯·里贝罗·阿尔克明	Maria Lúcia Guimarães Ribeiro Alckmin
阿道夫·卡尔德隆·阿尔克明	Adolpho Carlos Julio Alckmin
何塞·杰拉尔多·罗德里格斯·德·阿尔克明	José Geraldo Rodrigues de Alckmin
何塞·玛丽亚·阿尔克明	José Maria Alkmin
罗杰尔·阿尔克明	Rodrigo Alckmin
克里斯蒂亚诺·萨宁·马丁斯	Cristiano Zanin Martins
热拉尔多·阿尔克明	Geraldo Alckmin
阿比利奥·迪宁兹	Abílio Diniz
费尔南多·恩里克·卡多佐	Fernando Henrique Cardoso
若昂·阿尔瓦伦加	João Alvareng
马里奥·阿尔瓦伦加	Mário Alvarenga
约瑟·阿尔瓦伦加	José Alvarenga
乔治·阿尔瓦伦加	George Alvarenga
罗伯托·阿尔瓦伦加	Roberto Alvarenga
朱莉娅·阿尔瓦伦加	Julia Alvarenga
罗贝尔托·德·安德拉德·阿尔瓦拉德	Roberto de Andrade Alvarenga
伊莎贝尔·阿尔瓦伦加	Isabel Alvarenga
卡洛斯·阿尔贝托·安德拉德·阿尔瓦伦加	Carlos Alberto de Andrade Alvarenga
安东尼奥·阿尔瓦伦加	Antôni Alvarenga
米歇尔·特梅尔	Michel Temer

（续表）

弗朗西斯科·德·保拉·罗德里格斯·阿尔维斯	Francisco de Paula Rodrigues Alve
安娜·罗德里格斯·阿尔维斯·达席尔瓦·佩雷拉	Ana Rodrigues Alves da Silva Pereira
玛丽亚·罗德里格斯·阿尔维斯·达科斯塔·卡瓦略	Maria Rodrigues Alves da Costa Carvalho
若阿金·奥雷利奥·巴雷托·纳布科·德·阿劳霍	Joaquim Aurélio Barreto Nabuco de Araújo
马库斯·阿尔维斯	Marcus Alves
乔西·安东尼奥·吉列尔梅·阿尔维斯	Josi Antonio Girelli Alves
瓦尔德尼尔·若泽·阿尔维斯	Valdineir Jose Alves
安东尼奥·卡洛斯·阿尔维斯	Antonio Carlos Alves
费尔南多·阿尔维斯	Fernando Alves
朱利奥·阿尔维斯	Julio Alves
阿尔瓦罗·阿尔维斯·德·法里亚	Alvaro Alves de Faria
路易斯·伊纳西奥·卢拉·达席尔瓦	Luiz Inácio Lula da Silva
玛丽莎·莱蒂西亚·卢拉·达席尔瓦	Marisa Letícia Lula da Silva
罗桑格拉·卢拉·达席尔瓦	Rosângela Lula da Silva
马科斯·克劳迪奥·卢拉·达席尔瓦	Marcos Cláudio Lula da Silva
法比奥·路易斯·卢拉·达席尔瓦	Fábio Luís Lula da Silva
费尔南达·卢拉·达席尔瓦	Fernanda Lula da Silva
奥德布雷希特	Odebrecht
路易斯·克劳迪奥	Luís Cláudio
玛丽莎·莱蒂西亚·卢拉·达席尔瓦	Marisa Letícia Lula da Silva
若泽·巴蒂斯塔·索布里尼	José Batista Sobrinho
若泽·巴蒂斯塔·尤尼奥尔	José Batista Júnior
韦斯利·巴蒂斯塔	Wesley Batista
乔斯利·巴蒂斯塔	Joesley Batista
蒂西亚娜·塔纳茹拉·维拉·博阿斯·巴蒂斯特	Ticiana Tanajura Villa Boas Batista

安娜·保拉	Ana Paula
何塞·巴蒂斯塔·菲尔霍	José Batista Filho
佩德罗·维里亚托·帕里格特·德·苏萨·多利亚	Pedro Viriato Parigot de Souza Doria
若泽·维森特·德·苏萨·多利亚	José Vicente de Souza Doria
若昂·多利亚·内托	João Doria Neto
弗朗西斯科·多利亚	Francisco Doria
安娜·玛丽亚·多利亚	Ana Maria Doria
亚历山大·多利亚	Alexandre Doria
若昂·阿里皮诺·达·科斯塔·多利亚·朱尼	João Agripino da Costa Doria Júnior
奥克塔维奥·弗里亚斯·德·奥利维拉	Octávio Frias de Oliveira
卡洛斯·卡尔代拉·菲略	Carlos Caldeira Filho
路易斯·弗里亚斯	Luiz Frias
玛丽亚·克里斯蒂娜·弗里亚斯	Maria Cristina Frias
若昂·乔治·萨阿德	João Jorge Saad
若昂·卡洛斯·萨阿德	João Carlos Saad
安德烈·萨阿德	André Saad
约瑟夫·萨夫拉	Joseph Safra
莫伊斯·萨夫拉	Moise Safra
埃德蒙德·萨夫拉	Edmond Safra
雅各布·萨夫拉	Jacob Safra
大卫·萨夫拉	David Safra
沃尔特·莫雷拉·萨勒斯·儒尼奥尔	Walter Moreira Salles Júnior
佩德罗·莫雷拉·萨雷斯	Pedro Moreira Salles
若昂·莫雷拉·萨勒斯	João Moreira Salles
费尔南多·莫雷拉·萨勒斯	Fernando Moreira Salles
佩德罗·莫雷拉·萨勒斯·菲略	Pedro Moreira Salles Filho
阿米尔·卡希尔	Amir Khai

（续表）

保罗·辛格	Paul Singer
小卡约·普拉多	Caio Prado Júnio
里卡多·阿莫林	Ricardo Amorim
劳拉·巴博萨·德·卡瓦略	Laura Barbosa de Carvalho
奥索斯·格洛伊·伊斯基罗斯·马特奥·多明戈·帕加诺	Aúthos GloiI schiros Mateo Domingo Pagano
格雷戈里·瓦尔查维奇克	Gregori Warchavchik